연변 100년
역사의 비밀이 풀린다

저자 소개

김호림(jinhulin@hanmail.net)

1966년 연변의 시골마을 소영자에서 태어났다.
어린 시절 마을 뒷산의 인골이 있는 고분과 활촉이 있는 옛 성을 오르내리면서 선조의 두상頭像을 마냥 꿈으로 그리게 되었다. 그러다가 운 좋게 대학을 나와 기자가 되었다. 평양 중앙방송에서 연수하고 서울 방일영문화재단 펠로우쉽으로 있으면서 백두산부터 한라산까지 답파하고 할아버지의 옛 고향의 추억을 더듬을 수 있었다.
내 자신이기도 한 <조선족>의 뿌리를 찾아서 대륙 땅을 뛰어다니고 있다. 그간 답사의 발자취를 중국과 한국 간행물의 코너에 싣기도 했으며 펴낸 책으로는 고향 연변의 고구려 유적 곳곳을 직접 찾아다니며 기록한 『간도의 용두레 우물에 묻힌 고구려 성곽』(글누림출판사, 2011)와 『고구려가 왜 북경에 있을까』(글누림출판사, 2012) 등이 있다.

지명으로 읽는 이민사
연변 100년 역사의 비밀이 풀린다
ⓒ 김호림 2013

초판1쇄 발행 2013년 10월 7일

지 은 이 김호림
펴 낸 이 최종숙

책임편집 이태곤
편　　집 권분옥 이소희 박선주
디 자 인 안혜진 이홍주
마 케 팅 박태훈 안현진
관　　리 이덕성

펴 낸 곳 글누림출판사/ 서울시 서초구 반포4동 577-25 문창빌딩 2층
전　　화 02-3409-2055 FAX 02-3409-2059
이 메 일 nurim3888@hanmail.net
홈페이지 http://www.geulnurim.co.kr
등　　록 2005년 10월 5일 제303-2005-000038호

ISBN 978-89-6327-233-7 03910

정가 26,000원

* 이 책의 판권은 지은이와 글누림출판사에 있습니다. 서면 동의 없는 무단 전재 및 무단 복제를 금합니다.
* 잘못된 책은 바꿔 드립니다.
* 이 도서의 국립중앙도서관 출판시도서목록(CIP)은 서지정보유통지원시스템 홈페이지(http://seoji.nl.go.kr)와 국가자료공동목록시스템(http://www.nl.go.kr/kolisnet)에서 이용하실 수 있습니다.(CIP제어번호: CIP2013019002)

지명으로 읽는 이민사

연변 100년
역사의 비밀이 풀린다

김호림 지음

| 추천사 |

유서 깊은 연변 땅, 땅을 파면 역사가 묻어나온다

김 철(시인, 전 연변작가협회 주석)

 그들은 걸어온 발자국마다에 이름을 새겼다.
 고향을 등지고 두만강 푸른 물에 눈물을 뿌리며 연변 땅을 찾아온 우리 민족, 울창한 밀림에 화전을 일구고 귀틀막을 짓고 마을을 세우면서 지명을 만들고 전설을 엮어온 우리 민족, 그들이 남긴 발자국마다에 지명이 생기고 전설이 전해졌다.
 그래서 지명은 산 역사가 되었다. 눈물 없이는 들을 수 없는 우리 민족의 역사, 지명은 그 역사의 살아 있는 기록이기도 하다.
 전설이 묻혀 있는 지명, 하나하나의 지명이 모여 우리 민족의 역사가 되고 있다. 연변의 지명에는 이야기가 많다. 그것이 바로 우리 민족의 이주 역사이다. 피눈물의 개척사 그리고 우리 민족 이민사에 새겨진 그 전설들은 아직 알려지지 않고 있는 것이 많다.
 세월의 흐름 속에서 사라져가는 풍토와 민속, 전설의 발굴 작업은 시급한 상황이다. 이것은 마땅히 우리 세대가 해야 할 일이다. 오래오래 전해져야 할 뜻깊은 이야기들을 집대성한 이 책자가 아주 값지다고 본다.

김호림 씨가 자진하여 이 작업을 해냈고 주옥같은 많은 자료들을 발굴했다. 그 공로를 높이 치하하며 그 노고에 감사를 드린다.

　　이 책자의 지명 이야기들은 사적史的인 각도에서 매우 의미가 있다. 이 이야기들은 우리 조상들의 살아 숨 쉬는 생활 기록이기도 하다. 또 민간문학적인 관점에서도 매우 가치가 있다. 풍토와 민속, 전설, 민간이야기들은 우리 민족 역사의 한 부분으로서 살아 있는 민간문학이기도 하다. 이런 관점에서 이 지명 답사기는 우리 민족 개척사와 민간문학 보물고의 한 부분이기도 하다.

　　나는 이 지명 답사기가 우리 민족의 이민사, 발전사에 산 교과서로서 큰 공헌을 하며 후손들에게 소중하게 전해질 책으로 값진 공헌을 하게 되리라고 믿어마지 않는다.

2013년 4월 북경에서

▎들어가면서 ▎

지명, 연변의 또 하나의 박물관

　　지명은 그곳 사람들의 삶의 무대를 조명하고 있다. 그래서 지명에는 주민의 생활상이 반영되어 있으며 그곳의 역사가 기록되어 있다.

　　옛날 연변延邊은 본디 북옥저의 활동범위에 들어있었다. 북옥저는 고대 종족인 옥저沃沮의 한 갈래인데 옥저는 '울창한 산림이 있는 지역'이라는 뜻이다. 그러고 보면 먼 옛날 연변지역에는 수림이 꽉 들어찼던 모양이다. 고구려, 발해국, 요나라와 금나라, 원나라 등 북방민족이 세운 왕조는 모두 연변에 도읍을 설치하거나 행정기구를 설립하였다.

　　그러나 연변의 옛 지명들은 『산해경山海經』에 나오는 불함산(不咸山, 백두산)이나 『명일통지明一統志』, 『성경통지盛京通志』 등에 나오는 부르하통하布爾哈通河, 해란강海蘭江 등으로 별로 남은 게 없다. 강희康熙 16년(1677)부터 시작된 약 200년 동안의 '봉금정책' 때문에 인적이 끊어지면서 차츰 망실忘失되었기 때문이다.

　　'연변延邊'이라는 이 이름이 제일 처음으로 문헌에 등장한 것은 1913년 출판된 지방지地方志인 『길림지지吉林地志』로 알려지고 있다. 이 지방지는 '대륙교통'을 기록하면서 '연변'이라는 이름을 언급하고 있는 것이다.

1920년을 전후로 '연변'이라는 이름이 고착된다. 3국이 인접한 국경지역에 위치하고 또 연길 변무공서의 관할에 있었기 때문에 '연변'이라고 불리고 있었던 것이다. 1929년 출판된 『중국민국지中國民國志』는 "동북변강은 연변이라는 이름을 갖고 있다. 연변은 길림 연길도延吉道의 변강을 말한다."라고 보다 명확하게 기재하고 있다.

다른 설에 따르면 청나라 말, 민국 초기 관방에서 '연훈제변延琿諸邊' 다시 말해서 '연길과 훈춘 여러 변방'이라는 지역 이름 그리고 '연길구역' 등 여러 이름을 사용하다가 점차 '연변'이라는 이 지명으로 고착되었다고 한다. '연변'이라는 이 지명은 연길에 연원淵源을 두고 있다는 것이다.

설사 그렇지 않더라도 연길은 연변 하면 곧바로 눈앞에 떠올리게 되는 지명이다. 중국 조선족의 고향의 대명사로 되고 있는 연변조선족자치주의 수부首府이기 때문이다.

연변조선족자치주는 그 전신前身이 1952년 9월 3일 창립된 '연변조선민족자치구'이며 1955년 '연변조선족자치주'로 변경되었다. 이때부터 중국 땅에 살고 있는 우리 동포는 '조선민족'의 '민'자가 생략된 '조선족'이라는 새로운 이름으로 세상에 등장하게 되는 것이다.

각설하고, 연길이라는 이 지명의 시원始原은 연기가 모인다는 의미의 연집煙集이라고 전한다. 연길은 사방이 모두 산에 에둘린 작은 분지이다. 개간 초기에 인가가 자리 잡은 언덕에는 늘 연기가 자오록하게 피어올라 안개처럼 하늘을 뒤덮고 있었다. 그래서 이런 군락을 연집강烟集崗이라고 불렀으며 연길은 훗날 이 연집의 음을 따온 것이라고 한다. 연집烟集은 아직도 연길 시내의 서북쪽에서 흘러내리는 강의 이름으로 남아있다.

연변의 많은 지명은 이처럼 이민들의 주거지 환경을 그대로 드러내 보이고 있다. 용정이라는 이름은 19세기 말 이곳에 정착한 조선인들이 옛 우물을 발견하면서 작명되었고 도문은 도문이라는 이름에 앞서 워낙 석회 가루가 날리는 동네라는 의미의 회막동(灰幕洞, 일명 회막골)이라고 불렸다고 한다. 벌을 찾아 또 샘물을 찾아 이삿짐을 풀었던 조선인들은 간평間坪처럼 골짜기 사이에 들 평坪을 넣어 지명을 만들었고 또 약수동藥水洞처럼 샘물가에 삼수변의 동洞을 넣어 감칠맛 나는 이름을 지었다.

조선인 이민들이 남긴 이런 이름은 나중에 중국말로 고착되고 다시 우리말로 불리다보니 웃지 못할 이야기를 만들기도 한다.

훈춘 경신향敬信鄕의 '玻璃登'은 중국말 그대로 해석하면 자칫 '유리 등잔'으로 되기 십상이다. 사실은 우리말로 벌과 그 옆의 더기(등)를 합쳤다는 '벌 더기(등)' 마을이었다고 한다. 중국말로 지명을 옮기면서 '벌 더기(등)'와 비슷한 발음의 '玻璃登(bo-li-deng)'으로 적었던 것이다.

그건 그렇다 치고 뭐가 뭔지 헷갈리게 하는 엉뚱한 지명도 있다. 두만강 기슭의 대소大蘇라는 동네이다. 분명 소련이 크다는 이야기는 아니겠는데 그렇다고 도대체 무슨 의미인지 종잡기 어렵다. 사실 대소大蘇는 큰 소라는 의미로, 마을 뒤의 산언덕이 마치 큰 소처럼 생겼다고 유래된 이름이라고 한다. 이 큰 소를 중국말로 바꿔 적으면서 클 대大, 소는 발음 그대로 차조기 소蘇를 쓰다 보니 참으로 이상한 모양새가 되어버린 것이다.

또 이름을 메달처럼 한꺼번에 여러 개나 달고 있는 지명이 있다.

용정 시내에서 삼합 쪽으로 가는 길가에는 일부러 비석처럼 깎아서 세워놓은 것 같은 높은 바위가 있다. 애초에 비둘기들이 둥지를 틀고 있다고 해서 비둘기바위라는 의미의 '부걸라자㇐鴿砬子'라고 불렀다. 훗날 오랑캐령을 넘어 용정 방향으로 들어가던 사람들은 이 바위를 '선바위'라고 불렀다고 한다. 이때 바위가 셋이라고 '삼바위'라고 불리기도 했단다. 그러나 지방지에는 알쏭달쏭한 의미의 '대라자大砬子'로 적혀있다. '라자砬子'는 만주족말로 벼랑바위라는 의미이며 '대라자大砬子'는 중국말과 만주족말과 뒤범벅이 된 단어로서 큰 벼랑바위라는 의미라고 한다. 그런데 이 '대라자大砬子'를 다시 우리말로 옮기면서 현지에는 또 '달라자'라고 다소 엉뚱한 이름이 생겨났던 것이다.

사실 만주족말의 '라자'가 지명에 나타나게 된 데는 그럴만한 사연이 깃들어있다. 시대에 따라 숙신肅愼, 읍루邑婁, 물길勿吉, 말갈靺鞨이라고 불렸던 여진족女眞族의 일부가 한때 두만강 일대에서 살고 있었기 때문이다. 여진족은 그 뒤에 우리에게 이웃처럼 익숙한 만주족이라는 족명族名으로 이어진다.

'선바위'만 아니라 일부 지명에는 만주족의 흔적이 아직도 남아있다. 연길을 남북으로 두 동강 내고 흘러가는 부르하통하는 만주족말로 '버드나무의 강'이라는 의미라고 한다. 화룡의 평강平崗벌과 용정의 서전瑞甸벌을 적시는 해란강도 실은 만주족말로 '느릅나무의 강'이라는 의미라고 한다.

이런 연장선에서 '연길'의 의미가 실은 만주족말로 '석양石羊'이라고 주장하는 설이 있다. 연길의 지명은 '엽길葉吉'이라는 음에서 생겼으며 '엽길葉吉'은 만주족말로 '석양'이라는 의미라는 것이다. 명나라 때 연길은 '호엽길랑위胡葉吉郞衛'의 관할에 속했다고 한다.

연변, 이 땅에서 새로운 삶의 터전을 마련했던 사람들의 이야기 그리고 그곳의 지형지물과 명물, 그들이 전승한 신화와 전설은 지명에서 이처럼 가감 없이 그대로 드러난다. 지명 자체가 바로 그곳의 둘도 없는 생생한 박물관으로 되고 있는 것이다.
　지명은 마치 무형의 타임머신처럼 우리를 지금까지 잘 몰랐던 역사의 미궁 속으로 안내하고 있다.

｜차 례｜

추천사 _ 유서 깊은 연변 땅, 땅을 파면 역사가 묻어나온다 / 김 철 _ 4

들어가면서 _ 지명, 연변의 또 하나의 박물관 _ 6

용정편 / 용두레우물에 묻힌 옛 동네의 이야기

사이섬과 나루터 그리고 흘러간 옛 노래 19

산이 열린 동네 개산툰 28

두만강 기슭에 있는 우임금의 족적 36

오랑캐꽃이 피는 아흔아홉 굽이의 고갯길 44

선바위가 파수하고 있는 명동마을 51

함박동의 전설의 명물 61

용두레우물에 묻힌 옛 동네의 이야기 69

하늘 아래의 그림마을 천도상 77

남양 그리고 소도둑과 담배 85

신라장군이 말을 타고 왔던 삼산동 92

부처님이 패랭이를 쓰고 있었나 100

매 바위 아래 헤엄치던 작은 물고기 108

연길편 / 연길, 석양의 울음소리는 어디에

양천 허씨의 마을 조양천 119

연길, 석양의 울음소리는 어디에 127

마을 주인은 표범과 거북이 그리고 군인이었다 136

사찰이 없는 '새절'의 동네 144

평산 신씨가 찾아왔던 배꽃동네 152

밀짚모자에 숨은 한 마리의 용 160

용이 살던 마을 와룡동 169

돌사람이 나타난 석인구 177

건달바위와 그 아래의 로마 186

도문편 / 회막골 어귀에 있었던 동경

아리랑 고개의 정자바위 197

석두하 기슭의 '캄보디아' 마을 205

까울령의 저쪽에 고려마을이 있었다 213

회막골 어귀에 있었던 동경 221

마패, 전마의 비석 229

백년마을 호랑이의 마지막 전설 238

훈춘편 / 붉은 기가 나부끼던 홍기하

화살에 뚫린 밀강의 퉁소 249

붉은 기가 나부끼던 홍기하 257

강남에 있었던 강북마을 267

용두레우물과 포대 그리고 장성 275

아흔아홉 굽이의 강을 만든 미꾸라지 283

마당길을 빌어서 다녔던 어촌마을 290

간구자, 메마른 골짜기의 마지막 추억 298

왕청편 / 밀어로 통하는 동네 왕청

마적이 있었던 바위벼랑의 골짜기 307

개구리의 울음소리가 없는 개구리마을 315

밀어로 통하는 동네 왕청 323

웅녀가 살고 있는 낡은 마을 331

안도편 / 밝은 달이 떠오른 골짜기

두루미가 춤추던 버드나무의 고장 341
석문을 여는 마법의 주문 349
밝은 달이 떠오른 골짜기 357
남도 사람들의 외로운 섬 366
백두산에 날리는 소나무의 마지막 꽃향기 374

화룡편 / 화룡, 골짜기에서 날아오른 이무기

화룡, 골짜기에서 날아오른 이무기 385
삼수갑산의 '어랑타령' 393
벌꿀의 강기슭에 피어난 진달래 402
옥천동에 흐르던 샘물의 이야기 410
고종의 어의가 잠적한 '너페' 418
'평양전투'가 벌어졌던 시골마을 427
전설의 동네에 있었던 거인의 발자국 436
아내가 남편을 찾던 마을 남평 445

후기_끝나지 않은 지명 이야기 454

용정편

용두레우물에 묻힌 옛 동네의 이야기

🔼 꼬리섬 전경 강 건너 종성이 보인다.

사이섬과 나루터 그리고 흘러간 옛 노래

사이섬 간도^{間島}는 이름 그대로 물에 에둘려 있는 강 복판의 섬이다. 두만강에는 이런 섬들이 여럿 되지만 이중 제일 큰 섬을 '사이섬'이라고 부른다. 이 사이섬은 너비가 약 1리, 길이가 약 10리(4km) 되는데 지금의 개산툰진^{開山屯鎭} 선구촌^{船口村} 구간에 위치한다.

"한때 여기서는 사이섬을 '복새섬'이라고 불렀다고 하지요."

우리를 안내한 현지 출신의 심정호 씨는 이렇게 사이섬의 별칭을 소개했다. '복새'는 '복숭아'를 이르는 현지의 사투리이며 이로부터 미뤄보면 옛날 사이섬에는 복숭아나무가 적지 않았던 모양이다. 그러나 지금은 복숭아나무가 아닌 버드나무와 느릅나무가 숲을 이루고 있다.

사이섬은 말이 섬이지 원래 강 북쪽 기슭에 이어진 흙모래 더미였다. 용정의 지명지^{地名志}에 따르면 사이섬은 1868년 홍수로 인해 형성, 처음에는 가짜 섬이라는 의미의 가강도假江島라고 불렸으며 또 강통도江通島라고 불렸다는 것이다. 그 후 조선인 간민墾民들이 이 사토질의 땅을 개간하느라고 물길을 빼면서 비로소 사방이 강물에 둘러싸인 '섬'으로 되었다고 한다.

사이섬 간도가 이렇게 개간지로 떠오를 때 백두산 지역은 여전히 봉금封禁 지대로 있었다. 1644년, 청나라 8기병은 만리장성을 뛰어넘고 북경으로 쳐들어가 명나라를 멸망시킨다. 그 후 청나라 통치자들은 백두산 일대를 조상의 발상지로 간주하고 강희康熙 16년(1677)부터 봉금정책을 실시하며 타민족이 봉금지역에 들어가는 것을 엄금하였던 것이다.

그로부터 약 2백년이 지난 19세기 중반부터 산동과 하남, 하북 등 지역의 파산농민들이 살길을 찾아 봉금지역에 발을 들여놓으며 조선 북부의 일부 가난한 농민들도 조정의 쇄국정책을 무릅쓰고 두만강을 건너 남몰래 농경지를 일궜다.

월강행위는 이에 앞선 17, 18세기에도 심심찮게 일어났다. 조선인들이 두만강 북쪽에서 삼을 캐고 수렵, 벌목하는 현상은 자주 있었으며 따라서 청나라와 조선 정부의 현안으로 대두하였다.

그들은 강을 건넜다가 발각되면 청나라 정부에 의해 송환되었으며 또 조선 정부에 의해 '월강죄越江罪'에 걸려 강변에 효시되었다. 창작된 것으로 보이는 이 <월강곡>은 피비린 금지령에도 불구하고 생계를 유지하기 위해 두만강을 건넜던 조선인들의 처절한 모습을 그려내고 있다.

⬆ 1910년대 초 조선 주재 캐나다 장로교회선교협의회 소속의 구례선(로버트 그리슨) 목사와 부인 레나가 간도지역 선교를 위해 말을 타고 두만강을 건너는 모습을 찍은 희귀 사진이다.

"월편에 나부끼는 갈댓잎 가지는
애타는 내 가슴을 불러야 보건만
이 몸이 건너면 월강죄란다…"

'복은 쌍으로 오지 않고 화는 홀로 오지 않는다.' 1860년부터 조선 북부일대에는 약 10년 동안 연속부절하게 수재와 한재, 충재가 들었다. 기사년(1869)에는 또 전대미문의 한재가 들이닥쳤다. 그해 사람들이 얼마나 많이 굶어죽었으면 '굶어죽은 해'라는 의미의 '기사해飢死年'라고 불렀겠는가! '목구멍이 포도청'이라고 두만강을 넘나들면서 땅을 일구고 농사를 짓는 사람들은 기하급수로 늘어났다. 이런 농부들은 두만강 연안의 가가호호를 빠뜨리지 않았을 정도였다고 한다.

이때 조선 6진六鎭인 무산, 회령, 종성, 온성, 경원, 경흥의 농민들은 두만강을 넘나들다가 관리나 변방 순찰병들에게 발각되면 시치미를 뚝 떼고 강 저쪽의 사이섬에 갔다 온다고 변명을 했다고 한다. 사실상 '사이섬'의 나들이는 '눈 감고 아웅 하는 격', 세간에서 모두 알고 있는 '최대의 거짓말'로 되고 있었다. 청나라의 봉금정책과 조선 정부의 월강죄 문책은 더는 도강자의 파도와 같은 흐름을 막아낼 수 없었던 것이다.

드디어 1881년 청나라 정부는 점차적으로 봉금정책을 폐지하며 1885년 월간국越墾局을 세워 두만강 북쪽의 개간지를 관리한다. 이 무렵 조선 정부도 마침내 월강죄를 철폐하기에 이른다. 이때 두만강 이북, 해란강 이남의 길이 700리, 너비 40~50리 되는 지역이 조선 이민의 개간구역으로 확정되었다. 1890년에 이르러 조선 무산으로부터 종성 대안에 이르는 200리 두만강 북쪽지역이 전부 개간되었다. 이에 따라 이민이 대거 유입되었으며 그들의 거주지는 점차 해란강과 부르하통하, 가야하 유역 일대로 자리를 넓혔다.

이민들이 거주하는 지역이 넓어지면서 사이섬 '간도'라는 지명이 뜻하는 범위는 처음과는 다르게 변한다. '간도'는 더는 섬이 아니라 두만강 이북, 해란강 이남 지역을 일컫는 지명으로 되었다. 훗날 두만강 북쪽의 화룡, 연길, 왕청, 훈춘 등 지역은 '간도' 혹은 '북간도'라고 불렸으며 압록강 이북 지역은 '서간도'라고 불렸다.

↑ 10여 년 전 꼬리섬에 세웠던 비석 지금은 폭파되어 사라지고 없다.

그러고 보면 개간민이 월강하여 괭이를 박은 사이섬은 조선족의 백년 이민사의 첫 페이지를 펼치고 있는 것이다.

사이섬은 머리 부분인 고섬孤島과 몸통섬 그리고 꼬리섬 세 부분으로 나뉜다. 꼬리섬에는 몇 해 전까지 인근 마을의 사람들은 물론 역사에 관심을 갖고 있는 사람들이 늘 안마당처럼 드나들었다. 북쪽 강변도로에 잇닿아 있어서 오가는데 아주 편리했던 것이다. 2000년, 심정호 씨 등 현지의 몇몇 유지인사들은 합심하여 꼬리섬에 '사이섬'이라는 글자를 음각한 큰 비석을 세웠다. 그러나 비석은 불과 1년도 되지 않아 이런저런 원인으로 폭파되었으며 몇 조각의 돌덩이가 되어 숲속에 종적을 감췄다.

어쨌거나 현재로서는 사이섬 전체가 꼬리섬 하나인 듯 착각되고 있고 다른 섬은 집단기억에서 지워지고 있다. 그나마 꼬리섬은 얼마 전 국경 철조망을 두른 탓에 더는 한복판으로 들어갈 수 없게 되었다.

✿ 꼬리섬의 비석 훼손 현장 지금은 남아 있는 돌조각들도 전부 철거되었다.

꼬리섬이 사이섬으로 둔갑한 탓일까, 정작 꼬리섬이라는 이름은 현지에서는 섬이라기보다 마을을 지칭하는 지명으로 불리고 있다. 광서(光緖, 1875~1908) 초년 생겨난 꼬리섬 마을은 원래 꼬리섬의 북쪽 변두리에 있던 자연마을이었다고 한다. 그때 꼬리섬 북쪽 변두리에 있던 마을에는 여덟 가구가 살고 있었다고 한다. 이런 동네는 또 꼬리섬 북쪽의 노루골에도 있었으며 노루골에서 꼬리섬에 흘러드는 시냇물을 사이에 두고 서쪽 산기슭에도 있었다. 1973년 꼬리섬 마을은 시냇물 서쪽의 마을과 하나로 합병되어 자그마한 동네를 이뤘다. 이 새마을은 선구촌 6대(隊, 촌민소조) 마을로 개명이 되었지만 선구촌 사람들은 여전히 '꼬리섬'이라고 불렀다고 한다. 새마을은 옛날의 '꼬리'를 계속 달고 다니는 형국이 되었던 것이다.

"대대(大隊, 촌) 마을로 가면 다들 '꼬리섬'에서 왔느냐 하고 물었지요" 선구촌 촌장으로 있었던 박응남 씨의 말이다.

박응남 씨는 촌장 직무에 앞서 6대 마을에 사는 '꼬리섬'의 사람이다.

'꼬리섬'에는 1985년 용정시 해당 부문에서 지명 전면조사를 할 때 50여 가구가 살고 있었다. 박응남 씨의 소개에 따르면 전성기였을 때는 무려 70여 가구에 달했다고 한다. 지금은 뿔뿔이 자리를 뜨고 불과 20여 가구만이 남아 있을 뿐이다. '꼬리섬'의 최초의 마을 크기로 그만 말짱 도루묵이 된 것이다.

그러나 '꼬리섬'의 이름은 다시 제자리를 찾아가지 못하였다. 중국말로 옮기면서 '미도尾島'라고 문헌에 기록되었고 1992년 북쪽에 강변도로를 닦으면서 또 '산성촌'이라는 이름을 하나 더 달게 되었다. 북쪽의 산에 고대 산성이 있다고 지어진 이름이었다.

'꼬리섬'이라고 하든지 아니면 '산성촌'이라고 하든지 막론하고 아래위의 마을을 통틀어 최초의 원주민은 조선의 종성 하산봉에서 살던 이영수 형제라고 전한다. 그들은 뗏목을 타고 두만강을 넘나들며 사이섬 부근에서 남몰래 땅을 경작하고 농사를 지었다. 월강농사가 허락된 후 이씨 형제는 아예 강을 건너 이삿짐을 풀었다. 그 뒤를 이어 정착하는 사람들이 계속 늘어나면서 광서 초년에는 제법 마을 모양새를 갖추게 되었다.

그때 사람들은 이 마을이 배가 드나드는 곳이라고 해서 배 선船자에 나들목이라는 의미의 입 구口자를 달아서 '신구船口'라고 불렀다. 일설에 의하면 광서 중반부터 이곳을 나루터로 삼으면서 나루터를 중국말로 번져 '선구'라고 작명했으며 그게 나중에 촌명村名으로 고착되었다고 한다.

8·15 광복 전, 선구의 나루터에는 선구세관, 맞은쪽에는 종성세관이 있었다. 나루터 부근에는 또 세무서와 파출소, 학교, 상점, 식당이 우후죽순처럼 나타났다. 이때 선구촌 6대 북쪽의 따발산 기슭에는 장마당과 기생집까지 있었다고 한다. 따발은 '똬리, 또아리'의 함경도 방언이다. 따발산은 모양새가 마치 뱀이 똬리를 틀고 있는 것 같다고 해서 지은 이름이라고 한다.

오래전 사이섬 기슭을 흐르던 두 줄기의 강은 선구 나루터 부근에서 합수하였다고 한다. 그러나 1950년대부터 제방을 쌓으면서 강이 한 곬으로 모였고 사이섬은 옛 모습을 잃었다. 나루터는 뚝 밖으로 밀려났으며 새로 생긴 늪의 가장자리에 쑥대처럼 버려졌다. 그나마 나룻배에 앉은 길손처럼 잠깐이었다. 몇 년 전 어느 한족사람이 이 부근의 땅을 청부하면서 늪을 메웠던 것이다. 늪은 그때부터 볼품없는 몇 개의 작은 물웅덩이로 변하였다. 나루터는 이제는 물웅덩이 부근의 어느 흙더미에 묻힌 상태이다. 두만강의 백년 나루터는 그렇게 쓸쓸이 역사의 뒤안길에 사라졌다.

옛 나루터는 더는 없었지만 나루터 부근의 '꼬리섬'에서 살았던 원주민은 아직 6대 마을에 남아있었다. 칠십 고래희를 바라보는 임씨 성의 노인이었다. 그야말로 상전벽해의 사이섬에 얼마 남지 않은 옛말 같은 이야기였다.

산이 열린 동네
개산툰

"……산굽이를 지나니 갑자기 눈앞이 확 틔었다고 합니다."

최홍욱 씨가 어릴 때 동네 노인들에게 자장가처럼 늘 들었다는 이야기이다.

"그래서 산이 열린 동네라는 의미의 지명 개산툰開山屯이 생겨났다고 해요."

최홍욱 씨는 이민 3세, 개산툰에서 나서 자란 토박이이다. 조부 시절에 함경북도 명천군에서 연변의 왕청汪淸으로 이주했으며 부친 시절에 다시 두만강 기슭으로 나와 개산툰에 정착했다고 한다.

최홍욱 씨가 세상물정에 어섯눈이 뜨던 1960년대 동네에는 아직 이민 1세가 적지 않게 생존하고 있었다. 진짜 그들의 말대로 북한의 종성 맞은쪽 산굽이를 돌면 불현듯 넓은 벌이 펼쳐진다. 맑은 샘물이 있는 벌이라는 의미의 천평泉坪이다. 천평은 상하 위치에 따라 상천평上泉坪, 중천평中泉坪, 하천평下泉坪 등 세 천평으로 나뉜다. 옛날 간민墾民들은 샘물 주위에 집을 짓고 촌락을 이루면서 마을 이름을 '샘물 구팡'이라고 불렀다고 한다. 구팡은 북한 용어로서 처마 밑에 마루를 놓을 수 있게 쌓아 만든 것을 말하는데, 이때는 (샘물) 근처의 높은 지대라는 뜻으로 해석할 수 있겠다. 이 샘물 구팡의 제일 위쪽에 자리 잡은 동네가 바로 개산툰이다.

🔺 1970년대 개산툰에서 남긴 최홍욱 씨의 가족사진 맨 아랫줄 오른쪽 어린이가 최홍욱 씨이다.

그러고 보면 개산툰은 산세와 벌의 지형을 둘러싸고 이름을 지은 것 같기도 한다. 하지만 이 이야기를 들려준 동네 노인들도 개산툰의 최초의 주민은 아니었다.

🔼 중국과 북한을 잇는 개산툰 철교 북한쪽을 향한 사진촬영은 금지되어 있다.

개산툰은 신석기시대부터 인간이 살고 있었던 오랜 고장이다. 시가지 구역에서 발굴된 문물에는 석기시대 선민先民들의 모습이 그대로 비껴있다. 그리고 지금까지 알려지고 있는 이 고장의 첫 지명 역시 개산툰이 아니다. 『요사・지리지遼史・地理志』에는 '노주盧州' '경동京東 120리'라고 밝히고 있다. 노주는 발해 중경中京 현덕부顯德府 관할에 있는 하나의 주州이다. '경동 120리'는 중경(오늘의 화룡 서고성西古城)에서 동쪽으로 120리 되는 곳 즉 오늘의 개산툰 시가지와 선구산성船口山城 사이의 천평 지역으로 비정된다.

잠깐, 에피소드가 있다. 『신당・발해전新唐・渤海傳』은 '노성의 벼盧城之稻'가 유명했다고 기록하고 있다. 노성盧城은 노주盧州의 소재지이며 따라서 발해시기 개산툰에서 벌써 벼가 생산되었다는 얘기이다. 그런데 1940년대 이 고장에는 정말로 황제에게 쌀을 진상한 어곡전御谷田이라는 지명이 나타난다. 이때 진상의 대상은 일본의 괴뢰정부로 전락된 만주국 황제라는 데서 어딘가 뒷맛이 씁쓸하지만 옛날 유명한 벼가 생산되었던 천년의 땅이 마침내 그 실체를 드러낸 것이다.

청나라 시절 이곳은 봉금지역으로 되었으며 인적이 드물었던 수천 년 전의 황량한 벌판으로 돌아갔다. 이곳에 있었던 지명 그리고 지명과 더불어 생겼던 많고 많은 이야기들은 두만강의 푸른 물에 실려 속절없이 흘러갔다.

광서(光緖, 1875~1908) 초년 두만강 맞은쪽의 조선인 간민들이 이 고장에 천입하였다고 한다. 그리하여 강기슭에는 오랜만에 다시 밥 짓는 연기가 모락모락 솟아오르게 되었다. 광서 16년부터 20년, 이곳에 녕원보寧遠堡를 설치하였으며 아래에 또 개태開太, 개발開發, 개화開華, 개문開文, 개운開運 등 조직체를 두었다. 용정의 지명지는 1922년 이런 조직체의 이름에서 첫 글자를 따고 지리적인 실체인 산을 덧붙여 개산툰이라는 이름을 만들었다고 기록하고 있다. 이 마을은 1923년 천보산天寶山부터 개산툰에 이르는 경편철도가 통차하면서 차츰 덩치를 불리다가 1934년 광궤철도가 통차한 후 정식으로 개산툰으로 명명했다는 것이다.

그렇다고 최홍욱 씨가 들은 개산툰의 지명이야기를 단순히 동네 노인들의 글자풀이로 해석하기는 어렵다. 산이 열린 의미라고 하는 지명이야기는 개산툰의 북쪽에도 마치 복제품처럼 나타나기 때문이다.

그런데 이번에는 진짜 산문山門이 등장한다. 이름하여 석문石門, 두 개의 바위가 마치 문 모양처럼 서 있다고 해서 생긴 지명이다. 함풍(咸豊, 1851~1861) 초년 형성된 이 마을은 연변에서 제일 일찍 생긴 마을의 하나이다. 처음에 사람의 이름을 그대로 달아서 만진기滿鎭基라고 했다가 1932년 석문촌으로 개명했다고 한다.

　석문촌을 시나면 곧바로 개신툰 지역이다. 그야말로 문을 열고 들어서면 개산툰의 안방에 들어서는 격이다. 19세기 말, 이곳에 길을 닦으면서 또 석문촌 남쪽의 산을 깎았는데 이에 따라 개산툰은 더구나 명실상부한 '산이 열린 동네'가 되였다.

　사실은 개산툰이라는 이 고장을 열어놓은 건 산이나 돌문이 아니라 강 복판에 있는 섬이다. 개산툰 시가지의 동쪽에 위치한 이 섬은 일명 간도間島, 간민들이 두만강을 건너 첫 괭이를 박았던 곳이다. 사이섬은 마치 문의 빗장을 걷는 것처럼 개산툰 나아가 연변의 백년 역사를 열고 있는 것이다. 뒤이어 개산툰의 벌과 산골짜기에 간민들이 하나둘 모여들면서 점차 마을이 형성되고 잇따라 새 지명들이 연이어 나타났다.

　지명에는 거울처럼 지형지물의 그림자가 비껴있다. 실올 같은 시냇물이 길게 흐른다는 의미의 세장동, 노루가 많고 양지바른 남쪽에 있는 동네라고 하는 노루골…….

　지명에는 향수병처럼 지방의 특산물의 향기가 물큰 풍긴다. 마늘이 주먹만큼 크다고 해서 지어진 마늘골, 살구꽃 향기가 풍기는 살구평…….

　지명에는 옹배기처럼 이주 초기의 생활이 담겨있다. 아들만 낳고 딸을 적게 낳는다고 불리는 아들골, 형수가 시동생의 집으로 다니면서 부른 이름이 고착되었다는 애끼골…….

⬆ 소달구지 뒤쪽으로 보이는 깎아 내린 산 때문에 석문이라는 지명이 생겼다.

지명에는 또 우리 민족의 전통신앙이 이슬처럼 그대로 묻어난다. 자칫 중국군대의 사령관으로 오인되는 중국사령中國師嶺은 실은 국사당國師堂이 있던 고개에 상, 중, 하를 붙여 나타낸 지리적 위치의 하나이다.

빼뜰골, 버들골, 쏙새골, 수세밭골······ 우리말로 만든 이런 지명은 듣기만 해도 금세 그 고장의 산과 바위, 강이 눈에 안겨오고 그 속에 피고 지는 나무와 풀, 과일의 향기가 풍겨오며 이와 더불어 살고 있는 사람들의 숨결이 귓가에 닿을듯하다.

아쉽게도 감칠맛이 나는 우리말 지명은 옛날 지방 관리에 의해 중국말로 등록된 후 거의 엉뚱한 지명으로 전승되고 있다. 아들만 무 뽑듯잘 낳는다던 아들골은 자동子洞, 애끼('시동생을 이르는 함경도 방언)가 살던 애끼골은 제동弟洞하는 식이다.

그야말로 '굴러온 돌이 박힌 돌을 뽑는 격'이다. 지명이라는 그릇에 담겨있던 이야기도 상당 부분이 와전되고 있다.

개산툰 동북쪽의 우리말 지명 두텁골은 현지의 지명지에 중국말로 두터울 후厚를 써서 후동厚洞이라고 기록하고 있다. 이에 따라 두텁골은 후동으로 불리고 있으며 또 그 지명 유래도 너그럽고 인정 많다는 의미라고 해석되고 있다. 진짜 중국말 지명을 그대로 뜻풀이를 하면 그럴 법한다.

후동 태생의 심정호는 그게 아니라고 말하면서 골짜기의 모양을 일일이 그려 보이는 것이었다.

"후동은 산이 층층이 겹쌓여 있는 긴 골짜기라는 뜻인데요."

그러고 보면 두텁골과 후동은 서로 달라진 이름처럼 내용도 엇박자를 치고 있는 것이다.

이런 지명이 생긴 것은 거의 한 세기 전의 일이니 어느 정도 이해가 간다. 그런데 불과 20여 년 전 개산툰에 흔하게 생겼던 일들도 벌써 옛말로 되었으며 누군가 지어낸 거짓말처럼 들린다. 그걸 의식했던지 최홍욱 씨는 자기가 하는 이야기가 직접 몸으로 겪은 '진짜'라고 거듭 말했다.

"정말입니다요, 이전에는 강을 건너 저쪽의 농사일을 돕기도 했습니다."

그는 어릴 때 종종 두만강을 건너가서 저쪽의 나이 또래와 어울려 장난을 했다고 한다. 그때는 소개신이나 통행증이 없이 두만강을 왕래하는 사람들이 적지 않았다. 어른으로 성장한 후에도 늘 강 건너 저쪽 사람들과 함께 강가에서 질펀하게 술잔을 나눴단다.

"물고기를 어느 정도 잡으려면 강을 건너가야 했지요." 최홍욱 씨의 이야기보따리에서 '소설' 같은 기담이 마치 강바닥의 모래알처럼 쏟아지고 있었다.

"어떤 때는 아예 물고기를 잡아달라고 저쪽 사람들에게 부탁을 했습니다."

개산툰의 종이공장에서 폐수가 두만강에 대량 흘러들면서 이쪽에는 물고기가 거의 서식할 수 없었기 때문이었다.

기왕 말이 났으니 말이지 개산툰 하면 대뜸 뇌리에 떠오르는 게 바로 종이공장이다. 개산툰종이공장은 약 80년의 역사를 갖고 있는데, 한때는 8천여 명의 종업원이 3교대로 연속 근무했다고 한다. 개산툰의 인구 2만 5천명의 대부분을 이 공장이 먹여 살렸다고 해도 과언이 아니다. 최홍욱 씨의 양친도 모두 이 종이공장에서 근무했던 것이다. 그런데 종이공장은 언제인가부터 왜소한 '소인국'으로 전락되었다. 출퇴근 무렵이면 장마당처럼 벅적이던 공장 앞의 거리도 지금은 마냥 한산하기만 하다. 지금 개산툰 시가지는 불과 수 천 명 정도의 인구로 줄어들었다고 한다.

산기슭에 죽은 듯 누워있는 철길에는 시뻘건 녹이 드문드문 찍히고 있었다. 기차가 끊어진지 벌써 몇 해 된다고 한다. 부지중 기차 역시 옛날 두만강의 물을 타고 바다에서 올라왔던 숭어처럼 언제인가는 개산툰의 전설로 거듭날지 모른다는 생각이 들었다. 개산툰에는 또 다른 새로운 이야기의 빗장이 열리고 있는 것 같았다.

두만강 기슭에 있는 우임금의 족적

우임금은 중국 하夏나라의 시조 우禹를 임금으로서 이르는 말이다. 옛날 우임금은 치수治水를 잘했는데, 홍수를 다스리면서 구주九州의 곳곳에 족적을 남겼다. 놀랍게도 우임금의 자취라는 의미의 지명 우적촌禹跡村이 두만강 기슭에 있었다고 한다. 우임금이 언제인가 두만강의 기슭에 발자국을 찍었다는 것이다.

아무래도 그게 믿기 어려운 탓일지 모른다. 우적촌은 언제인가부터 현지인에게도 무척 낯선 지명으로 되고 있었다. 마을에서 최고령이라고 하는 김창률 옹은 더는 우적촌이 아니라 달리 불린다고 알려줬다.

"지금은 승적勝績이라고 합니다. 오래 전에 이름을 고쳤지요."

그의 말에 따르면 토지개혁을 하던 1947년경 아랫마을과 합병하면서 이름을 고쳤다는 것이다. 그때 아랫마을은 승지勝地, 윗마을은 우적禹跡이라고 불렀다고 한다. 이 두 마을 이름의 첫 글자를 합쳐서 새 마을의 이름인 승적勝跡을 만들었다. 그 후 자취 적跡이 자을 적績으로 바뀌면서 승적勝績이라는 지명으로 고착되었다. 승지는 1961년 승적이라는 지명에 이름 한 글자를 달랑 남기고 다시 분가, 이때는 북쪽에 동명의 마을이 생겨났기 때문에 중복을 피해 승리勝利라고 개명한다. 그러나 우적촌은 계속하여 원명이 아닌 승적이라는 별명으로 남았던 것이다.

⬆ 우적골 비석 자취 적 자를 쓰고 있다.

⬆ 승적마을 표지판 자을 적 자를 쓰고 있다.

우적촌 지명의 시원始源은 우적골禹跡溝이라고 한다. 우적골은 그 후 촌민소조 이름을 따서 일명 5대(隊, 촌민소조)골이라고 불리며 골짜기를 흐르는 시냇물을 따라 북쪽으로 십 리가량 더 들어간다. 이 골짜기 입구에 있는 오른쪽 산등성이를 '채개 더기'라고 부른단다. '채개'는 현지의 방언으로서 '최씨'라는 뜻이다.

"옛날 최씨 성의 사람이 이 산등성이에서 범에게 물려 죽었다고 합니다. 그래서 생긴 이름이지요."

김창률 옹은 3대째 우적 아니 승적 마을에서 살고 있는 순수 토박이로 한 시기 촌장, 일명 대장隊長으로 있었다. 그는 또 마을에서 최고의 연장자이었기 때문에 마을 역사에 들어서서는 단연 일인자로 손꼽히는 사람이었다.

그의 조부가 일가식솔을 거느리고 두만강을 건너오던 때는 1915년경이었다고 한다. 그때 우적골에는 벌써 일여덟 가구가 살고 있었으며 정작 골짜기 밖의 두만강 기슭에는 인가가 몇 가구 없었다. 우적골에서 최초의 마을을 이뤘던 간민墾民들은 거의 청나라 관리들의 눈을 피해 벌이 아닌 골짜기를 선택했던 것이다. 그들은 1956년경 산재마을을 한군데로 집중할 때 비로소 골짜기 밖으로 떨쳐 나왔다고 한다.

나중에 우적골에서 인적이라고 이름을 지을 수 있었던 것은 아름드리의 버드나무 한 그루뿐이었다. 버드나무는 마을이 생겨날 때 벌써 있었다고 하는 백년 고목이었다. 버드나무 아래는 동네 사람들이 늘 그늘을 찾아 담소를 즐기던 쉼터였다. 그래서 버드나무는 언제부터인가 동네의 상징으로 등장하고 있었다.

그런데 1970년대 젊은이 몇몇이 무슨 오기를 부리느냐고 그랬는지 나무를 베어버렸다고 한다. 백년의 고목은 그렇게 옛 동네 우적골과 더불어 끝내 옛말로 되었다. 바보짓을 저질렀던 젊은이들은 한동안 노인들을 만날 때마다 귀가 아프도록 꾸중을 들어야 했다.

김창률 옹은 바로 우적골에서 고목이 사라지던 그 무렵부터 승적촌 촌장으로 있었다. 예전에는 조나 콩을 주로 심는 밭농사를 했지만 그맘때부터 물을 대고 논농사를 지었다고 한다. 그때 마을에는 120가구의 600여 명 인구가 살고 있었으며 전부 조선족이었다. 정부에서 지명조사를 하던 1980년대 마을은 148가구의 702명 인구로 훨씬 늘어나는 양상을 보였다.

"지금은 70가구나 될까? 옛날의 절반이 되나마나 하지요." 김창률 옹은 우적골의 고목이 처참하게 쓰러지던 그때처럼 아쉬움을 금치 못했다.

그 무렵 마을 남쪽의 두만강 가운데에도 밭이 있었다고 한다. 그곳은 마을의 옛 이름을 달아서 '우적도禹跡島'라고 부르는 섬이었다. 두만강은 마을 부근에 와서 갑자기 북쪽으로 급한 굽이를 만든다. 이 때문에 두만강은 강기슭을 야금야금 할퀴고 뜯으면서 마을 쪽으로 거의 100미터나 밀고 들어왔다고 한다.

마을의 지형지물과 그 속에서 생긴 일들은 그렇게 책처럼 낱낱이 펼쳐지고 있었다. 정작 책의 주인인 우적골은 웬일인지 얼굴을 모를 정체불명의 대상으로 떠오르고 있었다.

"우적골은 임금 우禹자를 쓰는 데요……" 김창률은 이렇게 서두를 뗐지만 이내 뒷말을 잇지 못하는 것이었다.

⬆ 강 건너 대안의 북한 회령 북간도로 향한 이주 경로의 하나였다.

옛날 조부가 우적골에 이삿짐을 풀었고 김창률 옹 또한 우적골 바로 입구의 동네에서 살고 있었지만 우적골의 지명 유래는 한 번도 들은 적이 없었다고 한다. 그렇다면 우적골 역시 전설의 우임금처럼 옛말로 되고 있는 걸까.

최초의 마을은 일찍 광서(光緖, 1875~1908) 초년에 형성되었다고 지명지가 기록하고 있다. 그 후 1915년을 좌우로 마을에 교회당이 섰다고 한다. 바로 김창률 옹의 조부가 강을 건너 우적골에 이주했을 무렵이다. 이 교회당을 우禹씨 성의 사람이 관리했기 때문에 마을 이름을 우적촌禹跡村이라고 지었다는 것이다.

그런데 교회당은 우적촌의 70대 노인들에게 이방인처럼 낯선 이름으로 되고 있었다. 적어도 그들이 주변의 뭔가를 확실히 기억할 수 있었던 1950년대에는 벌써 교회당이 존재하지 않고 있었다는 것이다. 이 때문에 옛날 촌민들의 모임을 위해 지은 공회당公會堂을 예수를 모신 교회당으로 잘못 기록하지 않았을까 하고 추측하는 사람도 있다. 막상 그렇다도 하더라도 마을에는 또 김씨나 최씨, 정씨 성은 많지만 우禹씨 성은 단 한 명도 없다고 한다.

그렇다면 교회당은 수증기처럼 공중으로 증발하고 우씨는 이름을 바꾼 후 어디론가 잠적했을까.

우적골의 아래위 동네도 옛 이름을 갖고 있지만 우적골처럼 그렇게 난해하지 않았다. 서쪽 동네의 남산골南山溝은 금세 무슨 의미인지 일목요연하게 알리는 지명이며 동쪽 동네의 승지골勝地溝은 경치가 뛰어난 곳이 아닌가 하고 잠깐 착각할 수 있지만 지명 상식을 갖추면 역시 쉽게 알 수 있는 이름이다. 승지골은 일명 음지골陰地溝이라고 하며 옛날 산이 높아 해가 일찍 진다고 짓던 이름이기 때문이다.

사실 우적골처럼 도무지 알기 힘든 지명도 적지 않다. 순우리말 지명으로 민간에 전승되고 있는 홍경골이 그중의 하나이다. 이 지명은 도대체 붉은 빛으로 빛나는 거울이라는 홍경紅鏡인지 아니면 불경을 세상에 퍼뜨린다는 홍경弘經인지 누구도 모르고 있었다. 지명지와 같은 지방문헌에는 홍경골의 기록이 다만 한 줄도 없기 때문이다.

이 홍경골은 우적골 서쪽에서 삼합三合이라는 이름으로 세간에 알려지고 있다. 삼합은 진과 촌 소재지로서 동치(同治, 1862~1874) 중반에 형성되었다고 한다. 지명지에 따르면 맨 처음에 밀수, 탈세 등을 조사하는 검사소라는 의미의 계사처稽查處로 불렸으며 훗날 세 합작사를 합병하고 삼합사三合社로 되었다가 삼합촌으로 개명하였다는 것이다.

승지골 아래쪽에 있는 비전菲田도 마찬가지였다. 비전은 중국말 그대로 풀이를 하면 향기로운 밭이라는 의미이다. 실은 빼박골이라고 하는 우리말 이름을 중국말로 음역한 지명이다. 빼박골은 '빼쏘다'에서 나온 말로 빼닮았다는 의미이다. 지명지는 비전이 예전에 무 등속의 채소밭이 있어서 지은 이름이라고 기록하고 있다.

도대체 빼박골이 뭘 빼닮았다는 뜻인지는 알 수 없다. 빼박골이라는 이름마저 실전된 것이 현주소이기 때문이다. 확실한 것은 우적은 우임금의 발자취가 아니라 뭔가 빼닮은 지명이라는 것이다. 항간에서는 이를 두고 재미있는 설이 등장하고 있었다. 우씨의 자취라는 의미의 우적禹跡은 실은 소의 족적이라는 의미의 우적牛跡이라고 한다. 글깨나 익힌 어느 선비가 소발이요 뭐요 하는 속된 이름을 운치 있게 비슷한 발음의 '우임금의 족적'으로 바꿨다는 것이다. 그럴듯하다. 우임금이 중원에서 수천 리 떨어진 이역 땅에 나타났다는 그 자체가 일장 기문奇聞이기 때문이다.

진짜 기문 같은 이야기는 현지에 또 하나 있었다. 지금은 삼합까지 버스가 하루에도 몇 번씩 다니지만 1960년대 초반까지는 꿈도 꿀 수 없는 일이었다고 한다. 버스는 고사하고 기름 대신 목탄을 연소하던 트럭마저 며칠이 가도록 만나기 힘들었다고 한다. 달구지나 겨우 다닐 법한 좁은 흙길이었기 때문이다.

"저희들 세대는 모두 용정까지 두 발로 걸어본 기억이 있지요" 김창률 옹은 마치 얼마 전에 이웃 마을을 다녀온 듯 담담하게 이야기한다.

우적골에서 산을 넘어 용정 시내까지 가는 데는 약 100리 길이다. 해가 뜰 때 문을 나서면 날이 어둑해질 때 겨우 시내에 들어설 수 있다. 그보다 힘든 것은 해마다 마을에서 국가에서 매상하는 곡물을 바치러 갈 때였다고 한다. 소달구지로 용정 시내까지 실어가려면 하루를 가고 하루를 바치며 하루를 오는 등 꼬박 사흘이나 걸렸다. 그래서 옛날 돈 있는 사람들은 아예 강 건너 쪽에 가서 기차를 타고 용정 나들이를 했다고 한다.

불과 반세기 전까지 마을에서 일상처럼 일어났던 이런 일들은 벌써 아득한 전설처럼 몇몇의 기억에 간신히 남아 있다. 이보다 한 세기 전 두만강 기슭에 있었다는 우씨의 족적은 종내 찾을 길이 없었다. 정말이지 우적골에서 인간의 옛 흔적이 아니라 언제인가 땅에 찍혔던 소발자국을 추적하더라도 이처럼 어려울까 싶었다.

오랑캐꽃 피는 아흔아홉 굽이의 고갯길

　마치 악마의 저주가 내린 것 같았다. 옛날 그 꽃이 필 때면 두만강 남쪽의 마을에는 어김없이 난리가 일어났다고 한다. 이맘때면 양식糧食이 떨어진 오랑캐가 북쪽에서 약탈을 하러 내려왔던 것이다. 그리하여 이 꽃은 본의 아니게 난리의 시작을 알리는 신호탄이 되었고 점차 고운 모양에 전혀 어울리지 않는 혐오스런 존재로 떠올랐다.

　나중에 이 꽃은 제비꽃이라고 하는 원래의 이름을 버리고 오랑캐꽃이라고 불렸다. 아예 꽃의 뒷모양이 흡사 머리채를 드리운 오랑캐의 뒷머리와 같다고 저주하듯 말하는 사람도 있었다.

　오랑캐는 옛날 두만강 연안과 그 북쪽에서 살던 여진족女眞族을 이르는 말이며, 그들을 미개한 종족이라는 뜻으로 멸시하여 부르던 말이다. 오랑캐라는 이 명칭이 생긴 데는 여진족의 시조가 본래 개와 사람 사이에 태어났기 때문에 후손들이 오랑캐라고 불렀다는 설화가 전하고 있다.

> "한 재상이 얇은 껍질로 만든 북을 놓고 이 북을 찢지 않고 치는 사람에게 딸을 준다고 했다. 종잇장처럼 얇아 자칫하면 찢어지는 북을 두고 누구도 감히 언저리에 얼씬하지 못했다. 나중에 개가 와서 꼬리로 북을 쳤는데 수북한 털 때문에 북은 조금도 상하지 않았다. 재상은 별수 없이 딸을 개와 혼인시켰다. 그런데 개는 밤마다 딸을 발로 할퀴고 입으로 물어뜯었다. 드디어 이를 참지 못한 딸은 개의 네 발과 입에 따로 주머니를 씌웠다. 이들이 자식을 낳자 북쪽으로 쫓겨나 후손을 퍼뜨렸다. 그 후 다섯 주머니의 '오낭五囊'을 낀 개狗라는 의미인 '오낭구'가 '오랑캐'로 변해 북쪽에 사는 사람들을 그렇게 불렀다."

설화는 단순히 지어낸 것이 아니며 그 속에는 역사의 진실이 숨어있다. 여진족에게서 당했던 과거의 수모가 응어리로 되어서 그러한 이야기가 생겨났으며 나중에 항간에 널리 퍼지면서 '오랑캐'라는 이름이 고착된 것으로 보인다.

⬆ 오랑캐꽃으로 불리는 제비꽃

그리고 보면 오랑캐를 고대하고 있었던 것처럼 그맘때면 시기를 어길세라 피는 제비꽃에 미운털이 박혔으며 따라서 '오랑캐'의 모자를 쓰게 되었던 것이다.

그런데 오랑캐의 이름자는 꽃이 아니라 또 산에도 달려있다. 일명 '오랑캐령'이 바로 그러하다. 오랑캐가 북쪽에서 넘어오던 산 아니, 해마다 그맘때면 꼭 오랑캐꽃이 피는 산이라고 그랬을까.

아무튼 '오랑캐령'은 오랑캐꽃이라는 이름처럼 오랑캐와 연줄이 닿아 있는 것이 확실하다. 정작 오랑캐령은 오랑캐가 아닌 조선인 이민들과 더불어 덩달아 세상에 이름을 알리게 된다. 언제부터인가 이민사 하면 식탁에 오르는 된장, 고추장처럼 의례히 따라다니는 이름으로 등장하고 있기 때문이다.

'북간도', 즉 연변지역에 살던 조선인들의 비참한 삶을 사실적으로 그려낸 대표적인 소설 『탈출기』(최서해 작, 1925)에는 이런 문장이 있다.

> '두만강을 건너고 오랑캐령을 넘어서 망망한 평야와 산천을 바라 볼 때 청춘의 내 가슴은 리상의 불길에 탔다. 구수한 내 소리와 헌헌한 내 행동에 어머니와 아내도 기뻐하였다.
> 오랑캐령에 올라서니 서북으로 쏠려오는 봄새 찬바람이 어떻게 뺨을 갈기는지.
> "에그 칩구나! 여기는 아직도 겨울이로구나."
> 어머니는 수레위에서 이불을 뒤집어썼다.
> "무얼요. 이 바람을 많이 마셔야 성공이 올 것입니다."
> 나는 가장 씩씩하게 말하였다. 이처럼 나는 기쁘고 활기로왔다.'

오랑캐령은 이처럼 두만강을 처음 건너는 사람들마저 귀에 익히고 있는 명물 지명으로 되고 있었다. 그런데 오랑캐령은 그 명성과 위상에 걸맞지 않게 지명지에서 그 위치나 이름을 눈 씻고 찾아볼 수 없다.

"민간에서만 불리는 이름이니까 그렇지요." 연변의 지리와 역사에 밝은 연변대학 역사학부 방학봉 전임교수는 이렇게 해석했다.

오랑캐령은 백의민족의 백년 이주의 행로에 경계의 상징처럼 되었던 산이며 그래서 옛날부터 우리들만 부르던 지명이라는 것이다.

이런 맥락에서 오랑캐령이 특정된 어느 고개가 아니라는 설이 있다. 두만강 기슭을 따라 칡넝쿨처럼 줄레줄레 뻗어 내린 남강南崗 산맥의 산줄기를 하나로 아울러 오랑캐령이라고 불렀다는 것이다.

두만강을 건너고 다시 이 산줄기를 넘으면 비로소 '오랑캐'의 넓은 땅이 펼쳐진다. 오랑캐령은 남부여대하며 두만강을 건넜던 겨레들이 희망의 땅 '간도'에 가기 위해 꼭 넘어야 할 고개였다.

▲ 산 어귀에 있는 해관령 표지석

그런 연장선에서 나온 이야기가 아닐까 한다. 항간에서는 해관령海關嶺을 오랑캐령으로 알고 있다. 해관령은 삼합에서 서북쪽으로 10여 km 상거, 삼합에서 용정 쪽으로 들어오는 유일한 통로가 이곳을 지난다. 간도의 오지로 향한 두만강 일대의 제일 유명한 통로이다. 가파른 골짜기를 따라 굽이굽이의 길이 오불꼬불하게 이어진 해관령은 말 그대로 아흔아홉 관문의 해관을 지나는 것처럼 고생스럽다. 아무튼 해관령은 이런저런 상징성 때문에 오랑캐령이라는 이름을 혼자 가지게 되었다는 것이다.

일각에서는 또 해관령 남쪽의 오봉산五峰山을 오랑캐령이라고 주장한다. 오봉산은 다섯 봉우리가 있다고 해서 불리는 이름이다. 그러나 알고 보면 해관령 남쪽에 잇닿은 오봉산을 해관령과 하나의 동일한 산으로 오인했기 때문에 생긴 설이다.

재미있는 이야기가 하나 있다. 오봉산의 원래의 이름은 개똥바위산으로 알려진다. 꺼림칙한 이 이름에는 역시 오랑캐꽃처럼 그럴만한 사연이 깃들어 있었다. 옛날 개똥바위산 아래에 있던 부암동富岩洞에는 웬일인지 마을사람들이 까닭 없이 죽어나가는 일이 종종 일어났다. 언제인가 마을을 지나던 늙은 스님이 산에 구렁이가 있기 때문이라고 하면서 주봉 비탈에 암자를 지으며 구렁이의 천적인 독수리의 이름을 따서 주봉을 독수리봉이라고 작명한다. 들쑥날쑥한 다섯 봉우리의 산은 그때부터 오봉산이라고 달리 불렀다는 것이다. 정작 '개똥바위산'이라는 지명은 버림받은 '개똥'처럼 남쪽의 산봉우리로 옮겨졌고 훗날에는 그 이름마저 바뀌어져 개바위산으로 되었다고 한다. 거짓인지 진짜인지 몰라도 8·15 광복 후 암자를 철거할 때 암자 밑에서 구새통 같은 큰 구렁이가 나왔다는 풍문은 지금도 항간에 파다히 전해지고 있다.

오봉산의 이 지명 이야기는 어쩌면 오랑캐령에 있는 비밀의 실마리를 빠끔히 드러내고 있는 것 같다. 정말이지 오랑캐령 역시 개똥바위산처럼 그 어떤 다른 이름에 꽁꽁 묻혀 있지 않을까 하는 생각이 든다.

공교롭게 개똥바위산처럼 꺼림칙한 이름의 산이 오봉산처럼 바로 해관령의 북쪽에 잇닿아 있다. 만족어로 일명 '돼지의 머리꼭지'라는 의미라고 지명지에 기록되어 있는 '올량합령兀良哈嶺'이다.

사실은 올량합은 만주족말로 '돼지의 머리꼭지'가 아니라 '변경지역의 주민'이라는 의미라고 한다. 일본학자 아베 다케오安部健夫는 올량합은 만족어의 'uJan' 다시 말해서 몽골어의 'uriyan'이며 '변계, 변연'의 뜻과 이어져 '변경지역의 주민, 변경지역의 오랑캐'라는 의미라고 설득력 있는 주장을 펴고 있다.

올량합은 그 의미가 실제 무엇인지를 떠나서 부족 이름으로 쓰이고 있는 것만은 확실하다. 『조선이조실록朝鮮李朝實錄』은 당시 여진인女眞人을 알타리斡朶里, 올량합兀良哈, 여진女眞, 올적합兀狄哈 등 여러 부족으로 나누고 있다. 『연산군일기燕山君日記』의 기록에 따르면 이 가운데 올량합은 한때 두만강 유역을 중심으로 압록강 상류에 이르는 곳에 분포하고 있었다고 한다. 이 부족이 바로 조선 초기에 흉년이 들면 조선의 변방을 자주 침입했던 장본인이었던 것이다.

그러고 보면 제비꽃에 진드기처럼 매달린 오랑캐의 이름은 여진족, 아니 그보다 여진족의 부족인 올량합兀良哈을 지칭하던 말이었다. 오랑캐는 올량합이며 따라서 올량합령은 '오랑캐령'이였던 것이다.

옛날 오랑캐령을 일명 와집령窩集嶺이라고도 불렀다는 설도 이 주장에 한결 힘을 실어준다. 와집窩集은 여진족의 옛날 이름인 물길勿吉의 전음轉音이며 와집령은 결국 여진족의 고개 다시 말해서 오랑캐령이라는 의미가 되기 때문이다.

사실 이런 어원적인 시비를 떠나서 올량합령은 해발 1,085m로 해관령이나 오봉산을 제치고 부근에서 제일 높은 봉우리이다. 진짜 '돼지의 머리꼭지'처럼 유표한 산꼭대기는 강을 건넌 사람들에게 방향을 가리키는 최적의 지상 표지물로 되고 있다. 아흔아홉 굽이의 고갯길에 상징적인 지명 패쪽을 붙인다면 오봉산이나 해관령이 아니라 올랑합령이 적임자라는 얘기가 된다. 더구나 해관령은 고개라기보다 좁은 산 어귀를 가리키며 또 1915년을 전후하여 이곳에 해관이 설립되었다고 해서 생긴 이름이다.

진실한 오랑캐령은 그렇게 베일에 가려졌던 윤곽을 마침내 세상에 드러내고 있었다.

오랑캐령의 이야기는 아직 끝나지 않았다. 오랑캐령의 북쪽 비탈에서 분명 길을 내려가는데 이상하게도 내리막이 아닌 오르막에 잘못 들어선 듯하다. 착시현상 때문에 높낮이가 다르게 보이는 일명 '괴이한 비탈길'이 조화처럼 오랑캐령에 나타나고 있는 것이다. 이 현상은 동화 속의 한 장면처럼 오랑캐령을 오르내리는 사람들에게 별난 풍경을 선사하고 있다.

아흔아홉 굽이의 힘든 고개를 넘은 이주민들의 눈앞에는 바야흐로 꿈에도 생각하지 못했던 다른 하나의 세계가 펼쳐지고 있었다.

선바위가 파수하고 있는 명동마을

　용정의 명동은 윤동주의 고향이다. 그러나 윤동주는 마을사람들에게 이방인처럼 낯선 이름이었다. 적어도 윤동주가 저항시인으로 연변에서 유명세를 타기 시작했던 1985년 무렵까지 내처 그러했다.
　손영숙 노인은 옛 명동학교 출신이지만 훗날 흑룡강에 이주하여 살다 보니 더구나 윤동주를 몰랐다. 10여 년 전 우연히 책자를 보고 비로소 교우 가운데 이처럼 유명한 시인이 있었다는 걸 알게 되었다고 한다. 그 맘때 연변에서 시모임이요, 연구회요, 문학상이요 하는 단체와 상패에는 윤동주의 이름 세 글자가 곧잘 보석처럼 박히고 있었다. 수십 년 만에 혜성처럼 문득 돌아온 이 교우는 명동학교 나아가 명동의 상징이 되어 있었다.

⬆ 명동학교 설립 이듬해인 1909년 설립된 명동교회의 초기 전경 교육을 조건으로 명동학교 교사로 부임한 정재면 선생의 권유를 받아들여 규암과 원로들이 설립한 것으로 보인다. 명동촌 주민들은 물론 인근 지역에서도 교인들이 몰려와 일요 예배를 드리는 모습이 사진으로 남아 있다.

⬆ 윤동주 시인과 문익환 목사 1930년대 평양 숭실중학교 시절 교복을 입은 윤동주 (뒷줄 오른쪽)와 문익환(뒷줄 가운데) 모습.

그렇다고 윤동주가 명동이라는 이 이름을 만든 것은 아니지만 그가 다녔던 명동학교가 바로 마을 이름의 시원始原이라고 용정의 지명지가 밝히고 있다. '명동明東'은 '동방을 밝힌다.'는 뜻이니 정말 학교의 이름 같기도 한다. 명동학교는 궁극적으로 민족의식 고양을 통한 민족인재 양성에 취지를 두었기 때문이다.

지명지의 기록처럼 학교 이름이 먼저였는지는 몰라도 마을은 확실히 명동학교 초대 교장이 이 고장으로 이주하면서 주변에 이름을 날리기 시작한다.

1899년 함경도 회령 출신의 선비 김약연 등 네 가족 도합 22가구 141명이 두만강을 건너고 오랑캐령을 넘어 장재촌長財村에 자리를 잡았다. 이듬해 두만강 기슭의 자동子洞에 이주했던 다른 한 가족이 합류하였다. 그들은 함께 땅을 사들이고 투자한 몫대로 나눠 황무지를 농토로 만들고 가옥과 서당을 세웠다. 이때 김약연 등은 그들의 이 공동체를 '밝은 민족의 새 공동체'라는 의미에서 '명동明東'이라고 작명했다는 얘기가 있다. 공동체가 학교 먼저 마을의 이름의 시초로 되었다는 것이다.

아무튼 그들은 정착한 무렵인 1901년부터 규암재圭巖齋 등 사숙私塾을 열고 교육을 시작, 1908년 또 이런 사숙을 통합하여 명동서숙明東書塾을 설립한다. 서숙은 이듬해 명동학교로 이름을 바꾸며 김약연이 교장이 되었다. 명동학교는 전성기에 학생이 무려 500명에 달했다고 한다. 민족교육의 산실, 반일운동의 책원지이었던 명동학교는 훗날 윤동주가 저항시인으로 성장하는 밑거름으로 되었던 것이다.

⬆ 윤동주 생가

⬆ 복원된 문익환 생가

재미있는 이야기가 있다. 1927년 봄의 학교일지에는 청소당번 문익환, 떠드는 학생 송몽규, 지각생 윤동주 등의 내용이 적혀있다. 그때의 학교 일상이 사진처럼 생동하게 떠오르는 대목이다.

이 일지에 등장하는 문익환은 훗날 한국에서 유명한 목사, 시민운동가, 시인으로 성장한다. 그의 생가는 바로 윤동주 생가의 길 건너 동쪽에 위치, 몇 해 전 현지의 유지인사에 의해 원상 복구되었다. 문익환이 나중에 시인이었다는 것도 그렇지만 이 일지에 나오는 송몽규 역시 소학교 때 《동아일보》 신춘문예현상응모작에 입선되는 등 작가의 기질을 드러냈다고 한다. 그들의 학급은 문학소년반이 아닐까 하는 의심이 들 정도이다. 그러고 보면 윤동주와 어깨를 나란히 하는 명사는 한둘이 아니었다.

이 무렵 명동학교 중학부는 다른 학교와 통합되었고 소학부가 계속 그 자리에서 명맥을 유지하고 있었다.

훗날 윤동주는 도쿄에서 대학을 다니다가 '독립운동'의 죄목으로 형무소에 수감되며 1945년 옥사한다. 1948년 윤동주의 유고 31편을 묶은 시집 『하늘과 바람과 별과 시』가 한국에서 출판되며 그 후 유고를 보완하여 88편의 시와 5편의 산문을 묶은 동명의 책자가 간행된다. 1968년 연희전문학교 시절 그가 기숙했던 숙소 앞에 '윤동주 시비'가 세워졌다. 정작 고향 명동의 사람들은 그의 이름을 몰랐고 그의 생애를 몰랐으며 그의 시는 더구나 모르고 있었다. 그때 한국과 중국 대륙은 푸른 바다를 사이에 두고 서로 이어지지 않은 나라였기 때문이다.

예전에 명동에서 서쪽의 장재長財 마을로 이어지는 길은 바로 윤동주의 생가 뒤쪽을 지나고 있었다. 그때 생가 동쪽 귀퉁이의 우물가에는 뽕나무가 몇 그루 자라고 있었다고 한다. 이 뽕나무 밑에서 날마다 퇴교 후이면 종종 달리기가 있었다.

달리기의 끝은 언제나 장재마을의 북쪽 고갯마루였다.

장재는 '부유함을 갈망한다'는 뜻이라고 지명지가 기록하고 있다. 일각에서는 장재가 함경도 방언이며 땅에 기둥을 박고 판자를 가로 대어 만든 울타리를 말한다고 주장한다. 또 마을 북쪽의 '고개가 길다'는 의미라고 해석하는 사람들도 있다.

손영숙 노인은 예전의 아련한 기억을 떠올리려는 듯 옛 우물가에서 한동안 그린 듯 서 있었다.

"누군가 '요이 땅' 하고 출발을 알리면 모두 주먹을 부르쥐고 뛰었지요."

'요이'는 일본말로 '준비'라는 뜻이며 '땅'은 신호총의 소리를 흉내 낸 것이다. 손영숙 노인이 입학했던 1944년 1월은 아직 일본이 패망하기 전이었다. 그때 명동학교는 전 과목을 일본어로 강의했으며 교내에서는 일본말을 해야 했다. 누군가 얼떨결에 조선말을 한 마디라도 하면 패쪽을 받고 변소청소를 했다. 정말이지 명동학교를 창립했던 김약연이 알면 대노하여 무덤을 열고 뛰쳐나올 일이었다.

아이들은 고개까지 헐떡거리면서 뛰어갔다. 고개가 정말 양의 밸처럼 길고 길었다. 거기서부터 또 7, 8리 길을 더 가야 했다. 손영숙 노인이 살던 산수동은 명동까지 10리 길, 고개를 두 개나 넘었다. 아침이면 해 뜨기 전에 동네를 나섰고 저녁이면 어둑어둑해시야 집 마당에 들이섰다.

🔼 **나무에서 그네타기 놀이를 하고 있는 여학생들** 흰 저고리에 검정치마 차림으로 보아 1940년대로 보인다. 왼쪽 멀리 보이는 뾰족한 산은 명동촌과 용정 일대에서 인기 있던 선바위다.

그때는 늑대가 수시로 출몰했으며 그래서 저마다 손에 몽둥이를 하나씩 들고 다녔다. 발에 걸친 짚신은 험한 산길 때문에 며칠도 되지 않아 구멍이 펑하니 뚫렸다. 그래서 아버지는 짬만 있으면 마루턱에 앉아 짚신을 삼았다고 한다.

어린 손영숙은 눈이 펑펑 쏟아지는 겨울에는 포대기를 머리에 쓰고 고개를 넘었다. 산수동에는 그와 같은 통학생이 다섯 명이었으며 이웃한 선박골에는 더 많았다고 한다. 선박골은 선바위골의 준말로서 입구의 큰 바위 때문에 생긴 이름이다. 명동 주변의 3백여 명 학생들이 모두 그들처럼 통학을 했다. 그런데 여느 농가처럼 무심히 지났던 우물가의 그 옛 가옥이 훗날 용정의 손꼽히는 관광명소로 태어날 줄 누군들 알았으랴!

"나무에서 뽕을 따먹다가 집에서 인기척이 나면 내 꼴 봐라 하고 도망했지요." 손영숙 노인은 우물가에 떨어뜨렸던 옛 기억을 뽕처럼 하나하나 줍는다. 그러나 우물가에 서 있던 뽕나무는 더는 그루터기도 남아있지 않았다.

명동마을의 송길련 전 촌장은 그들보다 윤동주의 생가와 인연이 훨씬 깊었다. 1980년대 이 가옥을 살 수 있는 기회가 있었던 것이다. 그때 그가 정말로 이 가옥의 주인으로 되었더라면 나중에 자의든 타의든 집을 내놓아야 했을지 모른다. 그렇다고 선견지명의 운이 있었다고 자축할 일은 아니었다. 철거의 운명은 그림자처럼 그를 졸졸 따라왔기 때문이다. 그의 집은 옛 명동학교 자리에 있었는데 훗날 학교건물의 원상 복원을 위해 부득불 철거해야 했던 것이다.

송길련의 부친은 1950년대 초 아랫마을에서 명동으로 이사했다고 한다. 그들 가족은 일찍 고조부 때 조선 함경북도 명천을 떠나 이 고장에 자리를 잡았다. 그 무렵 아랫마을은 마을 누군가의 이름을 따서 중영촌中英村이라고 불렸는데 훗날 인명을 버리고 명동 남쪽 마을이라는 의미의 명남촌明南村이라고 개명했다.

명천에서 명남으로, 다시 명남에서 명동으로 이어진 '이민'은 결국 송길련의 세대에 와서도 끝나지 않았던 것이다. 송길련은 명동 마을 안에서 '이민'을 했으며 그 때문에 명동학교는 2009년 제자리에 순조롭게 복원될 수 있었다.

옥에 티라고 할까, 손영숙 노인은 학교 건물은 옛날의 모습을 그대로 빼닮았다고 하지만 뭔가 아니라고 말하는 것이었다.

"이전에는 양쪽의 입구에서 신을 벗어놓고 교실에 들어갔습니다. 지금은 그런 시설이 아니잖습니까."

옛날보다 달라진 건 학교뿐만이 아니었다. 그때 북쪽에서 병사처럼 이 고장을 수비하고 섰던 선바위는 세 개였으며 그래서 또 '삼바위'라는 이름을 갖고 있었다. 그런데 중간의 바위는 언제부터인가 훼손되어 있었다.

손영숙 노인이 명동학교를 다니고 있던 그 무렵 선바위의 꼭대기에는 소나무 한 그루가 서 있었다고 한다. 이 소나무는 언제인가 어느 처녀가 목을 매어 죽은 후 귀신처럼 감쪽같이 사라졌다. 소나무가 있던 자리가 도대체 어느 바위이냐 하는 걸 두고 손영숙 노인과 동행한 그의 급우는 약간 실랑이를 벌였다. 불과 60년 전의 일인데도 그처럼 기억 속에 가물가물 멀어지고 있었던 것이다.

한때 선박골의 이방동에 살고 있었다는 정삼품의 벼슬아치는 현지에서 더구나 전설처럼 구전되고 있었다. 선박골의 위쪽에 있던 물박('물방아'의 준말)골과 그 맞은쪽에 있던 재박('조각'의 방언)골은 아예 까맣게 잊히고 있는 지명이었다.

"운동하면 명동이 일등
노래하면서 뛰어라 뛰어라
네 마음대로 넓은 들에서
……"

무언가의 애수에 잠겨 명동을 떠나기 아쉬워하던 손영숙 노인, 그가 학교 마당에서 흥얼거리던 노래는 명동학교의 옛 교가였다. 그러나 썰렁한 운동장에는 더는 뛰노는 어린이들이 없었고 이름 모를 잡초만 겨끔내기로 자라고 있었다.

함박동의 전설의 명물

　함박은 일명 '함지박'이라고 한다. 함지박은 통나무의 속을 파서 만든 큰 바가지 모양의 그릇을 말한다. 실제 함박동은 함지박의 동네라는 의미라고 지명지가 밝히고 있다. 함박동은 옛날 마을에서 함지박을 많이 만들었다고 해서 생긴 이름이라는 것이다.
　그러나 마을의 토박이인 박재선 씨는 그게 아니라고 말하는 것이었다. 그가 어릴 때 노인들에게 전해들은 말은 지명지의 기록과 전혀 달랐다.
　"마을의 지형이 함지박 같다고 해서 함박동이라고 했다던데요."
　아닌 게 아니라 나지막한 산에 빙 둘린 이 마을은 조물주가 일부러 땅을 파서 만든 큰 바가지 모양을 방불케 한다.
　옛날 이 바가지에는 사금(砂金)이 담겨 있었다고 한다. 마을 부근의 골짜기에 흰 사금이 매장되어 있었다는 것이다. 이 사금을 캘 때 함지박을 썼으며 그 연장선에서 함박동이라는 지명이 생겼다는 설이 있다. 진짜 함박동의 북쪽에는 사금을 캐던 곳이라고 해서 '사금골沙金溝'라고 작명한 골짜기가 있다. 이 때문에 함박동은 나중에 백금白金이라고 이름을 바꾸기에 이르렀다는 것이다.

그러나 사금골에는 금 함량이 너무 적어 쇠 금金자를 이름에 달아놓은 게 오히려 어색할 정도이다. 예전에 이 골짜기에 있었던 마을도 처음에는 금을 떠나 수림이 무성하다는 의미의 대림大林이라고 불렸다고 한다. 대림은 이에 앞서 골짜기에 흐르는 맑은 시냇물 때문에 '청계淸溪'라고 불리기도 했단다.

⬆ 함박동과 백금 비석이 나란히 서 있다.

와중에 두만강의 바닥에 쌓인 모래가 흡사 흰 사금과 같다고 해서 백금이라는 이름이 생겨났다는 설이 등장한다.

　금이 있었든 없었든 막론하고 인간은 일찍 신석기시대부터 이 고장에 족적을 남기고 있었다. 1980년대 마을 부근에서 돌도끼 등 석기와 원시시대의 고분이 출토되었다. 현암동(眩巖洞, 훗날의 백금촌 8대)이 있던 북쪽 골짜기에는 옛 돌담과 연자방아가 발견되었다. 현암동은 골짜기에 있는 바위가 이상하게 현기증을 일으킨다고 해서 지은 이름이다.

　이 고장 역시 백두산 기슭의 다른 지역처럼 청나라 초 봉금지대로 있으면서 한때 인적이 끊어졌다. 광서(光緒, 1875~1908) 초년부터 마을이 앉기 시작했다. 광서 20년, 이 일대에 각기 백금사(白金社)와 산계사(山溪社)를 설립하면서 궁극적으로 백금이라는 이름이 고착되었던 것이다.

　그럴지라도 최초의 지명인 함박동의 이름은 쉽게 사라지지 않았다. 박재선 씨의 가족은 조부 때 두만강을 건너 이 고장에 이주했다고 한다. 그때 이 고장은 백금이라는 지명으로 문헌에 버젓하게 기록되고 있었지만 함박동이라는 이름은 여전히 항간에서 널리 불리고 있었다. 그러나 언제인가부터 지명을 만들었던 명물 함지박은 두만강에 떠내려가고 사금이 앙금처럼 강기슭에 남은 격이 되었다.

　사금은 백금이라는 지명으로 함박동을 묻었지만 여전히 허상에 지나지 않았다. 함지박처럼 더는 실체가 없었기 때문이다. 백금이나 함지박 모두 동네 어귀에 어깨 나란히 서 있는 두 비석에 이름자를 박아 넣고 있을 뿐이다.

　그러고 보면 이 고장의 명물은 결코 함박이나 사금이 아니었다. 대신 다른 명물이 마을에 등장하고 있었다.

"예전에 그 사람이 이곳에서 정말 유명했다고 합니다." 안내인으로 나선 이준호는 백금에서 그를 모르면 간첩이라고 몰릴 정도였다고 말하는 것이었다.

이준호 씨는 한때 은행의 대출업무 때문에 마을들을 다 돌아다녔으며 그래서 이 고장의 많은 일들을 이웃처럼 잘 알고 있었다.

그 사람의 이름은 이자준으로 백금 일대에서 소문난 명의였다고 한다. 어쩌면 백금이라는 이 고장이 이자준이라고 하는 명의를 만들었을지 모른다. 백금은 8·15 광복이 지난 오랜 후에도 함지박처럼 산에 둘린 봉폐된 고장이었다. 사람들은 배를 타고 두만강 남쪽에 가서 장을 보고 병을 보았으며 지어 학교를 다녔다고 한다.

결국 국경은 동네의 울바자가 아니었다. 두만강을 함부로 건너는 건 차츰 호랑이가 담배를 피울 적의 옛말로 되었다. 그런데 다른 건 괜찮았지만 병이라도 나면 정말 난중지사였다. 병원이 있는 시가지까지 수십 리의 산길을 걸어야 했던 것이다. 마침 이웃한 북쪽의 용신勇新 마을에는 조선에서 의학공부를 했다는 의사 이자준이 있었다.

이 무렵 용신은 산 남쪽에 위치한다고 조양촌朝陽村이라고 불렸다. 그 산이 세 개라고 삼산평三山坪이라는 별명을 갖기도 했다. 그러다가 연길 서쪽의 조양천朝陽川과 이름이 중복된다고 '용신'이라고 개명했던 것이다. 용신은 선통宣統 2년(1910) 연길부延吉府에서 따로 나와 화룡현 관할에 들어갔던 이 고장 조직체의 이름이다.

이자준의 의술을 두고 전설 같은 이야기가 전해진다. 해마다 강 건너

쪽에서 소금장수가 한 번씩 꼭꼭 찾아와 병을 보았다. 이자준의 약을 쓰면 거짓말처럼 고질병에 차도가 있었지만 그맘때면 미리 약정이라도 한 것처럼 병이 도졌던 것이다. 그런데 해마다 소금을 등짐으로 날라 오던 소금장수는 언제부터인가 발길을 뚝 끊었다. 남편의 꼼수를 언짢게 보던 아내가 몰래 소금장수에게 비방을 알려줬던 것이다.

이쯤에서 이야기가 끝났으면 그저 여담으로 남았을지 모른다. 그런데 훗날 이자준이 아내에게 벌을 주느라고 침을 놓았고 그래서 아내는 졸지에 벙어리가 되었다는 것이다. 아내가 고두백번 빌어서야 침을 놓아 다시 말을 하게 했으며 그때부터 아내는 남편의 일에 일절 간섭을 하지 못했다고 한다.

진짜 사람의 병을 마음대로 좌우지 할 수 있는 명의였던 모양이다. 아쉽게도 이자준은 1960년대 저 세상의 사람으로 되면서 전설의 인물로 사라졌다.

그렇다고 명물의 고리가 끊어진 게 아니었다. 이 무렵부터 백금에는 또 다른 하나의 명물이 나타난다. 이번에는 눈과 코가 달린 인물이 아니라 실올 같은 감자국수였다.

그때 연변 거의 모든 산간지대에서 감자를 재배했지만 감자국수라고 하면 단연 지신향智新鄕의 원동元洞을 첫손에 꼽았다고 한다. 쫄깃쫄깃하고 오들오들한 원동 감자국수는 처음부터 별미로 사람들의 입맛을 사로잡았다. 꿩고기 등으로 우려낸 육수에 동치미 국물을 부어 만들면 임금님의 수라상이 부럽지 않았고 김치와 야채를 고추장으로 양념해서 국수에 비벼 먹으면 얼큰하고 상큼한 맛에 누가 귀를 베가도 모를 정도였다.

마을 이름의 유래가 된 산기슭의 현암 바위 모습이다.

연변의 초대 주장 주덕해는 외지손님을 접대할 때면 특식 1번으로 원동 감자국수를 지목했다고 한다. 그런데 원동은 나들이가 몹시 불편했다. 원동이라는 이름 역시 골짜기의 막바지에 있다고 지은 것이었다. 결국 감자국수는 원동을 떠나 용신에 나타나게 되었다. 용신은 원동과 산 하나를 사이에 두고 있었고 또 바깥세상과 교통이 용이했기 때문이다. 진짜배기 원동의 식재료를 조달 받는데 쉬웠고 또 시가지에서 출타하는 손님들의 내왕에 편했다. 이때 용신의 감자국수는 산 건너 동쪽의 원동에서 전래했다는 의미에서 '동래東來 국수'라고 불렀다고 한다.

훗날 동래 국수는 비슷한 음의 '동네洞內 국수'로 이름을 바꾼다. 골 동洞은 삼수변에 같을 동자이니 동네洞內는 한 우물을 쓰는 사람들이 모인 곳이라는 뜻이며 따라서 '동네국수'는 원동 동네 나아가 사람 사는 동네라면 어른이나 어린이나 할 것 없이 모두 즐겨먹는 감자국수라는 의미가 되겠다.

그야말로 명물이 백금을 만들고 또 백금의 상징으로 되고 있는 것이다.

불편한 진실은 이런 명물의 함지박과 금, 명의, 국수가 더는 실존이 아닌 전설로 되고 있다는 것이다. 아니, 백금 전체가 전설이 되고 있는 게 아닐까 싶다.

한때 백금은 골마다 마을이 있었고 또 큰 마을마다 학교가 있었다고 한다. 백금향의 소재지인 백금촌에는 조선족 중심소학교와 중학교가 있었다. 1970년대 중심소학교의 학생만 해도 무려 400여 명에 달했다. 그런데 마을이 연이어 소실되면서 학생들이 줄어들었고 학교도 잇따라 폐교되었다. 2011년에는 중심소학교에 가까스로 남아있던 2명의 학생마저 용정으로 전학했다. 이에 따라 중심소학교의 마지막 교원이었던 박재선 씨도 결국 용정으로 자리를 떴다.

"우리 중심소학교의 이름은 평정산平頂山의 학교에 옮겨갔지요." 박재선 씨의 어조에는 어딘가 차창 밖의 비 오는 날씨처럼 쓸쓸함이 묻어나고 있었다.

평정산의 이 학교는 원래 중심소학교의 분교로서 백금에서 유일한 한족학교였다고 한다. 그야말로 작은 보아뱀이 큰 코끼리를 삼켜버린 이상한 모양새가 되었던 것이다.

그건 그렇다 치고 여기에 나오는 평정산은 옛날에는 우리말로 꼭대기가 평평하다는 의미의 평두산平頭山이라고 불렸으며 부근의 높은 봉우리는 갈라진 틈새가 있다고 해서 절리봉節理峰이라고 불렸다고 한다. 또 백금의 서남쪽에 있는 안작도安作島는 사실은 우리말로 두만강 '안쪽의 섬'이라는 의미이며 그걸 다시 중국말로 음을 따서 옮겨놓은 이름이다. 그러나 토박이인 박재선 씨도 이런 지명을 전혀 모르고 있었다. 보아하니 옛 이름을 낱낱이 기억하고 있는 사람들은 현지에 별로 남아있지 않는 듯 했다.

어느 농가의 귀퉁이에 외롭게 피어난 함박꽃 한 송이가 유달리 눈길을 끌었다. 무턱대고 뜰에 들어갈 수 없어 먼발치에서 보고 섰다. 끝내 꽃의 향기를 맡을 수 없어서일까, 부지중 이름 못할 아련한 애수가 가슴 한구석에 뭉클하니 차올랐다.

용두레우물에 묻힌 옛 동네의 이야기

"그게 무슨 말이냐" 하고 묻지 않을 수 없었다. 정말이지 봉창을 두드리는 소리 같았기 때문이었다. 용정龍井은 1886년 조선인들이 지은 이름이지만 최초의 주민은 조선인이 아니었다고 한다. 동네 지명 역시 이 용정이 첫 이름이 아니라고 한다.

용정에 처음으로 조선인 마을이 생긴 것은 1877년 봄이었다. 조선 평안북도의 김언삼金彦三, 함경북도의 장인석張仁碩, 박윤언朴允彦 등의 식솔 열네 가구가 이곳에 초가를 짓고 화전을 일궜다. 그 후 조선인들이 하나둘 모여들면서 차츰 큰 마을을 이루게 되었다. 이때 마을은 육도하 기슭에 있다고 해서 육도구六道溝로 불렸다고 한다.

그런데 이에 앞서 육도하 기슭에는 이미 어느 사람들이 살고 있었다.

"이때 육도하 남쪽에는 만족들이 세운 동네가 먼저 있었다고 합니다."

⬆ 용정이란 지명이 유래된 용두레우물터에 서 있던
〈용정지명기원지정천〉 비석의 1920년대 모습이다.

현지 안내를 했던 오정묵 씨도 이 이야기를 처음 들었을 때 무척 뜻밖이었다고 말한다.

오정묵 씨는 용정 현지에서 이름 있는 한의사인데 오래전부터 용정의 문화재를 발굴, 복구하는 작업을 진행하고 있었다. 고향에 대물림의 비방처럼 무엇인가 의미 있는 흔적을 남기고 싶다는 뜻에서였다. 그래서 마치 병명을 기억하듯 용정의 유적과 이야기들을 많이 알고 있었다.

1860년대 흑룡강성의 녕안, 해림 등지의 지역에 살고 있던 만주족들이 전란 등을 피해 연변 일대로 천이遷移했다. 이때 육도하六道河 남쪽 기슭에 네 가구의 만주족 사람이 자리를 잡았다고 한다. 지금의 용정 옛 우물의 강 건너 바로 남쪽에 위치한 이 마을은 당시 '태성루泰盛樓'라고 불렸다고 전한다. 훗날 이 고장에 이삿짐을 풀었던 조선인들은 또 이 마을을 네 가구의 마을이라는 의미의 '4호동四戶洞'이라고 불렀다고 한다.

🔼 1920년대 말 용정을 감싸고 흐르는 해란강 위에 놓여 있던 목제 용문교 위에서 물놀이를 나온 대성중학교 학생들이 기념사진을 찍었다.

그러나 4호동 사람들도 이 고장의 최초 주민은 아니었다. 1886년 봄, 육도구의 한 촌민이 밭을 갈다가 돌담 밑에 묻혀 있는 옛 우물을 발견한다. 옛날 이 고장에 살았던 선민先民들이 그때까지 어딘가에 숨기고 있었던 실체를 드러내는 순간이었다. 그 무렵 벌써 발견되었는지는 몰라도 강 건너 서쪽의 동흥촌東興村에는 친 년 전의 옛 성곽이 있었다. 우물을 팠던 사람들과 그들이 살던 옛 마을은 언제부터인가 이름마저 무언지 모르는 흘러간 옛 이야기로 되고 있었다.

각설하고, 마을 사람들은 합심하여 돌담을 허물고 우물을 깨끗하게 가셔냈으며 나중에 나무를 찍어다가 우물에 용두레를 만들었다. 희한하게도 이때 용두레를 만든 사람은 조선인이 아니라 한 중국인이었다고 한다. 산해관山海關 남쪽에서 왔던 중국인들도 이 무렵 육도구에 자리를 잡고 있었던 것이다. 아무튼 그때부터 마을사람들은 용두레로 물을 길었고 길손들도 용두레로 물을 퍼 올려 갈한 목을 적셨다. 육도구는 차츰 한입 건너 두입 '용두레촌'이라는 이름으로 불리게 되었다.

육도구 아니 용두레촌의 최초의 주민인 장인석은 천자문을 읽은 사람이었다. 그는 박윤언과 상의하고 용두레의 용龍자와 우물 정井자를 합쳐 마을의 이름을 '용정촌'이라고 지었다. '용정'은 1900년 청나라 관방에서 '육도구'와 '용정촌'을 함께 쓰면서 문헌에 등장하며 그 후 정식으로 '용정촌'이라고 명명하면서 이 고장의 지명으로 고착된다.

전설속의 신비한 동물 용龍은 그렇게 옛 우물의 두레박이 퍼 올린 감미로운 물처럼 마을 이름을 적시고 있었다.

용정촌은 조선에서 북간도로 넘어오는 길목에 위치, 뒤미처 주막이 섰고 잡화점과 음식점이 섰으며 1907년에는 100여 가구의 큰 마을로 되었다. 1910년 일본이 영사관을 세우면서 용정은 그들이 간도를 통치하는 중심지로 되었다.

용정촌 부근에는 마을들이 줄레줄레 생겨났다. 이 마을들도 용정촌처럼 겨끔내기로 이름에 '용龍'자를 달았다. 용산龍山, 용강龍江, 용해龍海, 용광龍光, 용명龍明, 용신龍新, 용산龍山, 용승龍承, 승용承龍, 용암龍岩, 용하龍河, 용지龍池, 용천龍泉, 구용九龍, 용북龍北, 용동龍洞, 쌍용雙龍…… 아닌 게 아니라 용은 마을의 입구에 수호신으로 세우는 장승 격이 되고 있는 것 같았다.

용정 서쪽의 비암산琵岩山 기슭에 세웠던 사찰도 용의 이름자를 달았다고 한다. 일명 용주사龍珠寺, 전하는 바에 의하면 사찰 자리가 마치 용이 여의주를 얻으려고 해란강에 머리를 쑥 내민 모양과 흡사하다고 해서 지은 이름이라고 한다.

오정묵 씨는 언제인가 그 이야기의 진실을 확인하느라고 비암산 기슭을 헤집고 다녔다고 한다. 알고 보니 이 사찰은 1920년에 세워졌는데 수수 대를 엮고 흙을 바른 토벽의 암자 모양이었으며 스님 셋이 상시적으로 거처하고 있었다.

"일본인들이 있을 때 벌써 빈 절이 되었고 1948년에 완전히 무너졌다고 합니다."

그 무렵 용주사는 어느새 현지 사람들의 기억에서 가물가물 사라지고 있었다. 사찰 자리 부근 농가의 돼지우리에 덮여있는 몇 장의 옛 기와가 사찰의 목탁소리를 간신히 붙들어 매고 있었.

현지의 학자들도 지명에 나타나는 용의 이름을 거의 수호신으로 해석하고 있다. 낯선 이역에 새로 정착하면서 아무런 힘도 없었던 백의겨레의 이민들에게 정신적인 위안을 주었다는 것이다. 하긴 용은 초자연적인 힘을 가진 신 같은 존재로서 인류가 경외하는 대상이면서 또한 숭배하는 대상이었다. 당시 쪽지게를 메고 두만강을 건넜던 이민들은 하늘 아래 누 손밖에 의지할 데 없는 처시였다. 이민들은 가공할 힘을 깆고 있는 신성한 '용'을 거주지에 갖다 붙이고 이 '용'이 그들을 수호한다는 믿음으로 마음의 위안을 얻었다는 것이다.

이민들의 이런 정서는 풍수담風水談으로 엮고 있는 '용정전설'에 그대로 고스란히 묻어나고 있다.

전하는 바에 의하면 옛날 이씨 성의 농부가 육도하 기슭에 와서 집을 잡았다. 그때 이 고장은 천년 묵은 옥토여서 농사가 아주 잘 되었다. 그런데 한밤중이면 집에 이상한 자취소리가 나고 그림자들이 언뜻언뜻 비꼈다. 큰 소리를 쳐서 그림자를 쫓으니 이번에는 땅속에서 소리가 나고 집이 통째로 막 흔들렸다.

"이건 내게 맞지 않는 집터이구나!"

이씨 농부는 부득불 다른 곳에 자리를 뜨려고 했다. 이때 풍수장이가 와서 자리를 보더니 극구 이씨 농부를 말렸다.

"이건 명당자리입니다. 이 밑에 진짜 용이 누워 있는데 당신이 그만 용의 꼬리 위에 집을 지은 겁니다. 용이 꼬리를 흔들어 당신네를 쫓은 거지요."

풍수장이는 용머리의 앞으로 집을 옮기게 했는데 그곳이 바로 지금의 용정 자리라고 한다. 이렇게 되니 용정은 좌청룡과 우백호, 현무, 주작을 고루 갖추게 되어 풍수설에서 말하는 으뜸가는 양택陽宅으로 되었다.

용정의 내원을 둘러싸고 전하는 '용정전설'은 이밖에도 여러 개나 되며 모두 '용의 전설'이 깃들어있다. 이런 '용의 전설'은 또 용자 돌림의 지명처럼 용정의 곳곳에 널려있다.

솔직히 용정에 나타나는 '용의 전설'은 전혀 이상하지 않다. 옛날부터 자연의 경외와 신비함을 드러내기 위해 늘 신화의 옷을 입혔기 때문이다. 또한 용은 우리 겨레에게 옛날부터 신성시되던 전설속의 동물이었다. "삼국유사三國遺事"는 신라의 시조 박혁거세의 부인인 알영閼英은 우물에 계룡鷄龍이 나타나서 왼쪽 겨드랑이로 낳은 여자아이라고 기록하고 있다. 그러고 보면 박혁거세의 왕후 알영은 용녀인 것이다. 그 후 고려왕 왕건王建도 용의 후손으로 기록되어 있다. 육도하의 기슭에 등장하는 '용의 전설'은 용정이라는 이름과 마찬가지로 난데없이 생긴 게 아니라는 얘기이다.

1980년대 연변 사학자들이 조사, 고증한 바에 의하면 용정 부근 조선족마을 사람들은 옛날 해마다 정월 대보름이면 '용알 뜨기' 놀이를 했다고 한다. '용알 뜨기'는 우물에 비낀 보름달을 건진다는 것으로, 전날 밤 용이 내려와서 우물에 알을 낳는데 알이 들어있는 그 물을 먼저 떠서 밥을 지으면 가족이 무병하고 장수한다는 속신俗信 때문이라고 한다. 연변의 이 민간 풍속은 예전 한국 경기도 지역에서 유행하던 풍속과 비슷하다.

이밖에 촌민들은 또 수재를 막기 위해 용왕에게 제사를 지내는 일도 있었으며 가물이 들 때는 기우제를 지내고 용왕을 위로했다고 한다.

그러나 현지에 남아 있었던 이런 오랜 풍속은 오래전부터 벌써 이름 그대로 '용의 전설'로 되고 있었다. '문화대혁명'을 거치면서 드디어 흔적도 없이 모두 소실되었기 때문이다. 용두레우물은 용정이라는 이름을 만들었지만 그렇다고 예외가 되지 않았다. 1930년대 우물가에 세워졌던 비석 <용정기원지명지정천龍井起源地名地井泉>은 '문화대혁명' 때 형체도 없이 훼손되었으며 옛 우물은 흙과 돌에 몽땅 묻혀버렸다. 1986년, 용정 옛 우물은 다시 복원되었지만 상징적인 의미로 남았을 뿐이며 우물의 물은 더는 퍼 올릴 수 없게 되었다.

천년의 용두레우물은 세상에 얼굴을 잠깐 내밀었다가 불과 100여 년만에 또다시 '용의 전설'로 돌아간 것이다.

정말이지 옛날 육도하에 가락처럼 울리던 용두레 소리가 그립다. 고요한 달빛아래 우물가에 앉으면 금세 어디선가 용두레 소리가 귓가에 울릴 것 같다. 아, 언제면 두레박을 잣아 옛 동네의 이야기를 다시 물처럼 퍼 올릴 수 있을까.

하늘 아래의 그림마을
천도상

또 하나의 진부한 이야기로 시작되고 있었다.

태를 묻은 고향이었지만 하늘 아래의 그림 같은 마을은 아니었다. 뼈 빠지게 일해도 입에 풀칠하기 어려웠다. 그래서 증조부는 고심 끝에 아들형제 넷을 데리고 도망하듯 두만강을 건넜다고 한다.

그때부터 함경북도 명천군 하곡면 수렴동은 이씨 가족의 추억으로 자리매김을 했다.

미구에 이씨 일가족이 이삿짐을 내려놓은 곳은 용정 동쪽의 성암(城岩)이었다. 광서(光緖, 1875~1908) 중반에 형성된 이 마을은 순수한 조선인동네였다. 성암은 남쪽 산정에 돌로 쌓은 옛 성곽이 있다고 해서 지은 이름이다.

이복록 옹은 1936년에 출생한 이민 3세로 시골 성암이 아닌 용정 시가지에서 태어났다. 그는 1962년경 비로소 옛 고향집이 있던 성암에 처음으로 발을 들여놓게 되었다. 결혼한 후 집안 친지들에게 인사차로 들렸던 것이다. 집안의 좌장 격인 셋째 조부가 그때까지 줄곧 성암에서 붙박여 살고 있었다.

용정에서 개신툰으로 통하는 기차는 팔도하자八道河子 역에서 잠깐 멈춰서고 있었다. 팔도하자는 1932년 철도를 부설하면서 생긴 마을로, 부근을 흘러 지나는 강 이름을 따서 마을 이름을 지었던 것이다. 팔도하八道河는 여덟 갈래의 작은 강이 한데 모여 이뤄졌다고 해서 생긴 이름이다. 팔도하자 역은 일명 덕신德新역이라고 한다. 덕신향의 소재지가 팔도하자에 있었기 때문이다.

⬆ 학창시절의 이복록 옹

성암 마을은 팔도하자에서 내린 후 서남쪽으로 한 시간 가량 더 걸어가야 했다.

그때 이복록 옹이 군복을 입었던 탓인지 부근의 군사갱도가 화젯거리로 밥상에 올랐다. 이 갱도는 1940년대 일본군의 군수품 창고였다고 한다. 8·15 광복 때 마을에서 갱도에 들어가서 탄자 등 물품을 꺼낸 사람들은 한둘이 아니었다. 그러다가 창고를 수비하던 소련군이 난사한 총에 맞아 부상한 사람도 있었다.

그토록 난데없는 '복'이 문득 떨어지기도 했지만 성암은 필경 앞뒤가 꽉 막힌 두메산골이었다. 밭농사를 해서는 도무지 살림이 펴일 것 같지 않았다. 증조부는 이사한 얼마 후 '쑤아'에 떠났다가 웬일인지 무소식이 되었다. '쑤아'는 '소비에트 러시아(1917~1922)'를 이르던 중국말 '蘇俄'의 음역으로 그 시절 구소련의 연해주 지역을 이르던 말이다.

집안에는 대뜸 대들보가 뽑힌 것 같았다. 이때 밭농사에서 조부의 남다른 안목이 빛을 발했다. 그가 콩을 심으면 콩값이 뛰어 오르고 팥을 심으면 팥값이 뛰어오르는 식이었다. 미심쩍은 눈길을 보내던 마을사람들은 나중에 그를 찾아 내년에는 뭘 심는가 하고 꼬치꼬치 캐물었다고 한다.

수중에 얼마간의 돈을 쥐게 되자 조부는 금방 용정 시가지로 자리를 뜬다. 자식을 공부시켜 출세시키려면 도시에서 살아야 한다는 것이었다.

그때 조부가 집을 샀던 곳은 시가지 동남쪽의 언덕이었다. 그곳은 '영국더기'라는 이름으로 불리고 있었다. 실은 캐나다의 조차지租借地이었다. 선교사들은 영국인이 아닌 캐나다인이었지만 똑같이 코가 컸고 머리가 노란데다 영국말을 하다 보니 영국인으로 오인되고 있었던 것이다.

'영국더기'에는 캐나다 장로회가 설립한 '명신여자중학교'와 '은진중학교'가 있었다. 이 두 학교는 당시 청소년들의 선망의 대상이었다고 한다. 한편 장로회는 '제창병원'을 세워서 의료봉사를 했다.

조부가 산 집은 추녀가 건뜻 들린 팔간 기와집이었다. 오매불망 그리던 궁궐에 짝지지 않았다. 살림은 막 바자굽에 자라는 백일홍처럼 활짝 피어날 것 같았다. 그야말로 하늘 아래 그림 같은 마을이 펼쳐지고 있었다.

🔼 1942년 운동장에 모인 은진중학교 교원과 학생들

그 무렵 일본인들은 한반도에서 간도 땅까지 세력을 뻗치고 있었다. 1909년 일본인들은 용정에 '간도일본총사령관'을 설치하며 또 동만東滿 지역의 조선인들을 통제하기 위해 경찰부를 증설하고 있었다.

1919년 3월 1일, 일본의 식민지 지배에 항거하여 거족적인 민족독립운동이 일어난다. 조선 국내의 시위운동에 호응하여 간도와 연해주에서도 이에 동조하는 시위가 일어났다. 북간도에서는 3월 13일 용정에서 있었던 독립선언식이 최초였다.

이때 용정에서 지방 군경들의 탄압으로 사상자가 적지 않게 속출하였다. 대성중학교를 다니고 있던 이복록 옹의 부친은 시위에 참가한 탓으로 경찰서에 붙잡혀갔다고 한다. 이어 경찰에게 당한 구타의 후유증은 일생동안 부친을 괴롭히게 된다. 그런데 또 다른 하나의 '후유증'이 생길 줄은 정말 뜻밖이었다.

부친은 경찰서에서 풀려난 후 한동안 집에서 몸조리를 했다. 그때 조부는 휴양을 하라면서 특별히 함경도 경성군 주을朱乙온천에 가는 여행단에 넣어주었다. 이 여행단에는 용정에서 사진관을 꾸리던 사람이 하나 있었다. 훗날 극좌운동인 '문화대혁명' 때 그 사람은 어찌어찌하여 '일본간첩'으로 몰렸다. 예전의 그의 온천여행 사진에는 부친의 모습이 들어있었으며 이 때문에 부친도 '일본간첩'이라는 덤터기를 쓰게 되었다. 부친은 그가 몸을 담고 있던 철도부문의 '홍색 반란'조직에 잡혀 들어갔다.

이때 대련공학원을 졸업하고 북경의 모 군사연구원에서 배속되어있던 이복록 옹도 부친의 엉뚱한 '죄명'에 연루되어 군복을 벗고 지방으로 좌천된다.

각설하고, 이복록 옹이 학교를 다닐 무렵 그가 살던 집은 더는 원래의 기와집이 아니었다. 1943년 경, 조부는 지인의 보증을 섰다가 부채를 한 아름이나 걷어안게 되었다. 그래서 시가지 근처에 있던 '노른자위'의 땅을 팔았으며 그것도 부족하여 기와집을 팔고 '영국더기'의 아래에 초가를 사서 들고 있었다.

그곳은 8·15 광복 후 천도상天圖廂이라고 불렸다. 천도天圖는 천체의 그림을 이르는 말이며 상廂은 성문밖에 이어져 있는 거리를 말한다. 미상불 천도상은 하늘의 그림 같은 마을을 동경하여 지은 지명이 아닐까 한다. 광서 초년에 형성된 이 마을은 나중에 '안거낙업安居樂業'을 갈망하는 의미의 안민가安民街로 불린다. 동남부의 길승가도吉勝街道가 이 무렵 길승상吉勝廂으로 불린 것도 이와 비슷한 이유이다. 서부의 용문가도龍門街道는 지형과 위치에 따라 용문상龍門廂이라고 불렸다.

그러나 이씨 가족이 두만강을 건너면서 그토록 동경했던 하늘 아래 그림 같은 마을은 더는 실상이 아닌 환영幻影으로 떠오르고 있었다. 보증

사건으로 졸지에 궁지에 몰리게 된 조부는 집에 있던 땡전을 전부 털어서 시골의 싸구려 밭을 몇 마지기 산다.

"다시 땅을 가꾸더라도 손자들을 공부시키겠다고 그런 거지요." 이복록 옹은 기억에 남은 조부의 그런 모습이 안쓰럽기만 하단다.

밭이 있는 고장은 일명 '노루바위'라고 했는데 두 가구가 살고 있었다. '노루바위'는 동명촌東明村의 바로 뒤쪽에 있었다. 동명촌은 1909년 형성된 마을로 '동명학교' 때문에 지은 이름이다.

1946년 경 어린 이복록 옹은 모친을 따라 '노루바위'로 다녀왔다고 한다. 동성용東盛涌까지 기차를 타고 갔고 거기서 내린 후 흙길을 타박타박 걸었다. 동성용은 상호商號 이름을 그대로 붙여서 지은 이름이다. 나중에 동성용이 전국에 소문을 놓게 된 것은 이 상호 때문이 아니다. 연변의 첫 호조조互助組가 여기에서 탄생되었고 중국 첫 농민대학인 '새벽농민대학'이 설립되었다.

동성용은 또 요·금遼·金 시기의 천년의 유적으로 유명하였다. 남쪽의 용성촌勇成村에는 고대 봉화대가 있었다. 용성촌은 옛날 이 봉화대를 수비하던 장병들이 용감하게 싸워 과업을 완성했다고 지은 이름이라고 한다.

어쨌거나 동성용이 이복록 옹의 어린 기억에 남긴 건 종일 힘들게 걷던 추억뿐이었다. 작은 내를 건너고 또 산언덕을 따라 20리 길을 걸었다고 한다.

"노루바위의 동쪽 고개가 바로 팔도하자의 지경이었지요."

고개를 넘으면 용암촌龍岩村 6대(隊, 촌민소조)의 '광주바위'였다. '광주바위'는 '광주리 바위'의 준말로 마을 뒷산의 바위가 광주리 같세 생겼다고 해서 지은 이름이다.

아무튼 조부는 두 번째 고향인 팔도하자로 뒷걸음을 치고 있었던 것이다. 빈털털이로 고생하던 이주 초기의 경상이 다시 '노루바위'에 그림자처럼 비끼는 듯 했다. 그러나 이복록 옹은 그게 전화위복轉禍爲福의 그림을 그리고 있는 줄은 몰랐다.

토지개혁을 하던 1947년 일가족은 하마터면 칼도마에 오를 뻔 한다. 일찌감치 '영국더기'의 기와집을 포기한 게 천만 다행이었다. 조부는 '노루바위'의 땅뙈기 때문에 약간 잡음을 빚었지만 종당에는 중농 신분으로 낙착되었다. 가진 거라곤 두 주먹밖에 없었던 부친은 도시빈민으로 계급을 인정받았다. 그래서 그들은 모두 부자를 청산하는 '정치운동'의 칼날을 아슬아슬하게 피할 수 있었다.

🔼 용정에 있는 간도일본총영사관 유적

연속부절한 '정치운동'은 그들에게 마냥 무풍지대가 아니었다. 조부가 한때 누렸던 유족한 생활은 아들을 결과적으로 '일본간첩'이 있는 여행단에 밀어 넣었고 또 이로 하여 손자더러 본의 아니게 군복을 벗게 했던 것이다. 이런 '정치운동'의 후유증은 나중에 이복록 옹에게 북경 복귀의 기회를 포기하고 고향 연변에서 내학 교직敎職을 신택하게 한다.

이씨 가족은 말 그대로 새로운 고장을 찾을 때마다 그곳에 씨앗처럼 뭔가의 이야기를 뿌리고 있었다. 하지만 그렇게 줄줄이 엮어진 가족사는 결코 한두 마디의 지명 이야기처럼 쉽고 간단하지 않았다. 하늘 아래의 그림 같은 마을이었지만 정녕 그림 같은 생활은 아니었던 것이다.

남양 그리고
쇠도둑과 담배

　남양南陽은 지형적으로 북쪽이 막혀있고 남쪽이 트여 있어 사시장철 햇볕이 잘 쬐는 곳을 말한다. 그러나 석정石井의 남양동南陽洞은 이상하게 석정石井이라는 지명을 만든 돌우물처럼 앞뒤가 꽉 막힌 골짜기에 위치한다. 그렇다고 양지 바른 비탈이 그리워 지은 이름은 아닌 듯하다. 지명지는 남양동이 사실은 만주족말의 지명이며 '여울'이라는 뜻이라고 기록하고 있다. 마을 남쪽기슭에 골짜기의 물이 흐르면서 도랑 비슷한 홈을 만들어놓았으니 마을 이름은 정말 '여울'과 그 무슨 인연을 갖고 있는 것 같다. 그러나 장마철인데도 이 도랑에는 물이라곤 흐르지 않고 있었다.
　"옛날에는 남양동이 아니라 판서동判署洞이라고 불렀다고 하지요."
　마을에서 만난 허춘련 옹은 더구나 엉뚱한 이야기로 허두를 떼는 것이었다.

🔼 남양동 토박이 허춘련 옹이 집 앞에서 포즈를 취하고 있다.

허춘련이라는 이름은 진짜 여자가 아닐까 하고 생각하기 십상이지만 그는 알짜배기 할아버지였다. 예전에 부친이 하도 딸을 보고 싶어서 그렇게 여성스런 이름을 달았다고 한다. 조부 때 조선에서 이곳으로 이주했으며 지금까지 쭉 한곳에 요지부동으로 움직이지 않고 있었다.

어쨌거나 그의 입에서 불쑥 튀어나온 판서동이라는 이름은 마을의 지명에 더구나 물음부호를 달게 하고 있었다. 옛날 고위관리인 판서가 이런 심심산골에 숨어 살았을까. 마을은 또 판서동이나 남양동을 떠나 중성촌仲城村 10대(隊, 촌민소조)로 불리고 있다. 이 중성촌 역시 새로 생긴 이름으로 중평촌仲坪村과 길성촌吉城村 두 동네를 합병한 마을이다. 중평촌은 마을의 가운데 위치한다고 해서 생긴 이름이며 길성촌은 옛 지명에서 따온 이름이라고 한다.

남양동과 동명의 마을은 남쪽의 덕신德新과 지신智新에도 있으며 멀리 두만강기슭의 백금白金에도 있다.

혹여 최초의 이민이 고향 이름을 이불 짐에 함께 메고 온 것이 아닐까 하는 생각이 들었다. 남양이라는 지명의 동네는 한반도 남북을 통틀어 여럿이나 되기 때문이다. 그런데 본적本籍을 물어보자 허춘련 옹은 어딘가 겸연쩍어하는 것이었다. 대낮인데도 어둑어둑한 집안에는 갑자기 어색함이 감돌았다.

🔼 우덕마을 아직도 초가가 대부분이다.

"저는 학교를 제대로 다니지 못하다 보니 그런 걸 잘 모릅니다."

당장이라도 무너질 듯 땅에 내려앉은 초가와 비닐박막으로 엉성하게 막은 창문이 아련한 슬픔을 자아내고 있었다.

솔직히 허춘련 옹이 아니라 남양동 자체가 바깥 세계와 거의 동떨어져 있는 것 같았다. 지금은 용정 시가지에서 석정까지 날마다 버스가 통하지만 예전에는 남양동에서 시가지로 가려고 하면 남쪽의 산 고개를 넘어 덕신에 가서 기차를 갈아타야 했단다. 고개를 넘는 데 두 시간이나 걸린다고 한다. 그래서 마을사람들은 골짜기 밖으로 나가는 경우가 적다고 한다. 옥수수나 콩, 호박 농사가 위주이며 명절 아니면 쌀밥을 구경하기 힘든 두메산골이었다. 남양동에는 전성기인 1980년대에는 27가구나 살고 있었지만 지금은 12가구 밖에 남아있지 않다. 앞뒤 산 틈새에서 몸을 돌리기도 힘든 이 벽지를 떠나 뿔뿔이 벌로 이사를 했던 것이다.

"우리 용정에 아직도 이렇게 불쌍한 동네가 있네요." 동행했던 지인이 부지중 혀를 내둘렀다. 그는 이 동네가 조선족 마을이라는 말을 듣고는 더구나 망연자실한 표정을 지었다.

아닌 게 아니라 집집마다 서발 막대기 휘둘러도 거칠데 없는 살림살이였기 때문에 문을 잠그지 않아도 도둑을 맞을 근심이 없을 것 같았다. 그런데 '해가 서쪽에 뜰 일'이 아닐까 한다. 남양동의 바로 윗동네에 큰 도둑이 들었던 것이다. 전대미문의 이 사건 때문에 마을은 결국 지명에까지 '도둑'이라는 주홍글자를 달게 되었다고 한다.

광서(光緒, 1875~1908) 초년에 생긴 이 마을은 처음에 누군가 소를 훔쳤다고 해서 소도둑 동네로 불렸다. 그 이름이 우아하지 못하다고 해서 1915년을 전후하여 비슷한 음으로 바꿔치기를 했다고 한다. 이때 지은 이름이 우덕禹德, 자칫 우씨 성을 가진 사람의 후더분한 성품으로 착각할 수 있다. 지금은 또 중성촌 6대라고 불리지만 동네 어귀에는 아직도 우덕이라는 글자를 쓴 비석이 있었다. 더는 도둑을 연상시키지 않는 그 이름이 좋긴 좋았던 모양이다.

비석 부근의 농가 마당에 들어가서 인기척을 했다. 따듯한 구들에 앉아 한담을 즐기고 있던 아주머니들은 불청객이라고 꺼리지 않았다. 훈훈한 시골 인심은 아궁이의 빨간 장작불처럼 이글이글 타오르고 있었다.

그러나 기대는 금세 한 올의 연기로 날아갔다. 아주머니들은 우리가 찾아온 영문을 듣자 금세 난감한 기색을 지었던 것이다.

"아니, 소도둑이라니요? 우리 우덕이 정말 그런 의미입니까?"

그들은 마을 태생이 아니라 외지에서 이사한 사람들이라고 한다. 1980년대 32가구에 달하던 우덕골은 불과 10여 가구 밖에 남지 않았으며 그나마 타 지역 사람들이 대부분이라고 한다. 막바지의 골짜기에 있는 남양동보다 더 기막힌 운명이 연출되고 있는 것이다.

보아하니 100여 년 전 마을에서 일어났던 소도둑 사건은 어떻게 벌어지고 마무리 되었는지 영원한 미스터리로 남을 것 같았다.

그건 그렇다 치고 도둑이 다시 이 마을을 찾은들 옛날처럼 소 한 마리를 내놓고 도대체 뭘 훔칠까 하는 생각이 갈마들었다. 아직도 짚으로 이영을 올린 흙집들이 그렇게 궁색할 수 없었기 때문이었다. 솔직히 이 고장에서는 몇 십 년 전에 시침이 고장이 나서 그냥 멈춰버린 듯 했다.

그렇다고 현지에 도둑이 욕심을 부릴 마을이 하나도 없는 게 아니었다. 석정 북쪽으로 해란강의 건너 쪽에 있는 구룡九龍 5대는 볕에 말린 담배로 원근에 소문난 고장이다. 구룡 마을은 옛날 아홉 마리의 용이 승천했다는 전설로 인기된 지명이다. 그러고 보면 용이 아니라 담배가 하늘에 날아오른 셈이다.

구룡 역시 마을의 원래의 이름은 아니었다. 옛날 이곳은 벚나무가 무성했다고 해서 화전자樺甸子라고 불렸다. 또 고대 봉화대가 있는 북쪽의 연대봉煙臺峰이 마치 보습처럼 생겼다고 해서 가래 화鏵자를 넣은 화첨자鏵尖子로 불렸다는 설이 있다.

마을에서 최고령인 주장춘(84세) 옹은 세 살 때 산 건너 북쪽의 하룡河龍

마을에서 이곳으로 이사를 왔다고 한다. 마을 최초의 이름은 화전자가 아니며 구룡은 더구나 아니라고 하면서 '요개지팡'이었다고 한다. '요개지팡'은 '요씨네 지방'이라는 말이며 '요씨의 땅'이라는 의미가 된다.

"그때 이 산기슭의 땅은 모두 요씨 성의 지주가 차지하고 있었다고 합니다. 마을사람들은 그의 소작살이를 했다고 하지요."

주장춘 옹은 인터뷰를 하는 도중 말아 피우는 담배를 손에서 놓지 않았다. 이런 담배는 볕에 말린 담배와 불에 말린 담배를 적당히 혼합한 것으로 매캐하면서도 향긋한 기운을 멀리서도 느낄 수 있었다.

그러나 이 담배는 일찍 일제 강점시기부터 유명했다는 명물 '화전자 담배'가 아니었다.

"'화전자 담배'는 실전된 지 오래지요. 제가 피우는 담배는 마당에서 말린 거구요."

주장춘 옹의 말에 따르면 '화전자 담배'의 마지막 전승자인 박씨 성의 촌민은 오래 전에 사망하였다고 한다. '화전자 담배'는 마을에서 하나의 전설로 남아있었다.

"누가 먼저 '화전자 담배'를 만들었는지 지금은 아무도 모릅니다."

옛날부터 한두 마디씩 전하는 이야기에 따르면 화전자 담배는 땅에 키 높이의 움을 파고 담뱃잎을 넣는데 잎 사이에 쑥을 넣고 띄운다. 얼마 후 움에서 김이 나면서 담배의 수분이 빠지는데 이 과정을 '담뱃잎에 이슬이 돋는다.'는 말로 표현한다. 그 후 간간이 손을 움에 넣어 잎담배의 성숙도를 가늠한다. 전반 과정을 숙지하지 않으면 '화전자 담배'를 만든다는 걸 꿈조차 꿀 수 없었다. 그리고 똑같이 화전자에서 심은 담배라고 해도 씨앗과 말리는 방법에 따라 맛이 전혀 다르다고 한다.

"누군들 그렇게 힘들게 담배를 말리겠습니까?" 주장춘 옹은 '화전자 담배'를 만드는 데 품과 시간이 너무 든다고 하면서 그게 바로 '화전자 담배'의 전승 고리가 끊어진 원인이라고 말했다.

🔼 볕에 말리는 담배

"지금도 '화전자 담배'하면 부르는 게 값이라고 하지만 그래도 너무 싸요. 한 잎에 100원 정도 하면 모를까요."

'화전자 담배'는 명맥이 끊어졌지만 그 이름은 아직도 세간에 남아있었다. 장터에는 가끔 '화전자 담배'라고 하는 산지 미상의 담배가 나타난다고 한다. 화전자가 구룡으로 개명하면서 이번에는 또 '구룡 담배'라고 둔갑한 가짜 담배가 등장했다. 화전자는 명물을 잃었을 뿐만 아니라 명물의 이름마저 도둑 맞힌 것이다.

강 건너 남쪽에 있던 용담龍潭 역시 '화전자 담배'처럼 몰락하고 있었다. 이 용담은 기이하게도 동해의 용궁처럼 늘 고기가 떼를 지어 몰려들었으며 그 때문에 옛날부터 주변에 이름을 날린 현지의 명소였다. 그런데 누군가 해란강에 난데없는 보를 만들면서 깊은 물속에 잠겼던 것이다.

푸른 강물은 예나 제나 소리 없이 흐르고 있었다. 다리를 건너다 말고 일행 중 누군가 법어法語 같은 말 한마디를 강물에 떨어뜨렸다.

"용왕이 사는 용궁이라면 참모습을 드러낼 수 없는 법이 아닐까요."

신라장군이 말을 타고 왔던 삼산동

산은 하나인데 이름은 세 개나 되었다. 지도에는 '행화산杏花山'이라고 표기, 해마다 봄이면 산에 살구꽃이 만발한다고 해서 지은 이름이라고 한다. 실은 '엉치산'이라고 불렸는데 이름이 비속하다고 해서 1982년 행화산이라고 개명했던 것이다.

"산 모양을 보세요, 엉덩이를 뒤로 내밀고 엎드린 것 같지 않습니까?"
김흥준 옹은 이 말을 하면서 산의 모양을 흉내 내려는 듯 엉거주춤 허리를 구부린다.

솔직히 산은 그가 말하는 엉덩이의 모양이라고 하기 힘들었다. 산기슭에 채석장이 들어서면서 산이 심하게 훼손되었던 것이다. 옛날에는 그 은밀한 부분에 해당하는 바위벼랑에서 샘물이 졸졸 흘렀다고 한다. 그러나 샘물은 물론 산기슭에 흐드러졌던 살구나무도 이제는 몇 그루 남지 않고 있었다.

　최초의 이름인 '장군산將軍山'은 더구나 지명지에서 사라지고 철이 지난 살구꽃처럼 기억에 간신히 매달려 있었다.

　전설에 의하면 옛날 삼국통일을 이끈 신라의 명장 김유신이 말을 달려 이곳을 지나갔다고 한다. 장군이 탄 말은 서전瑞甸벌 서북쪽의 산기슭에 이르러 호용을 하며 금세 허공에 날아올랐다. 서전벌은 1906년 간도의 최초의 신학문 교육기관 서전서숙瑞甸書塾의 이름을 따서 지은 것이다. 그때 말이 첫 굽을 뗐던 자리는 지금도 돌바위로 흔적이 남아 마제산馬蹄山으로 불린다. 또 말안장이 떨어졌다는 산은 마안산馬鞍山, 장군이 말에서 내려 잠깐 앉아있었다는 산은 장군산將軍山이라고 불린다는 것이다.

🏠 장군산(가을, 서쪽 방향에서 바라본 장군산)

그러고 보면 행화산은 땅에 박힌 거대한 의자 모양 같기도 한다. 정말이지 신라장군은 아니더라도 옛날에는 확실히 군사들이 웅거하고 있었기 때문에 그런 전설이 생겼을지 모른다. 행화산의 산비탈과 산정에는 아직도 천 년 전의 성벽과 참호가 잔존하고 있다.

발목을 석실까 말까하는 실개울이 남쪽의 산기슭을 감돌아 흐르고 있었다. 8·15 광복 전, 이 실개울 북쪽에는 부자동네가 들어서 있었고 남쪽에는 가난한 농부들이 올망졸망 초가를 짓고 살았다고 한다. '호랑이가 없는 골에서 여우가 왕 노릇을 한다.'더니 이 실개울이 서울을 강남과 강북으로 분계선을 그어놓은 '한강' 격으로 되고 있었던 것이다.

마을은 일찍이 청나라 선통(宣統, 1909~1912) 연간에 나타났다고 한다. 지금은 용정 과수농장 6분장分場이라고 불리지만 이에 앞서 삼봉촌三峰村 1대(隊, 촌민소조)였으며 옛날에는 또 삼산동三山洞이라는 지명을 갖고 있었다고 한다.

김희준 옹과 같은 마을 토박이가 안내인으로 나서지 않았더라면 뭐가 뭔지 종잡을 수 없을 정도였다.

"마을 주변에 산이 세 개나 있다고 삼산동이라고 불렸다고 합니다."

사실 마을 주변에 둘려있는 산은 세 개 뿐만 아니다. 처음에 이런 산들은 모두 순수한 우리말로 불렸다고 한다. 서쪽의 세 개 정자산三個頂子山은 삼형제산, 남쪽의 마제산馬蹄山은 말발굽산, 마안산馬鞍山은 말안장산, 북쪽의 첨산尖山은 뽀족산이라고 불렀다. 당랑산螳螂山은 워낙 가마후렁산이라고 불렀다고 한다. 또 마을 동북쪽의 산은 꼭대기가 둥글게 생겼다고 해서 두리봉度里峰이라고 불렀다.

🔹 삼산동 마을

그러나 마을 토박이들이 뿔뿔이 자리를 뜨면서 이런 옛날의 이름은 고무지우개로 지우듯 기억에서 사라지고 있었다. 옛날 마을은 전성기에 인가가 무려 120가구나 되었다고 한다. 행화산의 산기슭에는 물론 앞쪽의 마안산 서쪽 기슭의 언덕까지 내처 농가가 줄레줄레 들어섰다. 그러나 지금은 불과 20여 가구 밖에 남지 않고 있었으며 그마저 얼마 전 외지에서 들어온 중국인이 자리를 차지하고 있었다.

어쨌거나 옛날 산마다 우리말 지명이 달린 건 이상하지 않았다. 옛날 북쪽의 조양천朝陽川부터 남쪽의 용정龍井까지 일색으로 조선족 동네가 이어지고 있었기 때문이다. 와중에 삼산동은 제일 일찍 형성된 마을이었으며 서당까지 있었다고 한다. 김희준 옹은 마을의 서남쪽 귀퉁이에 있는 벽돌창고가 바로 1920년경 서당이 섰던 자리라고 알려주었다.

훗날 이 서당은 마안산 북쪽에 자리를 옮기면서 삼봉소학교로 개명되었고 서당 자리에는 인근에 소문이 자자했던 공회당公會堂이 들어섰다. 마을에 서당과 학교가 있게 되어 거의 다 글눈을 떴다고 한다. 나중에 현해탄을 건너 일본에서 대학을 다닌 사람도 있었다. 그야말로 '개천에서 용이 난 셈'이다. 그러나 개천은 용을 붙잡아 둘 수 없었다. 글깨나 읽은 사람들은 요직에 발탁되어 각 지역으로 떠나갔고 이에 따라 가족의 이주가 시작되었다. 돈푼이나 만졌던 사람들은 광복이 나자 청산을 당할까 두려워 서둘러 두만강을 건너 고향으로 돌아갔다.

처음에는 서당, 후에는 공회당이 들어섰던 자리이다.

그래도 삼봉소학교는 계속 명맥을 이어갔다. 그러나 1980년대 또 한 번의 대량 이주라는 직격탄을 맞는다. 도시 진출과 한국행에 이어 인가가 줄고 학생들이 적어졌으며 이에 따라 차츰 학교운영이 힘들어졌다. '물이 깊어야 배가 뜨는 법', 삼봉소학교는 마지막으로 남았던 30명 정도의 학생들이 1990년대 초반 전부 조양천 시가지의 학교로 전학하면서 드디어 폐교 사태를 맞는다.

"학교 전성기에는 학생들이 5백 명을 넘었는데요." 김흥준 옹의 어조에는 길가의 풀잎처럼 못내 아쉬움이 묻어나고 있었다.

"이전에는 삼산동 십리 안팎 마을의 학생들이 모두 우리 학교를 다녔습니다."

그때 마을은 천 년 전 행화산에 있었던 옛 산성처럼 부근 십리 안팎의 중심지로 부상하고 있었다. 삼산동 남쪽의 용지촌龍池村과 서남쪽의 학동鶴洞, 동북쪽의 삼봉三峰, 서쪽의 덕신德新, 서북쪽의 새골에서 학생들이 모여왔다. 새골은 북쪽 합성촌合成村과 남쪽 덕신 사이의 골을 이르던 말로 사이골의 준말이라고 한다.

김흥준 옹은 삼산동이 배출한 대학생이다. 연변대학을 졸업하고 한때 삼봉소학교 교장으로 있었다고 한다. 그만큼 삼봉소학교에 대한 감회가 남다른 것 같았다.

이러니저러니 삼산동이 나중에 세상에 소문을 놓게 된 건 학교 때문이 아니다. 특이한 암석인 안산암安山巖이 있었기 때문이다. 안산암은 부식을 방지하고 마모와 산성에 견디는 천연재료로 화산지대에서만 산출되는 특이한 암석이다. 전국적으로 안산암을 공업적으로 채굴할 수 있는 곳은 이곳이 유일하다고 한다.

그런데 이런 희귀종의 암석 때문에 삼산동 부근의 산들이 전부 몸살을 앓고 있었다. 채석장은 행화산은 물론 남쪽의 마안산을 도륙내고 있었으며 북쪽의 뾰족산까지 깎아버리고 움푹한 구덩이를 만들고 있었다. 산마다 들쑥날쑥 파헤친 구덩이들은 사람들의 기억에 허옇게 흉터를 만들고 돌무지를 쌓고 있었다.

김흥준 옹은 또 옛날 마을 남쪽의 길가에 박우물이 있었다고 하면서 어느 한 농가 뜰에 들어가서 한참 기웃거렸지만 끝내 헛물을 켰다.

삼산동이 나타나던 무렵 행화산의 북쪽에도 마을이 생겼다고 한다. '새 지팡新地方'과 '양가툰楊家屯'으로 광복 후 하나의 마을로 통합되면서 삼봉촌이라고 불렸다. '새 지팡'은 지금의 삼봉촌 5대이고 양가툰은 그 윗마을인 4대라고 한다. 그런데 새로 생긴 지방이라는 의미의 '새 지팡'은 그런대로 넘어갈 수 있지만 '양가툰'은 암만 해도 조선족동네의 이름 같지 않다.

"실은 양씨네 마을이 아닙니다. '양걸 지팡이'라는 말을 중국말로 옮긴 거지요"

지난 세기 초, 김흥준 옹의 조부가 함경북도 명천에서 이 고장으로 이사를 왔다. 그때 동네의 사람들은 모두 김명삼이라고 부르는 조선인 부자의 소작농으로 살고 있었다고 한다. 김명삼은 아편을 심하게 피웠는데 언제인가 주사를 잘못 놓아 다리의 살이 썩어들었다. 그래서 그는 언제나 지팡이를 짚고 길을 다녔다. 양걸은 중국말로 '앙가秧歌'라고 하는데 중국 북방의 농촌 지역에서 널리 유행하는 민간가무의 일종이다. 지팡이를 짚고 절뚝거리며 다니는 김명삼의 모양이 마치 양걸 춤을 추는 것 같다고 마을 사람들이 그를 조롱해서 지은 이름이 바로 '양걸 지팡이'라고 한다. 그걸 양씨네 마을이라는 의미의 '양가 지팡楊家地方'이라는 말로 이해하고 중국말로 옮기면서 '양가툰'으로 되었다는 것이다.

그러나 무사들이 수비하고 있었던 고대 산성은 아예 이름마저 남기지 않고 있었다. 백년 마을의 최후의 전승을 하고 있는 김흥준 옹도 옛날의 참호가 아직 남아있다는 말에 미상불 미덥지 않다는 기색을 짓는 것이었다.

"그건 1960년대 말 마을의 민병들이 만든 게 아닙니까?"

1930년대 일본학자들은 행화산의 산성을 조사할 때 쇠로 만든 활촉 두 개를 얻었다고 한다. 김희준은 마름 모양과 납작한 모양의 이런 활촉은 훗날 산기슭의 부자네 집을 청산할 때도 여러 개 나겼다고 말한다. 그러나 옛 산성이 마을에 남긴 천년의 기억은 단지 그런 유물뿐이었다.

2천여 년 전 행화산 기슭에서 살았던 북옥저인들은 더구나 전설 속의 인물이었다. 그들은 현지에 질그릇 등 일부 유물들을 남겼지만 마을 사람들에게 벌써 아득히 떨어진 저 세상의 이야기로 되고 있었다.

백 년 전 이 고장에 터전을 잡았던 선인들은 옛 지명에 자기들의 족적을 또렷하게 찍었다. 그런데 그 진실한 모습은 어느덧 천년의 옛 산성이나 고대 주민처럼 지명과 더불어 차츰 지워지고 있는 것이다. 솔직히 옛날 삼산동을 찾았던 '신라장군'은 말을 타고 어디론가 종적을 감추고 있는 것 같았다.

부처님이
패랭이를 쓰고 있었나

동불사銅佛寺는 구리불상을 모신 사찰이 있어서 생긴 이름이다. 광서(光緒, 1875~1908) 초년 이 고장에는 벌써 마을이 형성되었지만 훗날 사찰이 생기면서 사찰 이름이 곧바로 마을 이름으로 고착되었던 것이다.

"옛날 누군가 구리불상을 강물에서 건졌다고 합니다." 김재욱 씨는 마을의 노인들에게 전해들은 이야기를 이렇게 단 한마디로 일축하였다.

구리불상의 전설은 동불사 부근에서 살았던 그가 어릴 때부터 귀에 못이 박히게 들었던 이야기였다.

지명지 등 문헌의 기록에 따르면 광서 13년(1887), 촌민 강姜씨네 다섯째가 부르하통하에서 그물을 놓다가 한자 남짓한 크기의 구리불상을 건졌다고 한다. 마침 변경순찰을 나왔던 길림吉林장군 장순長順이 이 불상을 길림의 자택으로 옮겨갔다. 얼마 후 불상은 장순의 꿈에 나타나 본 고장으로 보내 줄 것을 간곡히 부탁한다. 장순은 불심佛心을 어길 수 없어 사람을 파견하여 불상을 본적에 호송하였다. 그는 또 은자 8백 냥을 내어 사찰을 짓는 경비로 삼았다.

🔼 서쪽에서 보는 동불사 마을과 그 뒤의 계관산 산 모양이 진짜 닭 볏을 방불케 한다.

광서 18년(1892년), 부르하통하의 강기슭에는 마침내 사찰이 하나 나타났다. 이때 사찰은 본채와 뜰채 그리고 또 좌우 양쪽에 한 채씩 곁들이는 등 부지가 3백여 평에 달했다고 한다. 건물은 전부 푸른 기와와 벽돌이었고 산문山門 밖에는 돌비석이 두 개 서 있었다. 장순은 이 사찰의 이름을 '동불사'라고 지었다. 사찰 덕분인지 이때부터 강이 범람하지 않았다고 한다. 소문을 들은 신도들이 원근에서 구름처럼 밀려들었다.

그러나 한때 강바닥의 진흙탕에 묻히는 수모를 당해야 했던 악연 때문인지 모른다. 구리불상은 수십 년 후 또 기막힌 업보業報를 받게 된다.

사찰은 종적 없이 훼손되며 그때부터 구리불상은 다시 어디론가 감쪽같이 잠적한 것이다. 이 황당한 일을 두고 세간의 일부에서는 일제 강점시기에 생긴 일이라고 하며, 또 일부에서는 8·15 광복 후인 1950년대에 있었던 일이라고 주장하는 등 시비가 그치지 않고 있다.

어쨌거나 동불사는 더는 어느 한 마을이 아닌 향鄕의 명칭으로 덩치를 불리고 있다. 향 소재지가 있는 마을은 그 이름을 따서 동불촌銅佛村이라고 불리며 제일 동쪽에 있는 동네는 동쪽의 첫 마을이라는 의미의 동일東一이라고 불린다. 복판에 있는 마을은 동심銅心이라고 불리고 위쪽에 있는 마을은 동상銅上이라고 불리며 남쪽에 있는 마을은 동남銅南이라고 불리고 서쪽에 있는 마을은 동서銅西로 불린다. 이 가운데서 동일東一은 훗날 같은 음의 동일東日로, 동상銅上은 동상銅尙으로 개명되었다.

이름 그대로 구리불상은 이곳 마을의 둘도 없는 상징이었다.

그런데 이 구리불상이 아직 동불사의 어딘가에 남아있다고 한다. 향 정부에서 근무했던 김재욱 씨는 몇 해 전 사찰을 복원하려고 동분서주하던 서徐씨 성의 사람을 만나 이 비사秘事를 들을 수 있었다고 한다.

"누군가 보관하고 있다고 하던데요, 사찰이 서면 구리불상이 다시 나올 것 같습니다."

듣고 보니 구리불상은 전설이 아니라 눈과 코, 입, 귀 등 이목구비가 갖춰진 실존의 '인물'이었다.

그런데 마을에는 웬 도사道士의 이름이 구리불상 못지않게 쟁쟁하게 남아있었다. 도사는 중국 토종 종교인 도교의 종교가를 이르는 말이다. 이 도사는 종일 패랭이를 쓰고 있었던지 '패랭이 도사'라고 불렸다고 한다.

패랭이는 대오리로 얽어 만든 갓을 말한다.

그때 패랭이 도사가 출마했다고 하면 이 작은 시골동네는 대뜸 숨도 제대로 내쉬지 못했다고 한다. 패랭이 도사가 손을 들면 기차도 마을버스처럼 동네 앞에 잠깐 멈춰 단 혼자의 그를 귀빈처럼 공손하게 탑승시켰다고 한다. 그가 속인들에게 신선 같은 존재로 비쳤던 것 같다.

8·15 광복 전에 있었다는 패랭이 도사의 이야기는 구리불상의 전설처럼 동네에 파다하게 전한다. 그런데 이상하게도 이 패랭이 도사를 만나 보았다는 사람은 눈 씻고 찾을 수 없었다.

여든 고개를 넘은 김해운 옹은 이전에 현지의 노인들에게 귀동냥해서 들은 이야기라고 말한다. "도사님은 그때 패랭이산에 거처하셨다고 합니다. 지금도 그곳에는 옛날의 토성이 있지요."

⬆ 패랭이산 전경

패랭이산은 동불촌에서 논 한가운데의 '절당 길'을 건너 바로 부르하통하布爾合通河 동북쪽에 보이는 자그마한 산 언덕을 이르는 말이다. 이 평평한 언덕의 뒤쪽에는 봉우리 하나가 불쑥 솟아올라 있었는데 진짜 갓 모양의 패랭이를 방불케 한다. 편검산偏臉山이라고 하는 중국말 이름은 이 패랭이의 발음을 옮겨 적은 게 아닐까 한다.

'절당'은 사찰을 이르는 현지의 사투리다. '절당 길'은 이 길이 시작되는 마을 언저리의 사찰 때문에 생긴 이름이다.

'절당 길'은 마을 뒤의 논을 가로타고 부르하통하의 둑까지 닿고 있었다. 예전에는 일명 '철렁 다리'라고 불리는 적교吊橋가 강 양안을 하나로 이어놓았다. '철렁 다리'는 허공에서 그네처럼 흔들거린다고 해서 지은 이름이다. 강북의 영승촌永勝村 사람들은 2, 3리 밖의 서쪽에 콘크리트 다리가 놓여있지만 걸음 수고를 덜어주는 이 적교를 자주 찾았다. 영승촌은 원래 북쪽의 작은 골이라는 의미의 소북구小北溝라고 불렸는데 1958년 영원히 승리하라는 의미의 영승촌으로 개명했다.

패랭이산은 영승촌의 바로 동쪽에 위치, 마을과는 불과 수백 미터 떨어져있다. 서쪽에서 강기슭을 따라 기복을 이루며 달려온 산줄기는 바로 이곳에 이르러 홀연히 끊어진다. 기이하게도 산줄기는 이 급작스런 동작 때문에 당장 옆으로 넘어질 것처럼 남쪽으로 한발이나 기울어져 있다. 패랭이산은 바로 이 산줄기의 끝머리에 홀로 위치한다.

멀리서 보면 산은 마치 모이를 쪼아대는 닭처럼 하곡지대의 벌판에 머리를 불쑥 내민 형국이다. 그렇지 않아도 패랭이산과 동쪽으로 골짜기의 패랭이천을 이웃한 산봉우리는 흡사 닭의 볏과 같은 모양새를 하고 있다고 해서 닭볏산, 중국말로는 계관산鷄冠山이라고 불린다. 계관산 북쪽에는 아직도 이전에 일본군이 구축했던 지하갱도가 남아있다. 패랭이산은 산 자체가 부르하통하 연안의 길목에 자리한 자연적인 요새로, 고대는 물론이요 근대에도 군사요새로 사용되었던 것이다.

사람을 놀래는 건 자연의 특이한 조화만이 아니었다. 일행 중 누군가 얼결에 산기슭을 흐르는 강물처럼 길게 탄식을 뽑는다.

"이건 정말 벌레가 잎사귀를 뜯어먹은 것 같구먼."

아닌 게 아니라 패랭이산은 볼썽사나운 풍속도 그 자체였다. 산은 동쪽과 남쪽, 서쪽 삼면이 심한 비탈이나 바위투성이의 절벽이었는데 채석으로 인해 뭉텅뭉텅 떨어져 있었다. 진짜 이름 그대로 패랭이라면 암만 가난한 선비의 것인들 그렇게 허름하랴 싶었다.

⬆ 절당길 끝머리에 보이는 마을이 영승촌이다.

마을로 통하는 달구지길이 산등성이를 타고 패랭이산으로 기어들어가고 있었다. 이 달구지 길을 키 높이의 고대 토성이 막아서고 있었다. 토성 밖에는 참호가 방어선을 하나 만들고 이 유일한 출입구를 이중으로 봉쇄하고 있었다.

8·15 광복 전, 일본학자들은 이 성곽 유적지를 고찰하고 태평구太平溝 산성이라고 명명한다. 태평구는 바로 산 동쪽의 태평촌太平村에서 비롯된 이름이다. 이 태평촌은 오래 전에 벌써 근로촌勤勞村이라고 개명, 태평구라는 이 옛 지명을 유야무야하게 만들었다. 훗날 산성 역시 인근에 유명한 산의 이름을 그대로 따서 편검산성偏臉山城이라고 개명한 것도 이와 무관하지 않는 걸로 보인다.

그렇든 말든 패랭이 산에 도사가 살았다는 건 누군가 제멋대로 지어낸 허망한 이야기는 아닌 듯하다. 영승촌에 살았던 장영자 옹의 회억은 패랭이 도사의 이야기에 더구나 그 어떤 연상의 끈을 달고 놓지 않고 있었다.

"옛날 중국 사람들이 늘 패랭이산에 가서 향불을 피웠지요."

그러나 산에는 돌투성이의 비탈과 밭만 있을 뿐이며 무덤이라곤 하나도 없다. 사찰이나 성황당 같은 것이 있었다는 문헌기록은 단 한 줄도 찾아 볼 수 없다. 패랭이산은 전혀 향을 피울 곳이 아니라는 얘기이다.

구리불상과는 달리 패랭이 도사가 왜 항간에 꼬리와 대가리가 없는 이야기의 한 토막만 남겼는지는 아직도 미스터리로 되고 있다.

아무튼 동불사에는 패랭이 도사처럼 구리불상만 있는 게 아니었다. 옛날 동불촌 북쪽 '덕대 마을'의 논에서 황금빛의 금불상이 발견되었다고 한다. 사람들은 이 불상을 위해 사찰을 지었고 '덕대 마을'도 이에 따라 금불사金佛寺라고 개명했다. 그러나 8·15 광복 후 사찰은 훼손되었고 금불도 어디론가 자리를 떴다고 한다.

부처나 도사만 아니라 예수도 깜짝 등장한다. 금불사 동쪽의 영풍동永豊洞은 예전에 촌민들이 천주교를 신봉한다고 해서 영원히 믿는다는 의미의 영신동永信洞이라고 불렸다고 한다. 그러다가 1982년 풍작을 거둔다는 의미의 영풍동으로 개명했던 것이다.

강물은 예나 제나 동으로 흐르지만 강기슭에 있었던 구리불상이나 패랭이 도사 그리고 금빛의 금불상과 천국의 예수님은 언제인가부터 사진 없는 아리송한 기억만 남겨놓고 있었다. 어쨌거나 패랭이산 기슭의 주인은 풍진風塵 세상에 몇 겹의 세월이 흐르는 동안 분명히 어느 한 사람만 아니었던 것이다.

107

매바위 아래 헤엄치던 작은 물고기

뭔가 잘못된 게 아닌가 한다. 사실 그들은 살길이 막막해서 북간도로 이주한 것이 아니라고 한다. 그리고 독립운동을 위해 망명했다는 식의 그런 이야기는 더구나 아니었다.

솔직히 김무석 씨 가족의 이민사는 소설이라면 서두부터 별나게 엮어지고 있었다.

"사실은 이웃집과 말다툼이 벌어졌기 때문이라고 합니다." 김무석 씨는 처음에는 자기도 도통 믿기 어려웠다고 말한다. 그가 알고 있는 연변의 이민사는 판에 짜놓은 것처럼 생활난이 아니면 독립운동이 발단으로 되고 있었기 때문이다.

"동네에서 살다보면 얼굴을 붉힐 때가 있는데요 아마도 서로 소 닭 보듯 할 처지가 되었던 모양입니다."

⬆ 매바위산 그리고 그 기슭을 흐르고 있는 세린하의 모습이다.

   결국 조부는 이삿짐을 챙기고 정든 고향을 떠나기에 이르렀다. 두만강을 건널 때 조부는 27세의 열혈 나이였다. 그때 용정의 세린하細鱗河에는 증조부의 4촌 친척이 먼저 자리를 잡고 있었다.

   용정 지명지의 기록에 따르면 '세린細鱗'은 만주족말이며 '작은 잉어'라는 의미라고 한다. 세린하는 작은 잉어가 있는 강이라는 것이다. 그런데 잉어는 만주족말로 'm u j u h u'라고 하며 중국말의 '세린細鱗'과는 발음이 전혀 다르다.

   어쨌거나 이 고장은 훗날 강의 이름을 그대로 따서 세린하로 불렸던 것이다.

🔼 장성촌 장성처럼 피폐한 농가가 보인다.

1922년, 김무석 씨의 부친이 세린하에서 고고성을 터뜨리며 나중에 김해 김씨의 관파關派 18대손으로 족보에 기록된다. 그러나 이런 기록은 이민 2세의 부친이 마침표를 찍으며 그 이상 뒤를 잇지 못했다. 함경북도 경성군 어랑면 부산동이라고 하는 옛 고향의 이름은 그렇게 김무석 씨 가족에게 어렴풋한 옛 기억으로 차츰 멀어졌다.

이민 3세인 김무석도 세린하에 태를 묻었다. 그러나 세린하는 그가 태어나던 1940년대는 물론 그 후 오랜 기간 옛 고향의 이름보다 더 낯선 지명으로 되고 있었다.

"옛날 우리가 살던 고장을 '시런'이라고 불렀다고 합니다."

'시런'은 중국글로 '석린錫麟'이라고 쓴다. 김무석 씨는 이 말을 그대로 전하면서도 '시런'이 도대체 무슨 의미인지 모르고 있었다. 중국말 발음으로 볼 때 '시런錫麟'은 '세린細鱗'과 비슷하며 따라서 '시런'는 '세린'이 아닐까 한다.

그러나 '시런'이든 '세린'이든 모두 최초의 지명은 아닌 것 같다. 천년 전 고대 주민들이 이곳에서 생활했다는 증거물이 있기 때문이다. 광서(光緖, 1875~1908) 초년 생긴 조선인마을 장성촌長成村은 바로 마을 서쪽 산등성이에 있는 옛 장성 유적지 때문에 생긴 이름이다.

지명지는 장성 기슭에 살았던 고대 주민은 만주족의 선조인 여진인女眞人이며 그래서 이 고장은 옛날부터 만주족의 고향이었다고 주장하고 있다. 이 고장의 옛 지명을 만주족말로 풀이하는 것도 그런 맥락에서 해석된다. 그런데 장성의 성씨는 1,500년 전의 '고구려'며 이에 앞서 북옥저北沃沮인들이 이 고장에서 원주민으로 생활하고 있었다.

청나라 초기 이곳은 봉산위장封山圍場이었으며 광서(光緖, 1875~1908) 초년부터 비로소 마을이 형성되기 시작했다. 세린하의 향 소재지와 촌 소재지가 있는 세린촌細鱗村 역시 첫 이름이 아니며 처음에는 황백동黃柏洞이라고 불렸다고 한다. 황백黃柏은 운향과에 속하는 낙엽교목으로 나무껍질을 벗기면 노란색이 난다고 해서 황벽黃蘗나무라고도 불린다.

그런데 김무석 씨가 어릴 때 마을 노인들에게 들은 이 고장의 나무 주종은 분명 황백나무가 아니었다.

"예전에 강기슭에는 황철나무가 많이 들어서 있었다고 하던데요."

황철나무는 버드나무과에 속하는 낙엽교목으로 황백과 이름만 비슷할 뿐이지 모양새 자체가 다르다. 하필이면 마을 이름에 황철이 아닌 황백이 달렸는지 궁금한 대목이다.

아무튼 세린하는 청나라 때 약 2백 년 동안이나 무인지대로 있으면서 이런저런 나무는 물론 고목이 적지 않았던 모양이다. 옛 집단마을 어귀에는 수령이 몇 백 년이나 되는 당수나무가 있었다고 한다. 이 동네는 일본 강점시기의 산재인 '집단마을'이라는 이름이 껄끄럽다고 해서 1950년대 문화촌文化村으로 개명하였다.

당수나무는 아직 그 자리에 남아있었지만 옛날 집단마을을 빙 둘렀던 토성은 오간 데 없었다.

이런 옛 토성은 세린하의 거부로 알려진 손영명孫榮銘의 저택에도 있었다. 손영명은 용정의 남군필과 훈춘의 한희삼과 더불어 연변의 3대 지주로 불린다. 김무석 씨의 조부는 처음에 땅이 없어서 손영명의 소작농으로 있었다고 한다. 그때는 조 농사가 위주였는데 가을이면 밭머리에 조를 여러 무지로 쌓아놓으면 지주가 와서 자기 몫인 절반을 먼저 골라 차지했다고 한다.

"손지주는 원래 마적(토비)과 한 무리였다고 합니다." 김무석 씨가 어릴 때 옛말처럼 들었던 이야기이다.

연변의 문사文史 기록에 따르면 손영명은 백부와 함께 봉천(奉天, 지금의 심양瀋陽)에서 이 고장으로 왔다고 한다. 백부는 전문 토비들의 장물을 숨겨줬다. 언제인가 토비들은 노략질을 하다가 관군官軍에게 토벌되었다. 그때 어찌어찌하여 백부만 달랑 목숨을 부지하게 되었다. 그들은 그동안 은닉했던 장물을 독차지하고 그걸로 땅을 사들여 원근에 소문난 대지주로 되었다는 것이다.

🔼 손 지주의 저택을 둘러쌌던 토담과 벽돌문 일부의 모습이다.

　손영명의 가족사는 그런대로 대충 드러나고 있지만 그의 재산이 도대체 얼마 되는지는 아직도 미스터리로 남아있다고 한다.
　8·15 광복이 나던 해 손영명은 1천 여 가구의 소작농과 1,200마리의 소 그리고 승용차와 트럭을 갖고 있었으며 뜰에는 70톤짜리 곡물 뒤주가 7개나 있었다. 그는 세린하에 기름집과 벽돌공장을 꾸렸고 연길에 상점과 식당을 두었으며 또 타성에 철공장을 운영했다.
　그때 손영명의 저택은 발전기가 있어서 전등을 켤 수 있었다. 그는 수하에 총으로 무장한 자위대를 거느렸으며 집 주변에 토성을 쌓고 포루를 만들었다. 이처럼 으리으리한 저택은 당연히 백 리 안팎에서 으뜸으로 꼽히는 건물이었다.

"애들이 장난을 하다가 토성 아래에서 탄환이 들어있는 상자를 발견한 적이 있지요."

손씨의 저택은 1960년대 훼손되었고 포루는 얼마 전 붕괴가 우려되어 일부러 허물었다고 한다. 지금은 동쪽 토성의 일부가 어느 농가의 동쪽 귀퉁이에 가까스로 기대어 있을 뿐이다.

김무석 씨의 옛 가옥도 언제인가부터 거미줄이 드리운 폐가로 되어 있었다. 부친 때부터 살고 있었던 이 가옥은 그들이 1985년 연길로 이사하면서 누군가에게 200위안에 팔렸다고 한다. 그래도 기억까지 전부 팔아버린 건 아니었다. 앙상한 기억은 무릎을 치는 쑥대처럼 뜰에 이리저리 널려 있었다.

"그때는 돼지 굴(우리)에 새끼로 꼬아 만든 그물을 쳤습니다."

이상한 이야기였다. 뭐 돼지가 날개라도 돋쳐 하늘로 날아갈까, 알고 보니 이 고장에는 늑대가 자주 출몰했다고 한다. 고요한 달밤이면 늑대의 처량한 울음소리가 밤공기를 흔들었다. 새끼 그물은 돼지를 늑대의 아가리에서 지키려는 방책이었던 것이다.

들짐승은 늑대뿐만 아니었다. 겨울에 눈이 내리면 동네 어귀에 어슬렁거리는 여우를 볼 수 있었다. 어느 때인가는 멧돼지가 마을에 내려와서 어느 아줌마의 다리를 물었다고 한다. 그보다 엄청난 사건은 뒤에 있었다. 1962년경 마을 동쪽의 소 우리에 범이 내려왔던 것이다. 그날 아침 사육원이 소 우리에 가보니 말뚝에 매놓았던 소가 너부러져 있었고 소의 엉덩짝이 오간데 없었다. 주변에는 범 발자국이 어지럽게 찍혀 있었다. 어미 범이 새끼 범 두 마리를 데리고 왔던 모양이었다.

약 반세기 전까지 마을을 제 둥지처럼 출몰하던 들짐승은 언제인가부터 종적을 감추기 시작했다. 그 무렵 골마다 있던 소학교도 차츰 이런 들짐승처럼 이 고장의 옛말로 되었다.

일신촌日新村의 본래 이름인 함흥동네는 별로 아는 사람이 없으며 이화촌理化村의 이름을 만든 배나무 세 그루는 찾을 길 없다. 이화촌理化村은 이화촌梨花村의 변음이다. 그리고 물뱀이 많았다는 용호동龍湖洞에는 물뱀이 늘 헤엄을 쳤다는 늪마저 없다.

세린하는 예나 제나 없이 흐르고 있었지만 마을은 더는 옛날의 그 마을이 아니었다.

김무석 씨는 어릴 때 또래와 함께 늘 마을 앞의 강에서 고기를 잡았다. 강은 크지 않았지만 물이 많을 때는 무릎을 쳤다고 한다. 미꾸라지가 많이 잡혔고 붕어나 버들치 따위가 채에 걸려나왔다. 그래서 그는 세린하의 이름이 이런 작은 비늘의 물고기라는 의미인줄 알고 있었다.

사실은 세린하가 중국말로 '세린어細鱗漁'라고 하는 버들치 때문에 생긴 이름이라는 설은 오래전부터 있었다. 버들치는 잉어과의 민물고기로, 세린하가 작은 잉어의 의미라는 지명 해석과 서로 맞물리고 있다.

그러나 이 고장의 명물은 더는 세린하의 물고기가 아니라 대리석 따위의 석재이다. 마을의 기업은 채석을 위주, 1980년대 벌써 연간 2,000㎥를 채석했다고 한다. 아쉽게도 이런 채석 작업으로 산 하나가 서서히 사라지고 있었다. 마을 동쪽에 있는 이 산은 옛날 꼭대기에 독수리가 둥지를 틀고 있다고 해서 '매바위산'이라고 불린다.

"매바위산을 지나면 바로 세린하라고 했는데요."

소실된 옛날의 세계는 독수리가 웅크리고 있었던 매바위산 뿐만 아니었다. 김무석 씨가 20여 년 만에 다시 찾은 세린하는 조부가 그리던 강 건너 쪽의 옛 고향처럼 그의 기억에서 어느덧 몇 조각의 편린으로 남고 있었다.

연길편

연길, 석양의
울음소리는 어디에

⬆ 길이 끝나는 저쪽 산기슭의 벌에 조양천이 자리하고 있다.

양천 허씨의 마을 조양천

조양천朝陽川 하면 이름자에 들어있는 내 천川자 때문에 강이나 시냇물을 눈앞에 떠올리기 십상이다. 마침 부르하통하가 조양천의 바로 뒤쪽을 유유히 흘러 지나고 있다. 부르하통하는 만주족말로 '버드나무의 강'이라는 의미인데 옛날에는 또 '별이 뜨는 물'이라는 의미의 '성현수星顯水'라고 불렸다.

뭐라고 하든지 조양천은 꽃대에 앉은 매미처럼 강에 꼭 붙어있는 형국이다. 그렇다고 조양천이라는 이름의 시원이 이 부르하통하로 되고 있는 건 아니라고 한다. 지명지는 조양천은 다름 아닌 조양하朝陽河 때문에 생긴 이름이라고 분명하게 기록하고 있기 때문이다. 실제 이름자가 붕어빵처럼 똑같아서 조양천의 이름을 의례히 조양하에서 생긴 줄로 짐작하는 경우가 많다.

조양하는 북부의 할바령哈爾巴嶺에서 발원하는 강이다. 할바령은 안도현과 돈화시의 경계가 되는 산인데 만주족말로 '견갑골'이라는 의미이다. 조양하는 강물이 양지바른 남쪽을 향해 흐른다고 해서 지은 이름이다. 또 아홉 갈래의 물이 모여서 흐른다고 해서 일명 구수하九水河라고 불리기도 한다. 강은 장장 160리를 달린 후 조양천의 동쪽에서 부르히통하에 흘러든다.

어쨌거나 조양하가 일부러 부르하통하를 첨벙첨벙 건너와서 마을에 자기의 이름을 선사하는 이상한 모양새가 되고 있다. 정말이지 누군가 미리 결론을 만든 후 억지로 꿰맞추기를 한 것이 아닐까 한다. 오히려 이마를 딱 맞대고 있는 부르하통하가 조양천의 이름을 만들었다고 하면 모를까.

지명지의 기록에 따르면 부르하통하를 이웃한 조양천에는 20세기 초까지 버드나무와 갈대가 숲처럼 무성했고 또 조개가 모래알처럼 널려 있어서 '진주영珍珠營'이라고 불렸다고 한다. 조양천의 이 최초의 이름은 1910년 무렵 또 시냇물의 바다라는 의미의 '천수해川水海'라고 개명되었다. 산지사방에 널린 강과 작은 호수, 물웅덩이가 흡사 작은 바다를 방불케 했던 모양이다. 이때 이 고장은 일마평천日馬平川 즉 말이 마음껏 달릴 수 있는 넓은 평야였고 또 부르하통하 남쪽의 양지쪽에 있었다.

이에 따라 항간에는 조양천을 이름자 그대로 뜻풀이하는 설이 떠돌고 있다.

"강의 남쪽 양지쪽의 평야라는 의미이지요. 조양천이라는 이름자에 들어간 글자들을 하나씩 뜯어보면 금방 알 수 있지요."

⬆ 허촌 마을 자리에 한 채 남아있는 옛 초가의 모습이다.

정말로 소경이 막대기를 헛짚는 이야기들을 듣고 있는 것 같다. 아닐세라, 연길 모 여행사 사장으로 있는 허응복 씨는 그게 아니라는 말을 연거푸 곱씹는 것이었다.

"조선에서 나온 양천陽川 허許씨의 마을이라고 해서 조양천이라고 불렀다고 합니다."

아이러니컬하게도 그 역시 조양천이라는 이름자를 그대로 뜻풀이를 하고 있었다. 그러나 이목구비가 오목조목 갖춰진 그의 이 이야기에는 선뜻이 반론을 내놓기 어려웠다.

양천 허씨의 시조는 가락국駕洛國 김수로왕비金首露王妃의 30세손 허선문許宣文이라고 전한다. "조선씨족통보朝鮮氏族統譜"에 의하면 허선문은 공암촌孔

嚴村에서 살았다. 공암은 통일신라 때 지은 지명으로 훗날 양천현陽川縣, 양천군陽川郡 등으로 내려오다가 1914년 경기도 김포군金浦郡에 흡수된 고장이다. 고려 태조 왕건王建이 후백제를 정벌할 때 군량을 보급해 주었던 개국공신 허선문에게 공암을 식읍으로 하사하였으며 그때부터 허선문은 본관을 양천陽川이라고 했다고 전한다.

그 후 양천 허씨는 고려와 조선 시대 정승 16인 등 명인을 허다하게 배출하며 현재로선 한국에만 20여 만의 인구를 가진 유서 깊은 명문벌족으로 되고 있다.

14세기 말, 고려 충정왕忠定王의 부마이며 양천 허씨의 15대손인 허징許徵은 정치사건에 휘말려들어 함경도 길주로 들어가게 되었다. 이로 하여 북쪽지방에 자리를 잡은 허씨는 양천 허씨의 일파인 용진공파龍津公派를 형성한다. 양천 허씨의 이 후손들이 훗날 지리적으로 가까운 중국 대륙으로 퍼져 나갔던 것이다. 이 때문에 중국 동북 3성에는 양천 허씨가 적지 않게 거주하고 있다.

연변의 양천 허씨들은 한때 종친회를 만들 정도로 어마어마한 규모를 자랑했다. 그럴지라도 허촌이 바로 양천 허씨의 마을이라는 의미이며 조양천이 바로 이 허촌에 연원을 두고 있다는 건 잘 드러나지 않고 있었다. 허촌은 마치 담장 기슭에 피어난 나팔꽃처럼 조양천이라는 이름의 그림자에 가려있었기 때문이다.

허응복 씨 역시 얼마 전에야 비로소 조양천 모교의 스승 지동운에게 우연하게 이런 이야기를 들었다고 한다. 그때 그가 받은 감수는 충격 그 자체였다. 직업 관계로 연변의 역사를 꽤나 알고 있다고 자부하고 있었기 때문이었다. 그보다 그가 바로 양천 허씨였고 또 다른 곳도 아닌 조양천 태생이었던 것이다. 정말이지 '등잔 밑이 어둡다.'는 속담의 의미를 실감케 했던 것이다.

솔직히 그간 비밀처럼 꽁꽁 감춰 있었던 양천 허씨의 100년 신비를 하루바삐 벗기고 싶었다. 그래서 허웅복 씨는 조양천으로 예정에 없던 깜짝 방문을 하게 되었다. 지동운 씨는 사실은 오래전 동료 허영학에게 들은 이야기라고 그에게 알려줬다. 그맘때 지동운 씨는 수학을 가르쳤지만 민족사에 남다른 관심이 있었기 때문에 그 이야기를 생생하게 기억하고 있었던 것이다. 그런데 '가는 날이 장날'이라더니 때마침 허영학 씨는 지동운 씨와 함께 조양천 정부에서 근무하고 있었다.

여태껏 세간에 잘 알려지지 않고 있었던 비사秘史는 그렇게 빗장을 열게 되었다.

1989년, 조양천 중학교에서 지리교원으로 있었던 허영학 씨는 학생들에게 향토애를 심어주고자 조양천의 지명 유래를 조사했다고 한다.

지명지는 광서(光緖, 1875~1908) 초반 허씨 성의 사람들이 정착하면서 허촌이라는 마을 이름이 생겼다고 기록하고 있었다. 1980년대 중반 정부의 관련부서에서 지명조사를 할 때 허촌에는 56가구 220명의 인구가 살고 있었으며 전부 조선족이었다. 그 무렵 조양천에 살고 있던 사람들치고 허촌의 존재를 모르는 사람이 별반 없었다고 한다.

그러나 허영학 씨가 조사 작업을 할 시기 허촌에는 이미 허씨 성을 가진 노인이 단 한 명도 없었다. 이때 강북 마을의 한 조선족노인이 조양천의 이왕지사를 잘 알고 있다는 소식을 듣고 그를 찾아 길을 떠나게 되었다.

정작 허촌의 이야기는 부르하통하에서 고대하던 수석水石처럼 줍게 되었다. 그때는 조양천 부근의 부르하통하에는 지금처럼 다리가 없어서 배로 강 양쪽을 드나들었다. 그런데 뱃사공이 마침 허씨 성의 조선족이었으며 그에게서 자초지종을 듣게 되었다는 것이다. 이런 걸 두고 '노력하는 사람에게 행운이 찾아온다.'고 말하는 걸까.

"뱃사공의 말에 의하면 양천 허씨가 무산과 회령 쪽에서 건너와서 이곳에 처음으로 자리를 잡았다고 합니다."

양천 허씨는 그 후에도 조양천에 부근에 와서 이삿짐을 풀었다. 20세기 초, 함경북도 길주의 양천 허씨 허웅범 삼형제가 다른 성씨의 사람들과 함께 하룡촌河龍村에 정착하여 마을을 개척하였던 것이다. 하룡촌은 조양천 동쪽으로 약 15㎞ 떨어져 있으며, 부르하통하와 해란강이 만나는 합수목에 위치한다. 하룡이라는 지명은 마을 부근의 해란강에 수룡水龍이 있다고 소문나서 생긴 이름이다.

각설하고, 1923년 천보산天寶山 부근의 노두구老頭溝부터 두만강 기슭의 개산툰開山屯까지 이르는 천도天圖 철도가 개통되었다. 조양천이라는 지명은 이곳에 나타나는 기차와 함께 이때부터 관방문헌에 버젓하게 등장한다.

"허씨 마을이 코앞에 앉아있는데 하필이면 다른 이름을 가져올 리 있었겠어요?"

그러고 보니 이 고장 기차역은 바로 허촌의 앞쪽에 위치하고 있었다. 뜻하지 않게 뱃사공과 가진 대화는 마침내 허영학의 머리에 둥지를 틀고 있던 의문을 푸른 강물에 말끔히 씻겨 보냈다.

🔺 휑뎅그렁한 조양천 기차역

알고 보면 조양천은 허촌과 워낙 처음부터 하나로 이어지고 있었다. 하룡 마을이 부근 강의 신물神物을 갖다가 작명했듯 조양천 역시 부근 허촌의 양천 허씨의 성씨를 갖다가 작명했다는 것이다. 허촌은 이 고장의 제일 이른 촌락이요, 양천 허씨는 또 이 고장의 첫 주민이기 때문이다.

아쉽게도 옛날 두만강을 건너왔던 양천 허씨는 허영학 씨가 뱃사공을 만날 때 벌써 아득히 먼 기억으로 남아 있었다. 마을에 깃들었던 많은 사연들 역시 한 떨기의 낙엽처럼 뱃전을 스쳐지나 흐르는 물에 실려 가뭇없이 사라지고 있었다.

"혹여나?" 하고 허응복 씨는 옛 스승들을 모시고 다시 옛 허촌 마을

자리를 찾아갔다고 한다. 그러나 기대는 금세 물먹은 담처럼 허물어졌다. 허촌은 도도한 물결처럼 거침없이 밀려오는 도시의 음영에 묻혀 더는 옛날의 모습을 찾아볼 수 없었던 것이다.

허응복 씨는 허탈감을 금치 못했다. "그래도 아직 옛 초가가 한 채 있어서 기척을 했더니 한 한족 노인이 나오시는 거예요."

허촌은 부근의 채농들이 들어가면서 중국인 마을로 변신하고 있었다. 원주민들은 오래전에 벌써 다른 곳에 집단이주했다고 한다. 현지에는 허촌이 바로 그제 날의 조양촌 1대(隊, 촌민소조)라는 것을 알고 있는 사람도 얼마 되지 않았다. 인제 양천 허씨 마을의 옛 흔적은 다만 조양천이라는 지명에 밤하늘의 별처럼 어렴풋이 비껴 있을 뿐이었다.

연길, 석양石羊의 울음소리는 어디에

"옛날 우리 동네의 할머니가 길 어귀에서 샘물을 팔았다고 하지요"
청차관淸茶館에서 만났던 장張씨 성의 아줌마는 그 샘물이 찻집의 찻물처럼 유명했다고 거듭 말한다.

그의 말에 따르면 옛날부터 마을 뒤에 샘이 있었으며 물이 하도 맑고 달아서 작은 새우들이 서식했다.

청차관은 광서(光緒, 1875~1908) 초년에 형성, 산해관山海關 남쪽의 산동山東에서 이주한 중국인들이 최초로 마을을 이뤘던 오랜 마을이다.

누군가는 옛날 이곳에서 길손들이 객담客談을 나누면서 잠깐 휴식을 취했을 것이라고 말했다. 샘물을 마셨든 아니면 찻물을 마셨든 길손들이 머물던 객사客舍가 있었다는 것이다. 마을 이름만 보면 정말 그런 것 같기도 한다.

⬆ 청차관 동네 가운데 있는 옛 우물의 모습이다.

⬆ 남쪽의 모아산 정상에서 바라본 연길의 모습이다.

남쪽 산기슭에 자리 잡은 연길 시가지가 손을 내밀면 금세라도 닿을 듯 했다. 지금은 빌딩들이 시멘트의 수풀을 이루고 있지만 옛날에는 늪과 호수, 물웅덩이가 사방에 널려 있었다고 전한다. 청나라 정부는 이곳에 전문기구를 설립하고 황실을 위해 삼을 캤으며 사슴 등을 수렵했다. 길림吉林의 동남부에 위치하고 있었기 때문에 최초의 명칭인 '남황南荒 사냥터'라는 이름이 생기게 되었던 것이다.

🔼 청차관 입구 불과 1년 전까지 흙길이었으며 옛길 흔적이 남아있었다.

　그렇다면 그때 누군들 이런 산속에 와서 차를 마실 여유를 즐길 수 있었을까.

　"이전에는 우리 이곳으로 사람들이 많이 다녔다고 하던데요." 장 씨의 목소리는 별로 자신이 없는지 발아래의 땅에 빗물처럼 잦아들고 있었다.

　그의 말에 따르면 옛날 북쪽 일대에서 연길에 오던 사람들은 거의 이곳의 산등성이를 타고 다녔다는 것이다. 청차관 부근에는 청나라 때의 옛길 흔적이 불과 2년 전까지 그대로 남아있었다고 한다. 어쩌면 이곳에는 정말로 사람들이 목적지를 앞두고 잠깐 다리쉼을 하면서 차를 마시던 객사가 있었을 것 같다.

　마침 길 서쪽에 동명의 지명을 딴 것으로 보이는 마을 '청차촌淸茶村'이 있다. 이 청차촌은 바로 부근의 산속에 찻물처럼 감미로운 샘물이 있기 때문에 생긴 이름이라고 지명지가 밝힌다. 정말이지 각본을 미리 맞춘들 이처럼 삼박자가 골고루 맞아 떨어질까 하는 생각이 갈마든다.

🔼 1940년대 연길공원소학교 졸업식 기념사진

🔼 1958년 개장한 연길시 제1백화점 연길의 상징적 건물의 하나이다.

사실은 청차관이나 청차툰淸茶屯이라는 지명은 연변 서쪽의 로야령老爺嶺 산골짜기와 북쪽의 해림海林, 목릉穆稜, 동녕東寧 등의 지역에도 나타난다. 그런데 언어학자들은 이런 지명이 사실은 만주족말의 원음을 음역한 것으로 '티티새'라는 뜻이라고 주장한다. 티티새는 우리말로 '지빠귀'라고 하는 철새로, 시베리아에서 번식하며 가을이면 중국과 한반도, 일본에 날아온다. 티티새는 멧돼지의 분변에 섞인 야생과일 씨를 즐겨 쪼아 먹기 때문에 티티새가 있는 곳에서는 멧돼지를 쉽게 찾을 수 있다. 그래서 옛날 만주족 사냥꾼들은 티티새가 늘 나타나는 곳에 머물면서 멧돼지를 사냥하였으며 그곳을 티티새의 이름으로 지었다고 한다. 티티새는 만주족말로 "靑扎阿拉嘎斯哈"이라고 발음하며 훗날 중국어로 음역하면서 순화하여 청차관 혹은 청차툰이라고 불렀다는 것이다.

아니나 다를까, 연길 외곽의 옛 마을 청차관은 실은 만주족말로 된 지명이며 그 뜻인즉 티티새라고 지명지가 기록하고 있다. 그러나 이웃한 청차촌은 1982년 비로소 생긴 새 마을로 이때는 티티새가 아닌 산속의 샘물을 그대로 지명에 담았던 것이다.

산 아래 확 펼쳐진 벌처럼 그간의 의문이 풀릴 것 같았다. 동명의 두 마을은 사실은 한 뿌리에서 나온 열매가 아니었으며 따라서 전혀 다른 족보를 가지고 있었다.

그런데 청차관 아래쪽에 있는 연길 역시 중국글자의 뜻과는 달리 가파른 바위산을 잘 타는 석양(石羊, 산양의 일종)이라는 의미라고 전한다. 청차관처럼 만주족말의 옛 지명이라는 것이다. 지명 유래를 전문 해석한 민국(民國, 1912~1949) 연간의 문헌 『금현석명今縣釋名』의 기록에 따르면 지금의 연길은 명나라 때 '호엽길랑위瑚葉吉郞衛'에 속했다. 위衛는 명나라 정부가 요충지에 설치한 군영의 이름이다. 위의 군영이름에서 '엽길葉吉'은 만주족말로 '석양'이라는 의미이며 나중에 그 음이 변하여 지명 '연길延吉'로 되었다는 것이다.

석양은 바위산을 잘 타기로 소문난 짐승이지만 연길에서는 아무래도 사슴이나 늑대, 멧돼지보다 아주 생소하다. 그래서 연길을 만주족말의 지명이라는데 대해 견강부회라는 지적이 있다.

안내 삼아 동행을 했던 연길의 친구 역시 무슨 엉뚱한 이야기이냐 하고 반문하는 것이었다. "이봐, 석양이라는 게 무슨 짐승이지?"

아닌 게 아니라 고산지대를 즐기는 석양이 옛날 습지나 다름없었던 연길 분지에 나타났으며 또 나중에 지명으로 고착되었다면 우연의 연속이라고 할 수 밖에 없다.

'연길' 지명의 기원은 여러 가지 설이 있으며 아직 정설이 없는 것으로 알려진다. 와중에 연길은 실은 길림吉林의 연장이라는 의미이며 또 담배가 많이 나서 장마당을 이뤘기 때문에 담배 시장이라는 의미의 '연집烟集'이라고 불렸다는 다소 엉뚱한 설도 있다. 어찌되었든지 모두 연길이라는 지명을 놓고 그냥 글자풀이를 한데 지나지 않는다.

연길의 첫 지명이 '남황 사냥터'였다면 두 번째 지명은 '남강 초간국南崗招墾局'이다. 남강은 백두산의 지맥으로 두만강 기슭에 길게 뻗은 산줄기의 이름이다. 청나라 정부는 광서 7년(1881)부터 봉금령을 차츰 폐지하며 지금의 해방로 북쪽에 남강 초간국을 설립했다. 당시 사람들은 개간국을 토지국자土地局子라고 불렀다. 1891년, 이 행정기구를 무간국撫墾局으로 개명하는데 무간국을 중심으로 열린 골목 때문에 국자가라는 이름이 생겨난다. 국자가는 지금의 연변빈관(賓館, 시설이 좋고 큰 여관)과 소년궁전 사이의 남북으로 곧게 뻗은 길이다.

이때부터 남강에는 이민이 우후죽순처럼 늘어나기 시작하였다. 나중에 지금의 부르하통하와 연집하(烟集河) 주변에 군락이 올망졸망 들어앉으며 차츰 작은 도회지를 이룬다. 아침이면 강 위에 밥 짓는 연기가 안개처럼 자오록하게 피어올랐으며 사시(巳時, 9~11시)가 되어야 차츰 사라졌다. 그래서 남강은 또 연기가 모이는 언덕이라는 의미의 '연집강(烟集崗)'이라고 불렸으며 이와 같은 음의 '연길강(延吉崗)'이라고도 불렸다고 한다. 연집은 지금도 연길 서북쪽에서 흘러내려 부르하통하와 합수하는 강의 이름으로 남아있다.

⬆ 부르하통강을 가로 지르는 옛 하남다리 모습

⬆ 부르하통강에 새로 건설된 연길대교의 모습

그러고 보면 연기가 모인다는 연집(烟集)이 들짐승 석양이라는 의미의 엽길(葉吉)보다 연길이라는 이름에 더 근접하는 것 같다.

광서 28년(1902), 청나라 정부는 국자가(局子街)에 연길청(延吉廳)을 설립하였다. 관청 소재지로 떠오른 국자가는 민국 시기는 물론 8·15광복 후에도 상당히 오랜 기간 연길의 대명사로 불렸다.

시가지가 차츰 덩치를 불리면서 새로운 지명이 연이어 나타났다. 1970

년대까지 항간에서 자주 입에 올렸던 옛 지명 '아래 개방지下開放地'도 이 무렵에 등장한다. 1910년 연길이 일본의 통상지로 개방된 뒤 일본인들은 그들의 세력 범위를 국자가까지 넓히려고 시도하였다. 그때까지 일본인은 중국에서 토지소유권과 매매권이 없었다. 그래서 친일 조선인들을 끌어들여 그들의 명의로 지금의 서시장西市場 거리의 토지를 헐값으로 사들이고 250여 가구의 민가를 지었으며 또 '신시가 번영회'라는 조직을 내오고 민가의 사용 및 권리를 번영회에 넘겨주었다. 이리하여 '신시가 웃 개방지上開放地'가 생겨나게 되었고 따라서 국자가 아래의 동쪽거리를 자연히 '아래 개방지'라고 부르게 되었던 것이다.

언제인가부터 '아래 개방지'와 같은 많은 옛 지명은 바람처럼 가뭇없이 사라졌다. 간혹 나이가 지숙한 사람들이 지금의 동시장東市場 부근을 지나다가 "옛날에 이곳을 '아래 개방지'라고 했었지." 하고 외울 뿐이다. 막상 잔존하는 옛 지명도 대개 굼벵이가 탈피하고 남은 껍데기 모양으로 되고 있다. 지명에 보관된 원초적인 정보들이 거의 바람처럼 떠나버렸기 때문이다. 지명에 숨겨있던 온전한 실상은 말 그대로 연집강에 피어오르는 연기처럼 형체를 잃고 있는 것이다.

솔직히 연길이라는 이름 자체가 시내 남쪽에 우뚝 솟은 모아산帽兒山처럼 거대한 미스터리로 남아있는 게 별로 이상하지 않다.

이러니저러니 모아산 기슭에 남아있는 일부 지명은 연길의 '석양'과 한데 이어진 끈을 꼭 잡고 놓지 않고 있다. 아래 개방지의 동북쪽 산기슭에 위치한 염과성鹽鍋城은 지금의 광명촌光明村인데 만주족말로 '표범'이라는 의미라고 한다. 그때는 지명의 의미 그대로 표범 따위의 야수가 늘 마을 주변에서 어슬렁거렸던가 보다. 또 옛 지명 애단愛丹은 지금 연길 북부를 동서로 관통한 거리 애단로愛丹路에 그 이름이 남아있는데 실은 만주족말로 '멧돼지의 강'이라는 의미라고 한다.

  도심의 화려한 건물과 그 사이를 실북 나들듯 오가는 차량들에 잠깐 정신을 놓고 서 있었다. 어디선가 차 경적이 아닌 야수의 괴성이 타임머신을 타고 와서 금세라도 귓가에 울릴 듯하다.

  실제 아래 개방지의 동쪽에는 약 반세기 전까지 늑대 울음소리가 있었으며 길손들을 늘 두려움에 떨게 했다고 한다. 그러나 현지에서는 이마저 벌써 '천일야화'와 같은 기담으로 전한다. 그렇다면 연길이라는 지명을 만들었다는 석양의 울음소리는 도대체 어디서 들을 수 있을까.

마을 주인은 표범과 거북이 그리고 군인이었다

"청나라 때 작은 영(營. 대대)의 군인들이 주둔하고 있었다고 하던데요."
촌장 박광원 씨는 이렇게 소영촌小營村의 지명 유래를 해석했다.

소영촌은 연길 동쪽의 큰 촌락으로 일찍 광서光緖 6년(1880) 전후에 개간되었던 오래된 마을이다.

영營은 병영, 숙영지라는 의미를 갖고 있으니 소영촌의 지명 유래를 박광원 씨의 해석에 따를 수 있을 법도 하다. 아닐세라, 연변의 문사文史 자료에 의하면 청나라 포병부대가 한때 이 고장에 주둔하고 있었다고 한다. 그때 포병부대의 본영本營은 지금의 연길 시내 안쪽에 위치하였으며 또 시내 북쪽의 북산과 동쪽의 소영 일대에 각기 작은 대대를 주둔하고 있었다. 작은 대대라는 의미의 지명 소영小營은 그렇게 생긴 것이라고 한다.

🔼 산기슭에 자리 잡은 소영촌 전경이다.

뒷이야기이지만, 이 포병부대는 경자년庚子年(1900), 러시아군이 국경을 넘어 진격하자 포 한방 쏘아보지 못하고 부랴부랴 줄행랑을 놓았다고 한다.

일본학자 모리다 도시오守田利遠의 지리학 저서 『만주지지滿洲地志』가 기록한 지명 연원은 이 시기를 약 20년 정도 앞지르고 있다. 마을이 설 무렵인 1881년 이 고장에 민간무장 단련회(團練會, 민간의 자위단체)가 주둔하고 있었다는 것이다. 이 민간무장이 소영이라는 지명과 직결된다는 것이다.

이때 자위단원들은 소영 마을의 제일 서쪽에 솥을 걸고 소금을 만들어서 팔았으며 그 돈으로 병기를 구매했다고 한다. 그래서 훗날 이곳에 생긴 마을은 '소금 솥'이라는 의미인 염과성鹽鍋城이라고 불렸다고 한다. 일설에 염과성은 워낙 만주족말이며 '표범'이라는 뜻이라고 전한다. 염과성은 훗날 양구성楊口城으로 변했다가 1982년 원명을 회복했다.

와중에 염과성 역시 중국말 그대로 '소금 솥'이라고 하는 해석이 어울리다는 지적이 있다. 솥에 소금을 끓여서 만들었다는 이야기도 그렇거니와 만주족말로 '표범'을 이 염과성과는 전혀 다른 발음의 'y a r h a'라고 부르기 때문이다.

어쨌거나 민국(1912~1949) 시기 염과성에는 더는 만주족이 아닌 한족이 살고 있었다. 이때 염과성은 마을 첫 정착자의 성씨를 따서 '정개네 골(鄭家溝, 정씨네 골)'이라고 불렸던 것이다. 그 무렵 째지게 가난했던 한 조선인이 정씨네 집안에 세 딸을 전부 줘버려서 한동안 말 도마에 오른 적 있다. 아무튼 정씨의 마누라는 며느리 덕분에 제법 조선말을 할 줄 알았다고 한다.

염과성 아니 정개네골은 소영촌에서 유일한 한족동네였다. 현지 사람들에게는 그냥 10대(隊, 촌민소조), 혹은 채소대菜蔬隊라는 이름으로 불리고 있다. 1980년대 향 직속마을로 되면서 부양富陽이라고 이름을 고쳤고 지금은 광명촌光明村으로 불린다.

밝을 광명이라는 이름이 나왔으니 망정이지 염과성 남쪽의 부르하통하 강기슭에는 밝은 햇빛이 한데 모인 마을이라는 의미의 회양동會陽洞이 있었다. 그런데 이 마을은 훗날 다른 곳으로 철거되면서 그 이름조차 지명지에 남기지 않고 있다.

사실은 소영촌도 항간에 잘 알려지지 않은 이름이 있다. 원래의 이름은 소영자小營子라고 했다. 영자營子는 몽골어로 마을, 마을이라는 뜻이니 소영자는 작은 마을이나 마을이라는 뜻이 되겠다. 실제로 이 고장에 마을이 앉을 때는 지금처럼 산기슭에 한일자로 쭉 이어진 큰 마을이 아니라 군데군데 있었던 작은 동네였다고 한다.

현지인들에게 앞마을 혹은 5, 6대로 불리는 영남촌營南村은 1982년 새롭게 지어진 이름으로 소영촌 남쪽의 마을이라는 뜻이다. 이 마을은 1920년 전후에 형성되었는데 그때는 지금의 자리가 아닌 서북쪽의 버드나무 숲에 위치하고 있었다고 한다. 이 버드나무 숲은 연길 시가지가 근교로 덩치를 불리면서 오래전에 벌써 흔적 없이 사라졌다.

"옛날에는 마을 이름을 '조콜지팡'이라고 불렀다고 합니다." 영남촌 태생인 김창석 씨가 어린 시절 노인들에게 들었다는 이야기의 일부다.

조콜지팡은 조곤趙坤의 지방地方이라는 의미이다. 그때 이곳은 조씨 성의 사람의 땅이었는지는 몰라도 세 가구가 살고 있다고 해서 '3호동三戶洞'이라고 불렸던 것만은 확실하다. 촌장 박광원 씨는 조부가 함경도 명천군에서 이 고장에 와서 이삿짐을 풀었을 때가 바로 이 3호동이 생긴 직후라고 들었다고 말한다.

그건 그렇다 치고 지금까지 마을에서 논을 부치고 있는 촌민은 김창석 씨 한 명뿐이라고 한다. 벼농사로 동네방네 소문났던 이 마을에는 어찌어찌하여 농사꾼이라곤 그가 홀로 남은 셈이다.

영남촌은 소영촌의 큰 마을과 떨어져 부르하통하의 기슭에 따로 동네를 이루고 있다. 옛날 부르하통하에는 둑이 없었으며 장마철이면 강물이 마치 고삐를 풀어 던진 성난 말처럼 제멋대로 벌을 휩쓸었다.

"산기슭의 땅을 파면 강바닥처럼 모래흙이 나오지요." 예전에 심경深耕을 할 때 소영벌의 속살을 보았다는 전영욱 씨의 말이다.

심경深耕은 1959년 중국에서 극단적인 좌파노선을 집행할 때 논을 1~2 미터 깊이로 갈아엎던 농사법이다. 그렇게 하면 정보당 5만 킬로그램의 소출을 낼 수 있다는 허황한 설에 근거한 것이다.

옛날 강이 자주 범람하면서 산기슭의 벌에는 물웅덩이와 늪, 습지가 이르는 곳마다 널려 있었다고 한다. 부르히통하가 굽이를 도는 소영의 동쪽 벌은 더구나 심했다. 이런 물웅덩이와 늪, 습지에는 물고기와 거북이가 특별히 많았다. 이 고장의 원주민은 군인들이 아니라 물을 즐긴 그들이었던 것이다. 그래서 1921년 경, 동쪽 산기슭에 형성된 동네를 거북이와 강의 동네라는 의미의 '구하동龜河洞'이라고 불렀다. 이 이름은 훗날 발음의 비슷한 단어로 바뀌면서 아홉 번 변한다는 의미의 '구화동九化洞'이라고 불리다가 1980년대 다시 본명을 찾았다. 지금은 현지인들에게 아랫동네 혹은 1, 2대 마을로 불리니 그 이름이 아홉 번은 몰라도 족히 서너 번은 변한 것 같다.

3호동이나 구하동이 생길 무렵인 1920년에 전소全燒된 마을 학교가 있었다. 개산툰의 정동학교와 달라자의 명동학교, 와룡동의 창동학교와 더불어 간도 조선인의 최초의 4대 중학교로 꼽히는 광성학교光成學校이다. 광성학교는 상해임시정부 국무총리로 취임한 적이 있는 독립운동가 이동휘(1873~1935) 등이 1912년 소영자에 설립한 항일민족교육기관이다. 그들은 또 이듬해 광성중학교를 병설했는데 이 학교는 또 소영자중학교로 불리기도 했다. 학교는 무관학교 출신의 체육교사를 받아들여 군사교육을 실시하였으며 3·1운동 전 간도의 독립군양성소로 발전하였다. 광성학교는 경신년庚申年 일본군의 토벌 때 한 무더기의 잿더미로 되었다.

⬆ 광복 전 지금의 소영촌 8대 자리에 있었던 옛 학교에서 찍은 기념사진이다.

    현재로선 마을에서 이런 사실을 약간이라도 알고 있는 사람은 한손으로 헤아릴 수 있을 정도였다. 촌민위원회에서 중견간부로 있는 전영욱 씨는 바로 그중의 한사람이었다.
    "학교가 3대와 4대 마을의 경계지역 밭에 있었다고 합니다."
    예전에 광성소학교를 다녔던 촌민 김광수(이미 작고) 옹에 의해 학교 위치가 밝혀졌던 것이다. 김광수 옹은 훗날의 토지개혁 시기 마을에 몇몇 안 되는 부농의 신분으로 획분 되었던 사람이다. 김광수 옹의 아들에게 학교 이야기를 들었다는 전영욱 씨는 학교 이름을 빛 광光자가 아니라 넓을 광廣자를 쓰는 광성학교廣成學校로 잘못 기억하고 있었다.
    역사의 뒤안길로 사라진 건 백 년 전의 이 광성학교만이 아니다. 그 후 마을에 설립되었던 소학교와 중학교도 10여 년 전 시내학교와 통폐합되면서 촌사村史에 겨우 몇 줄의 기록으로 남았을 뿐이다.

청나라의 봉금정책 이전에 있었던 마을 역사는 더구나 공백으로 남고 있었다. 사실 소영촌에 인가가 들어선 것은 백 년 전이 아니라 3천년의 오랜 세월을 거슬러 석기시대까지 올라간다. 일찍 연길 지역에는 예맥濊貊 계통의 옥저沃沮인들이 주요한 거주자로 있었다. 옥저인들은 소영촌 북산의 석관 고분성을 포함하여 적지 않은 유적들을 연길시 주변에 남겼

⬆ 소영촌 박광원 촌장

다. 일명 동산이라고 하는 소영촌 동쪽의 성자산城子山 옛성은 고구려 산성이었다. 고구려의 뒤를 이어 연변지역은 발해국의 활무대였다. 연길시 지역에서 발견된 발해시기의 유적지만 해도 10여 곳 된다. 이중에는 소영촌의 유적지도 들어있다. 이 발해 유적지는 소영촌 1대의 서북쪽 산비탈에 있다.

천년 촌락들의 이름은 아직도 하나의 미스터리로 남아있다. 훗날 이 고장에 나타난 백년 촌락도 언제인가는 미스터리로 남을지 모른다. 1년이 10년 아니 100년 맞잡이로 상전벽해의 변화가 일어나고 있기 때문이다. 소영촌은 농경지를 잃고 어느덧 콘크리트의 수림에 깊숙이 잠기고 있었다.

"거짓말 같지요? 어떤 농가에는 사는 사람이 한 사람밖에 안됩니다." 박광원 씨는 체념한 듯 담담한 어조로 이렇게 소개했다.

1982년 지명조사를 할 때 소영촌의 인구는 1,115명이었는데 30년이 지난 오늘에도 고작 1,200명에 꼬리가 달린 정도라고 한다. 대부분이 도시나 한국으로 자리를 떴던 것이다. 공동화한 그 빈자리를 외래인구가 속속들이 채우고 있었다. 지금 소영촌에는 외지 인구가 기하급수로 늘어나 1천 가구를 넘으며 촌 호적 인구의 두 배나 된다고 한다.

그러고 보면 소영촌의 주인은 더는 원래의 그들이 아니었다.

사찰이 없는 '새절'의 동네

"우리 마을의 이름을 '새절이'라고 불렀다고 하던데요." 열다섯 살 때 고향 마을을 떠났던 황봉주 씨(1936년 출생)의 기억에는 지난 몇 십 년 동안 그런 이상한 이름이 내내 둥지를 틀고 있었다.

"그게 무얼까 하고 궁금했지만 무슨 의미인지 모릅니다."

'새절이'는 옛날 부르하통하와 해란강 합수목의 동남쪽에 자리 잡은 마을을 이르던 말이다. 황봉주 씨의 기억에 따르면 '새절이'는 바로 상촌 上村의 아래쪽에 있었다고 한다. 상촌은 광서(光緖, 1875~1908) 초년 형성된 마을인데 신룡촌新龍村의 상류에 위치한다고 해서 불리는 이름이다. 신룡촌은 광서 말년에 생긴 마을로 원래는 신흥촌新興村이라고 불렸으며 동명의 마을이 있다고 해서 1955년에 새롭게 바꾼 이름이다.

위치적으로 볼 때 신룡촌 아니 신흥촌이 바로 '새절이'인 것 같기도 한다. 그렇다고 '새절이'에 맺힌 의문이 잇따라 쉽게 풀리는 게 아니다.

예전에 항간에서는 '새절이'를 '새절'의 변음으로 보는 설이 있었다. 새절은 새 사찰이라는 신사新寺의 한글 명칭으로서 새절이 있었으므로 유래된 지명이라는 것이다.

그런데 마을 부근에는 언제부터인지는 몰라도 정말 사찰이 하나 있었다고 한다. 황봉주 씨는 그때 너무 어려서 사찰에 다닌 적 없지만 사찰 이야기를 자주 들었다고 한다.

"미신을 믿는 사람들이 다니던 곳을 그럽니까? 남산에 그런 사람들이 많이 다녔다고 하지요."

⬆ 천년 고송과 그 아래에 있는 신룡 상촌 마을 모습이다.

해란강 건너 쪽에는 줄레줄레 높은 산등성이가 병풍처럼 남쪽을 막아서고 있다. 해발 601m의 주봉이 보습 날처럼 뾰족하게 보인다고 해서 현지인들은 화첨자산華尖子山이라고 부르며 또 소뿔봉이라고 부르기도 한다. 학계에서는 산정에 봉화대가 있다고 해서 연대봉烟臺峰이라고 명명하였다.

옛날 이 산의 북쪽 산비탈에는 사찰이 있었다고 전한다. 그러나 산비탈에서 기와조각이나 토기 따위가 발견되었을 뿐이며 아직까지 사찰 유적지는 판명되지 않고 있다. 막상 사찰이 있었더라도 고찰古刹이지 마을이 생길 무렵에 비로소 나타난 '새절'은 아니다.

얼마 전부터 신룡촌 부근에 관광단지 기획의 일환으로 일명 동래사東來寺의 사찰을 세우려고 있지만 시침을 거꾸로 돌린다면 모를까, 아직 얼굴도 모르는 동래사가 옛 지명 '새절'을 만들 리 없는 것이다.

뭐가 뭔지 밝혀지지 않아서인지 모른다. 나중에 동네방네 소문을 놓은 건 '새절이'라는 마을 이름이 아니라 동쪽의 산비탈에 있는 천년 고송이다. 고송은 세 그루가 나란히 서 있다고 해서 또 삼태송이라고도 불린다. 천년 고송은 어느덧 세간에서 마을의 대명사로 떠오르고 있다.

그럴지라도 이 나무가 처음으로 화제에 등장했을 때는 이 고장에 마을이 형성되던 광서 초반이 아니다. 1904년 조선 함경북도 명천의 밀양 박씨 박중근 형제와 길주의 양천 허씨 허웅범 삼형제가 이곳에 정착하면서 비로소 발견되었던 것이다. 고송은 푸른 우산처럼 가지를 한껏 옆으로 펼치고 있다. 지금은 동네 어귀에 들어서면 곧바로 산비탈에 꽂아놓은 팻말처럼 금세 눈에 뜨이지만 그때까지 지척을 분간하기 어려울 정도로 수풀이 우거졌던 모양이다.

'숲이 깊으면 새가 날아든다.' 그래서 누군가는 마을에 새가 유달리 많았으며 마을 사람들이 새를 잡아 반찬거리로 소금에 절였을 수 있었다고 말한다. 마을 특산인 '새절임'이라는 낱말은 나중에 '새절이'로 변음 되어 이 고장의 지명으로 고착되었다는 것이다. 그런데 마을에는 여태껏 '새절임'이라는 음식이 있었던 적이 없다고 한다.

궁극적으로 '새절이'가 실은 '새매'의 함경도 방언 '새저리'라는 설명이 설득력을 얻고 있다. '새저리'는 매의 일종으로서 백로가 지난 8월 초부터 메추라기 따위를 잡는다. 후문이지만 이 마을에 최초로 정착한 주민들은 함경도에 본적을 두고 있었다. 황봉주 역시 함경도 경원 황씨로 조부 때 두만강을 건너 이주를 했다고 한다. '새저리'가 정말로 시초의 함경도 이민들이 사용했던 방언일 가능성이 높다는 애기이다.

'새절이'가 '새저리'라면 옛날 이 고장에 새저리가 자주 출몰했을 수 있다. 실제 1970년대까지 새저리의 출현은 그 무슨 기문이 아니었다. 누군가 느닷없이 하늘을 바라고 고함을 지를 때면 영락없이 새저리가 마치 검은 구름장처럼 마을 위에 떠있었다고 한다.

천년 고송 부근에서 소일하던 마을 노인들은 그때의 장면이 마치 영화의 한 장면 같았다고 증언부언한다.

"닥수리('독수리'라는 말의 방언)가 닭을 탁 채서 공중으로 휙 하고 날아오르는데 말이네. 정말 번개처럼 빨랐다네."

"그때면 젊은이들도 미내('전혀'라는 말의 방언) 어쩔 방법이 없었다니까. 모두 눈을 시퍼렇게 뜨고 구경만 했어."

🔼 농가 귀퉁이에 남아있는 옛 성터의 모습이다.

"……."

독수리는 현지에서 새저리 즉 새를 잡는 매를 이르는 말이었다. 알고 보면 독수리는 수리과에 속하는 큰 새이며 매는 매과에 속하는 큰 새이다. 그건 그렇다손 쳐도 독수리는 매보다 덩치가 2~4배나 크며 모양새 자체가 다르다. 똑같이 새의 천적인 독수리와 매를 서로 혼돈하고 있는 게 분명했다.

어쨌거나 노인들은 옛 마을 이름 '새저리'가 곧바로 '매'이며 또 그들이 말하는 '독수리'라는 것을 아무도 모르고 있었다. '새저리'라는 이 함경도 방언은 그들 이민 2, 3세에 이르러 집단기억에서 말끔히 지워졌던 것이다.

처음에 누가 이렇게 '새저리'로 마을 이름을 지었는지는 역시 이처럼 기억에서 소실되었는지 전승되지 않고 있었다. 사실은 '새저리'는 상촌이나 신룡 어느 한 마을에 특정된 이름이라고 하기 힘들다. 마을이 형성된 시간이 다르고 또 윗마을과 아랫마을로 나뉘지만 신룡촌과 상촌은 단지 '진펄'을 사이에 두고 있던 가까운 이웃이기 때문이다. '진펄'은 습지와 물구덩이가 있는 땅이었는데 지금의 두 마을 사이에 있는 수십 평 부지의 광장 자리에 있었다. 이 '진펄'이 '3·8'선처럼 군사분계선이라고 할지라도 땅 아닌 하늘이 무대인 '새저리'에게는 그게 날아 넘을 수 없는 경계가 될 리 만무하다.

그런데 진짜 '3·8'선의 철조망처럼 울바자를 두른 마을이 있었다. 해란강 건너 남쪽 마을이 '배자마을'이라고 불렸던 것이다. '배자'는 함경도 방언으로 울타리를 이르는 말이다. 옛날 마을 주변에 울타리를 쳤는지는 몰라도 토성을 두른 것만은 확실하다. 그래서 이 마을은 한때 토성 동네로 불리기도 했다. 이 토성은 고구려가 천 년 전에 축성한 것으로 약 30년 전에 이미 철거되었으며 어느 농가의 귀퉁이에 흙무지로 약간 남아있다.

'배사마을'은 광서 초년에 설립, 그 무렵 해란강과 부르하통하의 합수목에 수룡水龍이 있었다고 해서 하룡河龍이라는 마을 이름을 지었다고 한다. 또 1955년 강남과 신룡 두 지명에서 각기 한 글자를 취하여 하룡이라는 지명이 나왔다는 설이 있다. 하룡은 한 마리의 큰 용처럼 나중에 주변의 모든 마을을 삼켜버려 하룡촌 하나에 귀속시키고 있었다. 그래서 하룡촌은 지금 크고 작은 촌민소조가 무려 16개나 된다.

공교롭게 한때 이 고장에 있었던 옛 마을들도 이 촌민소조의 숫자와 비슷하다. 1930년대 해란강 하류지역에는 수침동, 류정촌, 학교촌, 중개동, 하촌, 농골, 로지개팡, 계림 등 십여 개의 자연마을이 있었다. 이런 마을은 대개 해란강의 강기슭에 자리를 잡았다고 해서 일명 해란구海蘭區로 불린다. 마을들은 나중에 소실되고 현재로서는 이름마저 현지의 지명지에 남기지 않고 있다. 더구나 부르하통하와 해란강의 합수목 동쪽 골짜기에 있던 화련리는 1930년대 '해란강 대혈안大血案'의 중심이었지만 더는 마을의 흔적조차 찾아보기 어렵다. 대혈안은 연길 일본영사관이 주도, 민간 자위단이 1931년 10월부터 1933년 2월까지 해란구 지역을 선후로 수십 번 토벌하고 반일인사와 민간인 1,700여 명을 학살했다는 사건을 말한다.

1932년, 화련리의 반일지사 김학준이 사망 6일 전 이 혈안과 관련한 유서를 남겼다고 한다. 아내 김신숙은 그 유서를 비밀리에 보관하며 그로부터 14년만인 1946년 마을에 왔던 중공 연길현공작대에 교부, 이로써 대혈안의 진실이 비로소 판명되었다는 것이다. 뒤이어 연길시 서광장에서 열린 '해란강대혈안 청산대회'는 연변에서 일제 주구와 잔재를 청산하는 서막을 열게 된다.

와중에 김학준이 유서를 쓴 시점이 1932년이라고 하지만 그의 막내아들 출생일이 1942년이라는 점을 들어 유서에 의문을 제기하는 사람이 있다. 또 그 무렵 해란구에 인가가 수백 가구밖에 없었으며 따라서 1,700명이라는 피살자의 숫자가 과대된 것이 아니냐 하는 지적도 나오고 있다.

각설하고, 청산대회의 주역으로 등장한 김신숙은 훗날 일개 촌부村婦로서 국회의원 격인 전인대 대표로 당선되는 큰 영광을 안는다. 그러다가 '문화대혁명' 시기에 이런저런 감투를 쓰고 '홍색 반란자'들에 의해 하마터면 생매장 당할 뻔한 변고를 겪었다고 한다.

이런 이야기는 어느덧 노인들의 기억에 조각조각으로 간신히 남아있을 뿐이다. 학교촌이라는 마을이 있던 고장에 소학교가 사라진지 이슥하며 제일 안쪽에 있던 마을 계림鷄林 일대에는 이름처럼 닭의 수풀이 아닌 큰 골프장이 들어섰다.

정말이지 그 무슨 '새저리'가 날아와서 이 고장의 이름과 이야기를 전부 어디론가 물어간 것 같다. 그때 그 마을은 이제는 동화 같은 옛말이었다.

평산 신씨가 찾아왔던 배꽃동네

사실 이화동理化洞은 어느 도인의 수련 장소처럼 만물이치의 변화와 그 무슨 연관이 있는 게 아니다. 배꽃동네라는 의미인 이화동梨花洞의 전음轉音이다. 이화동은 연길뿐만 아니라 용정과 화룡에도 있으며 또 같은 발음의 이화동里化洞이라고도 쓰인다.

예전에 이화동에는 정말로 이름처럼 배나무가 많았다고 마을 토박이인 신창용(1935년 출생) 옹이 말한다.

"해방(8·15 광복) 전에는 산비탈에 제일 흔한 것이 배나무였지요."

그런데 이런 배나무는 마을 시초의 이름과는 아무런 연줄도 없었다. 마을에 생긴 첫 이름은 이화동이 아니라 신씨네 큰 샘물이라는 의미의 신대천申大泉이기 때문이다.

지명지의 기록에 따르면 이곳에는 1890년에 벌써 마을이 있었다.

🔺 이화동의 제일 안쪽에 위치한 동촌 전경이다.

그때부터인지는 딱히 몰라도 예전에 골 어귀부터 차례로 문씨, 전씨, 고씨 성씨의 사람들이 살고 있었다. 정작 골 막바지에 맨 처음으로 이삿짐을 내려놓은 건 신창용 옹의 증조부를 위시한 신씨 가족이었던 것으로 전한다. 이민 1세인 그들은 이름에 모두 돌림자를 쓰고 있었다. 이 때문에 신창용 옹은 언제인가 부친의 고향인 함경도 나진으로 갔을 때 신씨 족보를 쉽게 찾아볼 수 있었다. 이 족보에 따르면 신창용 옹은 평산平山 신씨의 35대손이었다.

평산 신씨는 전체 신씨의 70% 이상을 차지하는 대본이다. 조선시대 여류예술가 신사임당申師任堂 등 역사상 가문을 빛낸 인물들도 평산 신씨의 후손들이 대다수를 차지한다.

평산 신씨의 시조는 고려의 개국공신 신숭겸(申崇謙, ?~927년)이다. 평산 신씨가 생기게 된 데는 이런 일화가 있다.

"어느 날 태조 왕건王建이 평주(平州, 平山)로 사냥을 나가 삼탄三灘을 지날 때 마침 고공을 나는 세 마리의 기러기를 보고 수행하는 제장諸將에게 '누가 저 기러기를 쏘아 맞히겠는가?'라고 물었다. 신숭겸은 자기가 맞히겠다고 아뢰었다. 왕건이 궁시弓矢와 안마鞍馬를 내리며 쏘라고 하자 그는 '몇 번째 기러기를 쏘리까' 하고 물었다. 이에 왕건이 웃으며 '세 번째 기러기의 왼쪽 날개를 쏘라'고 하자 과연 세 번째 기러기의 날개를 명중시켜 떨어뜨렸다. 왕건이 이에 탄복하고 기러기가 날던 땅 3백결을 하사하고 본관을 평산으로 삼게 하였다."

927년, 신숭겸은 후백제와의 전투에서 왕건을 구하고 전사하였다. 이때 왕건은 신숭겸에게 장절壯節이라는 시호를 내린다. 왕건은 그로부터 약 15년 더 건재하면서 그를 보좌한 장군이 많았기 때문에 신숭겸의 후대들을 잘 챙긴 것 같지는 않다.

평산 신씨의 일파가 대략 어느 세대부터 몰락하여 나진이라는 이런 벽지에 정착했는지 알지 못한다. 나진은 신창용 옹의 증조부가 여섯 남매를 데리고 중국으로 이주할 시점인 1912년에는 아직 지도에 나오지 않던 한촌閑村이었다. 1930년대 일본의 만주진출이 본격화되면서 비로소 큰 항구로 탈바꿈했던 것이다.

신씨 일가족이 나중에 발길을 멈춘 곳은 연길 북쪽의 횡도자橫道子였다. 횡도자는 일찍이 광서(光緖, 1875~1908) 초년에 형성된 마을인데 구수하九水河가 가로 흘러 지난다고 해서 생긴 이름이다. 구수하는 조양하朝陽河의 별명으로 아홉 갈래의 물이 모여서 흐르는 강이라는 의미라고 한다.

횡도자는 강을 끼고 있는 기름진 평야에 위치, 그렇다고 마음을 안착할 수는 없었다고 한다. 한마디로 도회지와 너무 멀어서 좋은 학교에 다닐 수 없었던 것이다.

그 무렵 신창용 옹의 부친은 열 살 나이를 넘고 있었다. 정말이지 "옛날에는 논 팔고 소 팔아 자식 공부시켰다."라는 말이 새삼스럽게 상기되는 대목이었다.

⬆ 옛 집터 앞에 있는 신창용 옹

나중에 신씨 가족이 선택한 곳은 연길 시내 동남쪽에 위치한 지금의 이화동 골짜기였다. 그들이 초가를 지었던 자리는 풍수가 괜찮았던 모양이다. 옛 집터에는 지금 마을에서 유일한 산장山莊이 들어서 있다.

그때 그들이 살던 집에서 불과 수십 미터 떨어진 서쪽 산비탈에는 큰 샘이 있었다.

"넉가래 같은 돌에 덮여 있었는데요. 쪼갠 나무를 땅에 펴서 물이 흘러내리는 도랑을 만들었습니다."

신창용 옹은 이 샘물을 먹고 자랐다. 동네 사람들도 이 샘물을 길어다 먹었다고 한다. 샘은 훗날 펌프로 물을 잣아 올리면서 차츰 소외되었고 이어 수도를 놓으면서 매몰되었다. 그러나 물맛이 좋다는 소문은 몇 십 년이 지나서도 여전했다. 지금 동네에는 샘터가 새로 생겨났고 요금을 받고 있지만 물 긷는 사람들이 여전히 줄을 서고 있다.

🔺 1930년대 모의동에서 있었던 장옥자의 증조모(이민1세)의 발인식 모습이다.

　아무튼 신씨의 집 부근에 있는 옛 샘물에서 마을의 최초의 지명인 신대천申大泉이라는 이름이 생긴 듯하다.
　샘물은 그렇게 인기를 받았지만 배나무는 그냥 소박을 맞고 있었다. 배가 야생이어서 애기주먹처럼 작은 데다 또 떫은 감처럼 텁텁했기 때문이다. 그 때문에 신대천이 1921년 배꽃동네라는 의미의 이화동으로 개명될 때 배꽃을 따버린 이화理化로 된 것 같다는 속설이 있다.
　그렇다고 배꽃은 마을 이름마다 다 떨어진 게 아니었다. 이화동의 동쪽에는 배나무의 이름을 그대로 옮긴 이수동梨樹洞이 있다. 광서 26년(1900) 생긴 이 마을은 동네어귀에 오랜 배나무 한 그루가 있어서 지은 이름이라고 한다.

이화동의 지명에 잠깐 얼굴을 보였던 '도인'도 마찬가지였다. 사실은 오래전부터 이수동 부근의 지명에 몸을 숨기고 있었다. 이 마을은 광서 26년(1900) 형성, 원래 남쪽 골짜기라는 의미의 남골南溝이라고 불렸는데 그 후 양기동養氣洞이라고 개명했다고 한다. 양기養氣는 도가道家에서 몸과 마음을 닦는 일을 말한다.

와중에 신창용 옹의 여동생에게 특별히 기억되는 곳이 하나 있었다. 이화동의 바로 동쪽에 잇닿아 있었던 달리골('달래'의 함경도 방언)이었다. 여느 곳처럼 달래를 간혹 한두 개씩 캔 것이 아니라 밭갈이를 할 때면 타작마당에 널린 콩알 줍듯 했다고 한다.

자식공부 때문에 벌을 떠났던 신씨 가족의 교육열은 신창용 옹의 세대에 와서도 무서운 집착으로 이어졌다. 신창용 옹은 마을에서 고중까지 다녔던 단 2명 중의 한 사람이다. 훗날에는 연길의 학교에 전학했지만 처음에는 고개를 넘어 용정에 있는 학교를 다녔다고 한다. 산 넘어 왕복 50리 길은 말 그대로 '고난의 행군'이었다. 산 길목에는 늘 범과 늑대 따위의 야수가 어슬렁거렸다. 그는 이른 새벽이면 양동이를 두드리면서 고개를 넘었고 저녁이면 숲에 숨겨두었던 양동이를 찾아 집으로 돌아왔다. 해가 지면 모친이 양동이를 두드리면서 산꼭대기까지 마중을 나왔다고 한다.

고중을 졸업한 후 신창용 옹은 연길 시가지에서 직장생활을 하게 되었다. 그의 말을 빈다면 공부를 한 덕분으로 산비탈에 제멋대로 자라는 배나무처럼 시골에 묻혀 살지 않게 된 것이다.

그 무렵 이화동에는 동네가 여럿으로 크게 불어났다. 위치에 따라 골

어귀부터 하촌, 중촌, 동촌, 서촌이라고 했다. 신씨가 살고 있던 동네는 동촌이었는데 훗날에는 또 이화촌 2대로 불렸다.

동네마다 이름이 지어지듯 신씨 가족에도 언제인가 새 이름이 생겼다. "이웃 사람들은 우리를 구수하 기슭에서 왔다고 '구수하 집'이라고 불렀지요."

그러고 보면 신씨의 옛 고향인 함경도 나진의 이름은 잊히고 중국 첫 정착지의 이름만 남은 셈이다.

장옥자(1936년 출생) 노인의 가족도 그들과 비슷한 경우이다. 실은 증조부 때 연해주에서 왔지만 간도의 첫 정착지였던 해란강 기슭 화전자樺甸子의 이름을 따서 '화전자집'이라고 불렸다고 한다. 증조부가 조선에서 언제 그리고 왜 연해주로 갔는지는 영구한 미제謎題로 남을지 모른다. 단 하나, 그들이 중국에 이주한 시기만은 손금처럼 분명하다. 장옥자 노인의 조모 벌인 장금선(1904년 출생, 이미 작고) 노인의 말에 따르면 그는 여섯 살 때 즉 1910년 경 아버지를 따라 화전자에 왔기 때문이다. 장금선 노인의 어린 기억에는 그때 흙길에서 덜컹거리던 마차가 마치 쇠못처럼 박혀있었다.

이 '화전자집'이 있던 곳은 워낙 동골東溝로 불렸다. 동골 역시 서쪽에 이웃한 이수동이나 양기동, 달리동과 비슷한 시기에 형성된 마을이다. 그러다가 1927년 서생을 모셔다가 정의를 동경한다는 의미의 모의동慕義洞으로 이름을 고쳤다고 한다. 워낙 중국인이 많은 마을이지만 골 동洞자로 미뤄 중국인 아닌 조선족이 지명을 만든 걸로 보인다. 그때 모의동에는 조선족으로 장씨 가족만 살고 있었던 것이 아니다. 동네에는 김일권이라고 부르는 지주가 있었는데 훗날 그가 사망하자 자식들은 다른 곳으로 뿔뿔이 이사를 갔다고 한다.

모의동에는 장옥자 노인이 살던 초가가 약 10년 전까지 거의 원상대로 남아있었다고 한다. 고향집이 있는 언덕 아래에는 또 그들이 길어 먹던 옛 용두레 우물이 있었다.

얼마 전 장옥자 노인은 자식과 함께 고향집을 다시 찾았다. "사람이 살지 않는 폐가로 되었던데요. 옛날 초가의 모습을 겨우겨우 그려 볼 수 있었습니다."

그러나 현지에서 그가 바로 용두레를 잣던 '화전자집'의 마지막 여주인이라는 걸 알아보는 사람은 하나도 없었다. 장씨 가족은 벌써 이곳을 떠난 지 오랬기 때문이었다. 이화동의 신씨 가족도 별반 다름이 없었다. 인제 옛 마을의 풍경과 이야기는 철이 지난 배꽃처럼 그들의 기억에만 간신히 매달려 있을 뿐이었다.

밀짚모자에 숨은
한 마리의 용

봉림동鳳林洞은 광서(光緖, 1875~1908) 말년 형성, 숲이 울창하다고해서 상서로운 의미를 부여하여 만든 이름이다. 그런데 무엇이 산신의 심기를 건드렸는지 미구에 마을을 찾아 내려온 것은 이름자에 넣은 봉새가 아니었다.

이 때문에 봉림동이라고 하면 방채봉 노인은 마을 이름을 만든 수림 대신 동네 어귀에 있었던 논을 눈앞에 떠올리게 된다고 한다.

1933년 여름날의 밤에 생긴 일이었다. 마적들이 짐승무리처럼 갑자기 마을에 들이닥쳤다. 엄마는 이웃들을 따라 동구 밖의 논으로 천방지축 뛰어갔다고 한다. 벼가 두어 뼘이나 자란 논은 엎드리면 잔등이 보이지 않아서 마을 근처의 은신처로 안성 맞춤했던 것이다.

"정말 한심하지요? 엄마는 논에 이른 후에야 등에 업고 나온 게 제가 아니고 베개라는 걸 발견했다고 합니다."

그로부터 어언 80년 세월이 흘렀지만 방채봉 노인은 어처구니가 없는 그 일이 좀처럼 잊히지 않는단다. 훗날 조모에게 들은 이야기에 따르면 한 살배기의 어린 방채봉은 그런 난리판에도 태평스레 따뜻한 아랫목에 누운 채 코를 쌕쌕 골고 있었다고 한다.

불행한 일은 기어이 그들을 비켜가지 않았다. 배포 유하게 그냥 사랑방에 누워있던 부친은 근처에서 총소리가 우당탕 터지자 급기야 울바자를 뛰어넘었다. 그러다가 유탄에 허벅다리를 맞아 그로 인한 과다출혈로 유명을 달리했던 것이다.

⬆ 1930년대 봉림동에서 있었던 잔칫날 기념사진 앞줄 왼쪽에서 다섯 번째 여자 아이가 방채봉 씨이다.

🔼 남쪽의 용정에서 보는 모아산

그때 부친은 1910년 좌우에 출생한 20대의 나이였으니 분명히 두만강을 건넌 이민 1세는 아니었다. 왜냐하면 조부 방동규가 고향 함경도를 떠나 간도로 올 때 아직 머리태를 길게 드리우고 있었다고 방씨 가문에 전하고 있기 때문이다. 예전에 조선인 남자들은 거의 머리태를 기르거나 상투를 얹고 다녔다. 문호개방에 따라 조선 26대 왕 고종이 부득불 전국에 단발령斷髮令을 내린 것은 1895년이다. 이에 따르면 방동규는 늦어도 아들을 보기 10년 전인 19세기 말까지 이미 간도 땅을 밟은 것이 아닐까 한다.

방동규는 훗날 독립군에 입대, 청산리 전투 때 김좌진金佐鎭이 인솔하는 부대의 군량 도감都監으로 있었다고 한다. 청산리靑山里 전투는 1920년 북로군정서北路軍政署 독립군 등이 일본군을 청산리 백운평白雲坪으로 유인하여 대파한 전투를 말한다.

청산리 전투가 끝난 이듬해 독립군의 대부분은 러시아로 이동하며 일부는 간도지역에 흩어진다. 그때 방동규는 마치 용이 구름 속에 형체를 숨기듯 봉림동에 행적을 감추고 무명의 시골선비로 되었던 것이다.

봉림동은 모아산帽兒山 서북쪽의 산기슭에 위치한 마을이다. 모아산은 해발 517미터로 연길과 용정의 계선으로 되는 산이다. 산등성이에 둥그렇게 솟은 모습은 그야말로 농부의 밀짚모자草帽子를 방불케 한다. 모아산이라는 이름은 이 때문에 생긴 것이라고 한다.

방채봉 노인이 봉림동에서 유년기를 보내고 있을 무렵 모아산은 수림이 남벌되고 있었으며 8·15 광복 후에는 아예 민둥산으로 사람들의 집단기억에 흉물을 만들고 있었다. 1960년대 중반부터 식목을 하면서 비로소 봉새가 깃들만한 '봉림鳳林'이 다시 일어선다.

예전에 이 모아산의 산꼭대기에는 돌로 쌓은 우물이 있었다고 한다. 우물이 그토록 높은 곳에 있었다고 하니 정말 봉새처럼 신기할 수밖에 없다. 그러나 군인시절의 이운학이 처음 산에 올랐던 1962년에는 물의 기억이라곤 얼마 고여 있지 않았다.

그맘때 산기슭의 마을에 구전하는 우물 이야기는 단 한마디였다.

"옛날의 우물이라고 하던데요, 물맛이 기차게 좋았다고 합니다."

일찍 모아산 비탈에서 돌보습 등 원시시대의 석기가 발견되었다고 한다. 옛날부터 인간들이 살고 있었던 것이다. 산정에서는 또 고대 봉화대가 발견되기도 했다. 우물의 이런 옛 주인들은 세월의 장막 뒤로 몸을 감췄고 더는 우물에 얼굴을 비치지 않고 있었다.

이운학 씨가 부소대장으로 있던 00사단은 모아산에 우물이 아닌 비밀갱도를 파고 있었다. 한반도에서 언제 터질지 모르는 전쟁에 대비한 방책이었다. 그런데 갱도작업을 시작할 무렵 뜻하지 않던 풍파가 생겼다. 군부대가 주둔했던 용산龍山 마을의 노인들이 이를 극구 막아 나섰던 것이다. 속설에 따르면 모아산에 '용'이 숨어 있다는 것이었다.

▲ 모아산 기슭에서 감회에 젖어있는 이운학 씨

"산속에 큰 늪이 있대요. 그게 터지면 마을이 물에 잠긴다는 거지요."

용산은 광서 말년에 생긴 오랜 마을인데 북쪽 모아산의 산줄기가 마치 용과 같다고 해서 지은 이름이다. 1940년대 일본군도 모아산에 갱도를 구축하려고 탐사를 진행했지만 결국 모아산에 물이 있다면서 갱도구축을 포기했다고 한다.

진짜 모아산에 용이 있다는 설은 현지에서 진실처럼 받아지고 있었다. 산기슭의 다른 마을도 저마다 용 룡龍자를 그 무슨 호신부처럼 달고 있었다. 용산 부근의 용암龍岩 역시 용산과 비슷한 이유로 생긴 이름이다. 용암이라는 동명의 지명은 또 봉림동의 동쪽에도 하나 나타난다. 모아산 동북쪽의 골짜기에 자리 잡은 동네는 아예 물 수水자까지 달아서 용수동龍水洞이라고 불렸다.

항간에서는 모아산을 동해의 용왕이 변해서 된 산이라고 전한다. 태고

시절 깊은 바다에 잠겨있던 산이기 때문이란다. 또 풍수설에 따르면 모아산은 용의 왼쪽 뿔이며 서쪽의 마안산馬鞍山은 용의 오른쪽 뿔이다. 용은 물이 있어야 재롱을 부릴 수 있는 법, 물의 기운을 안고 있는 용이기 때문에 모아산에는 필시 큰물이 들어있다는 것이다.

어쨌거나 천지신명에 감히 맞서는 해방군 군인들에게는 한낱 허망한 미신에 불과했다. 군부대의 조사팀은 모아산에 물은 있지만 갱도를 파는 데는 별 지장이 없다고 결론을 내렸다. 바위 틈새로 빗물이 새어 들어가서 고인 정도라는 것이었다.

'설마'가 화근이었다. 갱도의 폭파작업은 그대로 재화災禍를 부르는 종소리로 되었다. 굉음에 '용'이 놀랐는지 산체까지 요동을 쳤으며 뒤미처 돌사태가 동쪽 갱도를 덮쳤다. 작업 중이던 군인들은 전부 갱도에 갇혔다. 관처럼 작은 공간이어서 그들은 이내 질식사 일보 직전까지 갔다. 자칫 모아산 전체가 거대한 무덤으로 될 판이었다.

이때 신령스런 일이 아니라면 해석하기 어려운 장면이 연출된다. 이운학 씨가 갱도작업을 검사하기 위해 사고현장에 도착한 것이다. 한발 빠르면 그 역시 갱도에 갇히고 한발 늦으면 갱도에 갇힌 군인들이 송장으로 되는 시점이었다. 뒷이야기이지만 항간에는 신물神物의 '용'이 물불을 가릴 줄 모르는 군인들에게 선심을 베풀었다는 얘기가 떠돌았다고 한다.

이때 그들을 어렵사리 구출하고 잠시 숨을 돌리던 이운학 씨는 갑자기 온몸에 소름이 쫙 끼치더란다. 그때까지 미처 북쪽의 갱도를 생각하지 못했던 것이다. 거기에도 돌사태가 일어났다면 갱도에 갇힌 사람은 벌써 주검으로 변했을지 모를 일이었다.

⬆ 모아산 전망대에서 멀리 보이는 저 도시가 연길이다.

⬆ 산등성이에 있는 모아산 등산로 입구의 모습이다.

금세 머리가 하얗게 비어버린 이운학 씨는 가파른 그 산비탈을 언제 어떻게 대어갔는지 모른다. 다행이 먼발치에서 벌써 갱도 입구에 모여 있는 군인들이 시선에 들어왔다. 그제야 이운학 씨는 여기에는 별일이 없었구나 하고 놀란 가슴을 쓸어내릴 수 있었다.

그러나 그것은 잠시뿐이었다. 갱도 입구에서 그 무슨 괴성이 터지고 있었던 것이다. 흡사 용의 몸뚱이를 방불케 하는 굵은 물줄기가 흉흉하게 쏟아져 나오고 있었다. 그 무렵 산기슭에서 밭일을 하던 봉림동의 사람들이 헐레벌떡 뛰어왔다. 때 아닌 골물에 밭이 모래무지처럼 좔좔 밀려가고 있었던 것이다.

"맑은 날씨에 무슨 날벼락이오?"

"이건 용왕님을 노엽힌 거로구먼."

촌민들은 난데없는 골물에 걱정이 태산 같았다. 이운학 씨는 촌민들을 안심시킨 후 부하들과 함께 폭파로 물구멍을 막는 작업에 돌입했다. 그들은 수차의 사투 끝에 겨우 물줄기를 막을 수 있었다. 성깔을 부리던 '용'은 그때부터 다시 산속 어디론가 잠적했다고 한다.

이 이야기의 주인공인 이운학 씨는 군부대에서 퇴역한 후 용정 시내에서 살고 있다. 그는 지금도 모아산을 지날 때면 저도 몰래 걸음을 멈춘다고 한다. 그때 그 일은 그에게 평생토록 잊지 못할 추억으로 되고 있는 것이다.

사실 모아산의 '갱도'에는 다른 일화도 있었다. 그때 군인들은 식생활을 개선하기 위해 용산 마을에 토끼를 길렀다고 한다. 그런데 토끼가 마을에 군인들처럼 '갱도'를 줄레줄레 파놓을 줄이야! 모아산에 나무우리로 '집단마을'을 만들고 토끼를 강제로 이주시켰더니 이번엔 전부 수풀로 뿔뿔이 도망했다고 한다.

그처럼 짐승들의 별천지가 아닐까 한다. 훗날 백수百獸의 왕으로 불리는 호랑이가 모아산을 찾아왔다. 등산로 입구의 호랑이 석상은 워낙 산기슭의 기자역 앞에 있었다. 예전에 시민들은 호랑이가 시내에 내려와 있는 게 불길하다고 하면서 석상에 늘 제물을 바쳤다고 한다. 세간의 그런 불안 때문인지 정부는 나중에 호랑이를 산신처럼 모아산에 갖다 모셨던 것이다.

그리고 보면 용이든 호랑이든 이곳이야말로 하늘 아래에 있는 그들의 진정한 둥지였던 모양이다. 그런데 언제인가부터 모아산은 기둥을 박고 전망대를 만들며 철심을 박고 기상대를 세우는 등 인간의 '둥지'로 둔갑하고 있다. 산에 봉림鳳林은 다시 나타났지만 그렇다고 '용'이 그냥 둥지에 숨어있을까.

용이 살던 마을
와룡동

옛날 골짜기의 어귀에 있는 마을은 상발원祥發源이라고 불렸다. 광서(光緒, 1875~1908) 연간 한韓씨 성의 사람이 마을에서 술을 빚었는데 그 술의 상호가 바로 '상발원'이었다고 한다. 이 술의 상호를 패쪽처럼 걸어놓은 마을은 자의든 타의든 '주막'으로 등장하게 된 셈이다.

이 주막의 이름은 나중에 민흥촌民興村으로 바뀌었다. 민흥촌은 1958년 대약진大躍進 운동 때 지은 이름으로 인민이 흥성, 번영한다는 뜻이다.

정작 술의 향긋한 기억은 흙길에서 안개처럼 피어오르는 먼지에 묻히고 있었다. 그런데 흐릿한 그 기억마저 미처 퍼즐을 맞출 사이가 없었다. 누군가의 외침이 바람을 타고 또 잔등에 따끈하게 맞혀왔기 때문이다.

"차가 갑니다. 길을 좀 비켜주세요."

뒤미처 자전거 한 대가 휭 하니 곁을 지나 골짜기로 달려간다. 안장

앞뒤에 달아놓은 플라스틱 통들이 우둥탕 맞부딪치면서 어지러운 장단 소리를 길가에 떨어뜨렸다.

저만치 걸어가던 길손이 푸념 삼아 던지는 소리는 먼지처럼 자전거를 쫓아갔다. "참 급한 사람이구먼. 그 사이에 샘물이 다 마를까?"

🔼 상발원 마을 입구 와룡동 쪽에서 물이 흘러내린다.

알고 보니 골짜기의 막바지에 샘물이 있단다. 물맛이 좋다고 소문나서 물 긷는 사람들이 늘 줄을 서고 있었다. 예전에 그 샘물로 빚었던 술은 맛이 정말 좋았겠구나 하는 생각이 들었다. 덩달아 골짜기로 향한 일행의 걸음이 바빠졌다.

5리 정도 걷자 밭머리의 쑥대 사이에 비석 하나가 언뜻 나타났다. '와룡촌'이라는 글자가 쓰여 있었다. 지금은 민흥 3대(隊, 촌민소조)와 4대, 예전에는 와룡동臥龍洞이라고 불렸던 옛 동네는 바로 여기서부터 시작되고 있었다. 와룡동은 동네 서쪽에 웅크리고 있는 산이 마치 커다란 용 한마리가 뒤틀고 누워있는 듯해서 생겨난 지명이다.

비석 뒤쪽의 농가에 가서 기척을 했다. 허리가 구부정한 노인이 혼자서 점심밥을 짓고 있었다. 잡동사니가 널린 구들에는 아들의 전화번호를 적은 하얀 종이장이 유표하게 안겨왔다. 자식들은 모두 시내로 진출했고 그가 홀로 고향집을 지키고 있다고 한다.

연변 시골의 농가에서 흔히 볼 수 있는 풍속도였다.

"소를 살찌우려면 산에 보내고 사람이 출세하려면 시내에 가야 하지요." 김동욱 옹은 일행의 안쓰러운 눈길을 읽었는지 이렇게 변명조로 말꼭지를 뗐다.

실제 그의 부친이 도문 서쪽의 위자구葦子溝 일대에서 연길 근교의 와룡동으로 이사를 올 때에도 이 같은 생각 때문이었다고 한다. 위자구는 광서 초년에 형성, 사면이 산에 둘려있다고 해서 보루와 같다는 의미의 '위자구圍子溝'로 작명되었다. 훗날 갈대 위葦자가 에울 위圍자로 쓰이면서 '위자구葦子溝'로 되었던 것이다.

위자구는 지명조사를 하던 1982년경 1천여 명의 인구가 살고 있었는데 20명 정도의 만주족과 회족을 제외하고 모두 조선족이었다.

이에 비하면 와룡동은 아예 순 일색의 조선족 마을이었다. 김동욱 옹이 부친을 따라 이사를 왔던 1944년은 물론 그 후의 약 40년 동안 내내 그러했다. 1980년대 중반부터 도시 진출이 본격 시작되면서 토박이들이 하나둘 마을을 떴고 이어 외지인이 들어와서 빈자리를 메웠다. 와중에는 한족이 대부분이었다.

솔직히 김동욱 옹의 부친이 남부여대하고 고향 함경도 어랑군을 떠날 때는 꼭 시내로 가기 위해서가 아니었다.

"말이 밭이지 돌무지나 다름없었다고 하지요. 돌을 번지면서 기음을 맸다고 합니다."

그때 두만강 건너 쪽 미개척지의 간도는 희망의 땅이었다. 미구에 강을 건너고 산을 넘어 위자구 일대에 와서 거처를 잡았지만 가난한 살림은 종내 펴이지 않았다. 기왕에 산골에서 살 팔자라면 도회지 냄새라도 맡아야 된다면서 다시 이삿짐을 싸들고 찾은 고장이 이 와룡동이었다.

와룡동은 19세기 말 함경북도의 간민들이 들어와서 개척한 마을이다. 1907년에 벌써 80세대가 사는 큰 동네로 되고 있었다. 이 무렵 기독교인 오상근, 이병휘, 남성후 등은 민족인재를 양성하기 위해 와룡동에 창동彰東소학교를 설립하였다. 1910년 또 중학부를 부설하고 학교 이름을 "사립창동중학교"로 명명하였다. 당시 학교에는 학생이 100여 명 되었는데 외지의 학생들이 적지 않았다. 이중에는 멀리 조선과 연해주 일대에서 온 학생들도 있었다. 학교는 신학교육과 반일교육을 실행한 동시에 군사과목을 설치, 훗날의 반일무장투쟁을 위해 많은 군사인재를 육성했다.

그러나 김동욱 옹이 와룡동으로 이사를 왔을 때 창동학교는 옛 건물의 흔적만 가까스로 남기고 있었다. 1920년 경신년庚申年 일본군의 토벌 때 학교 건물이 전부 불타버렸고 대부분의 교원들은 외지로 떠났던 것이다. 1935년 창동학교의 제자들이 스승의 은혜를 기념하여 세운 '사은師恩기념비'가 옛날의 번성했던 학교의 모습을 마을 동쪽의 산비탈에 얼추 그려놓고 있었다.

🔼 사은기념비

　창동학교는 8·15 광복을 맞은 후 다시 와룡동에 부활한다. 이때 마을 사람들은 서쪽 산비탈의 옛터를 버리고 마을 북쪽의 평지에 따로 학교 건물을 세웠다. 김동욱 옹은 어릴 때 새로 지은 이 창동학교를 다녔다고 한다.

　그때 그가 학교를 내놓고 또 과외처럼 즐겨 다니던 곳이 있었다. 그와 또래들은 예배를 보는 날이면 학교 북쪽에 있는 교회당으로 반달음을 놓았다.

　"전씨 성의 집사가 우리 아이들을 모여 놓고 재미있는 옛말을 들려줬지요."

교회의 전집사는 조선 이순신 장군이 거북선으로 일본 전함을 물리치던 이야기 등을 구수하게 풀어놓았다고 한다. 서적이 금처럼 귀하고 별다른 문화생활이 없었던 시골에서 정말 하늘에서 들려오는 복음 같았다.

조선인 이민들의 최초의 민족계몽운동과 반일운동은 이처럼 신앙공동체를 통해 구현되었던 것이다.

간도에서 선교활동은 조선인 간민墾民들의 대량이주와 더불어 시작되었다. 캐나다 장로회는 북간도에 선교사와 전도자를 파송, 1906년 광제암교회를 설립하였다. 뒤미처 용정의 기독인이 간도의 조선인 전도를 위해 멀리 함경도 원산까지 가서 기독교 서적을 구입한 사실이 알려지면서 전도가 본격 시작되었다고 한다.

1907년 남감리회는 이화춘과 이응현, 캐나다 장로회는 김문삼을 간도에 파송한다. 이화춘은 와룡동교회, 이응현은 모아산교회를 설립하며 장로회는 용정교회를 설립하였다. 모아산은 와룡동 골짜기에서 바로 정남쪽 방향으로 보이는 둥그런 산이다. 1915년 경 간도에 36개 교회가 개척되며 또 교회의 주도로 많은 학교가 세워진다.

간도지역 최초의 민족운동단체인 '연변교민회(훗날 국민회로 개칭)'는 기독基督 인사들에 의해 세워졌다. 국민회를 통한 기독인들의 반일운동은 군자금 모금, 독립군 양성 등으로 이어졌다.

바로 창동학교에 국민회의 외곽단체인 간도대한청년회 본부가 설치되었다고 한다. 그리고 학교의 많은 교원과 학생, 졸업생들은 철혈광복단에 참가하여 희생적으로 싸웠다. 1920년 용정 선바위 부근에서 조선은행권 15만원을 탈취한 '15만원탈취사건'의 골간 임국정, 최봉설, 한상호 등 반일지사들은 모두 와룡동 출신이다.

와룡동에서 교세는 연변의 다른 지역과 마찬가지로 8·15 광복 후 내리막길을 걸으며 미구에 철거의 파국을 맞는다.

그러나 김신숙(1938년 출생) 노인이 와룡동으로 시집을 오던 1956년에만 해도 와룡동교회의 건물은 그대로 남아있었다. 그때 김신숙 노인은 바로 와룡동교회의 예배당에서 결혼식을 올렸다고 한다. 그렇다고 해서 교회의 목사가 그들의 결혼 주례를 선 것은 아니었다.

⬆ 김신숙 노인
마을에 있었던 교회당 자리를 알려주고 있다.

"그때 교회는 이름뿐이었지요. 벌써 예배를 보지 않고 있었습니다."

수십 평 크기의 교회건물은 사람 하나 없이 방치되어 있었다. 김신숙 노인의 시집은 마침 길 건너 바로 서쪽에 있는 이 널찍한 교회당을 예식장으로 사용했던 것이다. 그 특이한 인연이 이어졌는지 김신숙 노인은 지금 독실한 교인으로 있었다. 그는 지병 때문에 운신이 불편했지만 교회당 옛터를 제대로 알려줘야 한다고 하면서 기어이 안내를 나섰다.

우리 일행이 발길을 멈춘 곳은 와룡동의 제일 북쪽이었다. 거기에는 고층건물의 휴양소가 땅을 박차고 일어서고 있었다. 이 휴양소 앞마당의 동쪽 귀퉁이가 바로 교회당 옛터였다. 옛터에는 시공현장의 철근과 나무 조각 따위가 지저분하게 널려있었다.

와룡동의 분신이나 다름없었던 와룡동교회는 그렇게 제멋대로 자란 쑥대처럼 허무하게 짓밟히고 있었다.

1980년대까지 민흥촌의 직속마을이었던 과수마을도 어느덧 집단기억에서 소실되고 있었다. 과수마을은 일명 5대 마을로 서쪽의 고개 너머 산등성이에 있었는데 예전에 동쪽의 와룡동과 짝을 맞춰 와호동臥虎洞이라고 불렸다는 속설이 있다.

　이쯤하면 누군가는 대뜸 와룡동과 와호동을 두고 좌청룡이요 우백호이요 하면서 풍수설을 들먹거리겠지만 실은 이 지명이 용과 호랑이가 서로 싸운다는 용호상박龍虎相搏의 기세를 은유하고 있다고 한다. 그래서 옛날 와룡동 마을에 영웅호걸이 많이 배출되었다는 것이다.

　옛날의 샘물은 와룡동의 동쪽 골짜기에서 예나 제나 변함없이 퐁퐁 솟아나고 있었다. 그러나 샘물을 마시던 용은 단지 지명에 화석으로 외롭게 남아 있을 뿐이었다.

돌사람이 나타난 석인구

"이것 보지, 오늘은 장을 여는 날이구나."

엄마가 이렇게 중얼거릴 때면 이상근 씨는 부득불 책가방을 구들에 내려놓아야 했다. 장마당에 다녀오려면 고개를 넘어 왕복 40리, 어림잡아도 반날은 족히 걸렸으니 학교로 가기는 열 번도 틀렸기 때문이다.

그때 재래 장을 열었던 팔도八道는 마을에서 제일 가까운 도회지였다. 팔도는 연길 서북쪽의 자그마한 향 소재지이다.

"먹고 입고 쓰는 게 다 있었지요. 연길 장마당보다 더 번화했습니다."

간혹 간장이나 소금 한 되를 사기 위해 고개를 넘는 동네 사람도 있었다고 한다. 정말이지 그 무슨 백 년 전의 야화를 듣는 것 같다.

연집하煙集河의 상류에 위치한 석인石人 동네는 그토록 한심한 산골이었다. 광서(光緒, 1875~1908) 말년 형성된 이 마을은 처음에는 제8소(所,경찰소)

로 불렸다. 부근에서 석관을 발굴 할 때 돌사람이 나왔다고 석인동네로 개명했던 것이다.

🔼 석인구를 수몰시키고 있는 연하저수지

이상근 씨의 가족은 조부 때 함경도 길주에서 이곳으로 왔다고 한다. 간도에 가면 도목(倒木, 쓰러진 나무)을 때고 이밥을 배 터지게 먹을 수 있다는 풍문에 귀가 솔깃했던 것이다. 그때는 그게 시골에 사는 사람들이 오매에도 그리던 신선 같은 생활이었다. 조부는 다짜고짜 봇짐을 싸들었으며 젖먹이를 광주리에 넣어 어깨에 둘러맸다.

환상의 타향으로 향한 천리 길은 그렇게 시작되었다.

"털털이의 신세에 뭐가 있었겠어요? 그냥 빌어먹으면서 여기까지 걸어 나왔다고 합니다."

조부 일행의 처량한 몰골이 눈에 지근지근 밟혀 올 때면 이상근 씨는 비 오는 날처럼 어쩐지 마음이 울적한다. 고조高祖가 목조穆祖 이안사李安社라는데 언제부터 그처럼 궁색한 처지에 빠졌는지 모른다.

1445년 조선의 제4대 왕 세종世宗 때 완성된

▲ 석인구 촌장으로 있었던 이상근

장편서사시『용비어천가龍飛御天歌』에 이 목조 이안사가 등장한다.『용비어천가』는 용이 날아 하늘을 본받아 처신한다는 것을 노래한다는 뜻으로 세종이 자기 6대 선조를 하나하나 열거하면서 그들의 업적을 기린 글이다.

　　　"해동 6룡六龍이 ᄂᆞᄅᆞ샤 일마ᄃᆞ 천복天福이시니
　　　고성古聖이 동부同符 ᄒᆞ시니.(1장)"

이 6용에서 첫 번째 선조를 의미하는 첫 용이 바로 목조 이안사이다. 용비어천가는 바로 이안사부터 왕조의 터전이 잡혔다고 서술한다. 정작 이안사의 사적事跡은 어느 기록에도 전혀 전하지 않는다.

"우리 할아버지의 할아버지는 오천호五千戶의 부호富豪였다고 합니다." 이상근 씨의 가족에 구전되고 있다는 이야기이다.

이에 따르면 이안사가 왕조의 터전을 잡았다는『용비어천가』의 서술은 빈말이 아니었다. 가계家系의 족보에 따르면 이상근은 이안사의 26대손이다. 이 가계의 맨 위쪽에는 신라 때 사공司功 벼슬을 지낸 이한李翰이 있다. 이조李朝 7백년 역사를 열어놓은 이성계李成桂는 이한의 21대손이며 또 이안사의 고손자가 된다.

그런데 명문벌족의 이 가문은 결국 걸인 행색으로 이역 땅을 밟게 되었던 것이다. 이상근 씨만 아닌 그의 온 가족의 가슴에 맺힌 응어리를 다소 이해할 수 있을 것 같았다.

조부가 이삿짐을 풀었던 1911년 석인구에는 벌써 인가가 적지 않았다. 20여 리의 긴 골짜기에는 용산동龍山洞, 용흥동龍興洞, 신창동新倉洞 등 여러 동네가 들어서 있었다.

용산동은 마을 서쪽에 용 모양의 산이 있다고 해서 지어진 이름이었으며 용흥동은 이 용산 기슭에 있는 이 마을이 장차 흥성하길 기원해서 지은 이름이었다. 신창동은 광서 초년에 형성, 석인구에서 제일 일찍 생긴 마을이었다고 한다. 땅이 기름져서 소출이 높았고 이에 따라 훗날 곡물생산구로 개간하면서 새로운 창고라는 의미의 신창이라고 이름을 짓게 되었다고 한다.

신창동은 곡물의 창고만 아니었다. 1930년대에는 또 항일 빨치산의 아지트로 되었다. 그때 빨치산은 이곳에서 약 1년 정도 밖에 활동하지 않았지만 현지에 신창 8구 소비에트정부 창설 장소, 삼산촌三山村 항일군민의 주택구, 일본기병대 매복습격 전적지 등 유적들을 남겼다.

이 무렵 삼산촌의 서북 골짜기에서는 또 일본군 토벌대가 항일군민 150여 명을 살해한 사건이 발생하였다.

"그때 골이 너무 깊어서 일본군도 들어가지 못했던 동네가 있었다고 합니다." 이상근 씨가 어릴 때 동네 노인들에게 들었다고 하는 이야기이다.

산골짜기에 깊숙이 숨어있던 이 복흥동福興洞 마을은 이름처럼 정말 행복이 넘쳤던 것 같다. 이 동네는 8·15 광복 후 소실되었으며 현재로선 석인구의 토박이가 아니면 그 이름도 알지 못한다.

⬆ 연변에서 항일지사를 학살하는 일본 군경

사실은 석인구라는 이 골짜기의 이름은 이런 마을들이 형성된 한참 후에 등장한다. 1930년대 용흥동의 서북쪽 골짜기에서 3기의 옛 무덤이 발견되었다고 한다. 이 가운데서 2기의 무덤이 발굴되었는데 일명 석관이라고 하는 돌함石函이 나왔다는 것이다. 옛 무덤 앞에는 또 파수꾼 모양으로 돌사람이 둘 있었다. 그때 이 돌사람은 일본인에 의해 연길공원으로 운송되었으며 그 후 감쪽같이 유실되었다고 한다.

그런데 이상근 씨가 전하는 이야기는 문물지文物志의 기록과 전혀 달랐다. "석관에 돌로 만든 사람 둘이 들어있었다고 하던데요."

옛날 놀함은 통상 사리 등속을 넣었으며 골회를 안치했다. 아직까지 돌사람이 돌함에서 발견된 사례는 없다. 석인구의 돌사람은 석관과 함께 구전되면서 언제인가부터 더는 무덤 앞이 아닌 석관에 들어 있었던 것으로 와전된 것 같다.

아무튼 이 돌사람 때문에 석인구라는 지명이 생기게 되었다. 정작 돌사람의 이름을 딴 동네는 무덤 부근에 있는 용흥동이 아니다. 돌사람은 미리감치 작정이라도 한 듯 곧장 물길을 따라 골짜기 입구의 첫 마을에 내려가서 정착했던 것이다. 그 무슨 경찰부대처럼 제8소라고 불리던 이 마을은 이때부터 경찰제복을 벗어던지고 석인동네라고 개명을 했다.

석인구라는 지명의 시원을 열어놓은 고장 용흥동은 훗날 도리어 그 이름을 훔친 석인촌에 잠식, 옛 이름은 차츰 잊히고 석인촌 6대(隊, 촌민소조) 마을로 불린다.

그럴지라도 마을 토박이인 이상근 씨에게 용흥동은 아직도 6대가 아닌 옛날 이름이 더 친숙한 듯 했다.

"용흥동의 앞산을 용흥고개라고 불렀지요. 용흥고개를 넘어가면 팔도가 나섭니다."

이상근 씨는 1980년부터 석인촌의 촌장으로 있었다. 용흥동 등 옛 동네는 이때 석인촌에 귀속, 촌민소조의 이름으로 옛 이름을 대신하고 있었다.

석인동네의 본 마을은 8대로 불렸다고 한다. 이 동네는 골 입구에 있다 보니 저수지를 만들면서 1987년에 제일 먼저 철거된다. 동네 사람들은 각 지역으로 분산, 석인동네는 결국 닻을 잃은 배처럼 연집하에 실려 어디론가 흘러간 셈이다.

이 무렵 이상근 씨가 마을에서 촌 기업으로 시작했던 회사는 나중에 석인구를 떠나 연변 나아가 길림성의 굴지의 농산물가공회사로 발돋움한다. 이씨 가문은 이민 3세대에 이르러 마침내 열망의 정점에 서게 된 것이다.

이상근 씨는 그렇다고 마냥 생각했던 것처럼 그리 즐겁지는 않다고 한다. 그가 나서 자란 고향의 애틋한 추억이 인제 조약돌처럼 물밑에 갈아 앉고 있기 때문이다.

⬆ 저수지 근경 일명 석인동네의 8대 마을은 이미 물에 잠겼다

183

석인구에서 본 마을을 철거할 때부터 조선족들은 마치 댐에 고인 물이 빠지듯 대거 유출되기 시작했다고 한다. 현재 석인촌 1대부터 7대까지 100여 가구 되지만 조선족은 불과 서너 가구밖에 남지 않았다고 한다. 이상근 씨가 촌장으로 있을 때 인구의 80%가 조선족이었다는 게 믿기지 않을 정도였다.

일행 중 누군가 동네어귀에서 만난 어느 한족 사내에게 농담조로 말을 건넸다. "이보시오, 당신들이 여기 조선족들을 쫓아낸 게 아니오?"

그러자 대뜸 날아오는 대답이 어딘가 데퉁스럽다. "그게 무슨 말인가? 저들끼리 돈 벌러 간 거구 우리와는 상관이 없어."

1960년 석인구에 저수지를 만들면서 타민족 이민이 진출하기 시작했다고 한다. "외아들이 나중에 골을 메운다."는 속설의 참뜻을 새삼스럽게 상기시키는 대목이었다. 어쨌거나 저수지에 그득하니 차오르는 물과 더불어 석인구에 남은 마을들도 미구에 수몰되게 된다.

그러나 해와 달이 바뀌어도 예나 제나 변함없는 게 있다. 석인구 어귀의 동북쪽 산꼭대기에 홀로 서 있는 바위이다. 장대기처럼 우뚝 솟은 이 바위 때문에 현지 조선족들은 산 이름을 '뾰족산'이라고 부른다.

여름철의 이른 새벽이면 바위 위에는 늘 흰 구름이 감도는데 마치 밥 짓는 연기가 자욱하게 피어오르는 듯하다. 그래서 산은 또 연통 바위라는 의미의 연통라자煙筒砬子라고 불린다. 라자는 만주족말로 바위벼랑이라는 뜻이다. 일설에는 이 바위 때문에 연기가 모인다는 의미의 '연집煙集'이라는 이름이 생겨났으며 그게 산기슭을 흐르는 강 그리고 주변 마을들을 아우른 향의 이름으로 고착되었고 또 연길延吉이라는 이름의 시원으로 되었다고 한다.

뾰족산은 말 그대로 자연이 석인구 입구에 만든 도로 팻말이었다. 또 석인구의 생성과 연혁, 점멸漸滅을 쭉 지켜보고 있던 무언의 증인이었다. 차창 뒤로 점점 멀어지는 산은 어쩌면 하늘을 찌르고 서서 뭔가의 외침을 연기처럼 뭉게뭉게 뿜어내고 있는 듯 했다.

솔직히 그렇다고 물에 잠기고 있는 석인구에 돌사람은 더 나타날 수 없을 것 같았다.

건달바위와 그 아래의 로마

옛날 로마의 시조인 로물루스와 레무스 형제는 출생 직후 들판에 버려진 뒤 늑대의 젖을 먹고 자랐다고 한다. 이 건국신화에 따라 '어미늑대'는 로마의 상징으로 등장한다.

그러나 팔도八道는 '늑대'가 아닌 '건달바위'가 상징이었다고 한다. '건달바위'는 동네의 입구에 장승처럼 서 있던 높다란 바위이다.

팔도 태생인 오정묵 씨는 이 바위가 실은 '건달'의 이미지와는 별개였다고 말한다.

"젊은이들이 강에서 미역을 감은 후 늘 바위에 올라 배꼽을 드러내 놓고 볕 쪼임을 했지요."

그게 마을 사람들에게는 눈꼴 시린 건달 행각으로 보였던 모양이다. 그래서 언제인가부터 엉뚱하게 '건달바위'로 불리게 되었다는 것이다.

⬆ 건달바위 위에 친구와 함께 앉아있는 오정묵 씨(오른쪽) 뒤로 멀리 팔도가 보인다.

⬆ 1958년 팔도에서 기념사진을 남긴 오씨 가족 맨 앞줄 오른쪽 세 번째 어린이가 오정묵 씨이다.

잠깐, 팔도는 연변에서 천주교 하면 곧바로 머리에 떠올리게 되는 고장이며 교인들에게 연변의 '로마'로 추앙되는 성스런 고장이다.

천주교는 간민墾民들의 이주와 더불어 북간도 일대에 전입轉入하였다. 나중에 지역별로 교인이 제일 많은 고장은 다른 곳도 아닌 여기 팔도였던 것으로 전한다. 1920년대 북간도 선교의 중심지로 되었던 연길은 그 무렵 교인이 3천여 명에 불과했다.

팔도는 이름 그대로 여덟 번째 골짜기에 자리를 잡은 마을이다. 광서(光緖, 1875~1908) 중반 형성된 이 마을에는 처음의 주민들이 거의 교인들이었던 것으로 전한다. 그때 촌민들은 열간 초가를 지어 예배장소로 삼았고 팔간 초가를 지어 자식들의 배움터로 삼았다. 서산 기슭의 붉은 종루에서 울리는 종소리는 아침마다 부근 동네까지 떵떵 울렸다고 한다.

오정묵 씨의 조부가 네 아들을 데리고 이곳으로 천입할 때는 1930년대쯤이었다. 이때는 천주교가 팔도에서 초창기를 지나 한창 전성기를 누리고 있었던 시기이다. 이 무렵 팔도는 왕청 지역으로 들어가는 길목에 위치한데다가 부근에 금광이 있어서 언제나 사람들이 붐비었다고 한다.

훗날 동네 노인들은 늘 삼삼오오 모여서 예전의 정경을 실타래 같은 담배연기에 뿜어냈다.

예전에 팔도를 지나는 길 양쪽에는 여인숙이며 상가가 줄느런히 들어서 있었다고 한다. 산골 벽지인데도 희한하게 2층집이 있었고 또 기생집까지 있었다. 어느 모로 보나 연길 시가지에 짝지지 않았다. 여담이지만, 팔도를 다녀온 사내들치고 기생집 나들이를 했노라고 허풍을 떨지 않은 사람이 없었다고 한다.

🔼 신설한 이 교회당 뒤쪽으로 보이는 골짜기가 바로 귀신골이다.

　사실은 오정묵 씨의 조부가 두만강을 건넌 후 맨 처음 이삿짐을 내려놓은 곳은 이곳 팔도가 아니라 용정의 부암富岩이었다. 부암은 광서 말년에 세워진 마을로 동쪽의 오봉산五峰山에 바위가 유달리 많다고 해서 지어진 이름이다. 부암은 북간도의 천주교 교인들이 맨 처음 예배모임을 갖던 달라자大砬子의 바로 동쪽에 위치한다. 그러고 보면 오정묵의 조부는 처음부터 연변 천주교의 메카인 팔도와 끊지 못할 인연을 맺고 있었을지 모른다.

　살기 좋은 고장을 찾아 고향을 떠났던 조부 일행은 바위투성이의 심심산골에 도무지 안주安住할 수 없었다. 그래서 얼마 후 고개 너머 북쪽의 금곡金谷에 이사를 했다. 금곡은 이름 그대로 금이 난다고 지은 이름이다. 1930년대 일본군을 공포에 빠뜨렸던 '연길폭탄'은 금곡에서 처음 만들어졌다고 한다. 누런 금이 있었든지 아니면 사제 폭탄을 만들었든지 금곡 역시 부암처럼 심산유곡이었다. 조부는 다시 이삿짐을 싸고 해란강 기슭의 귀화촌歸化村으로 자리를 옮겼다. 귀화촌은 미구에 인구가 불어나면서 이웃한 인의촌仁義村과 한 동네로 이어졌고 1940년 두 마을의 이름을 각기 한 글자씩 취하여 인화촌仁化村이라는 이름을 만든다.

바야흐로 마을이 덩치를 불릴 무렵 행운의 여신이 그들에게 손짓을 했다. 팔도에 사는 부호 박진조가 조부의 처갓집 쪽으로 친척벌이 되었던 것이다. 박진조는 팔도는 물론 연길 시가지까지 소문이 자자한 큰 지주였다. 그는 그때 세간에 흔치 않았던 트럭만 해도 여러 대 갖고 있었다고 한다.

팔도는 여기저기 전전하던 오씨 가족에 하늘에서 내린 구원의 밧줄로 되었다. 천리 밖의 함경도 명천에서 시작된 오씨네 이민사는 마침내 이곳에서 일단락을 지었다.

그때 오정묵 씨의 부친은 박진조의 집에서 소작농으로 일했다고 한다. 신세를 적지 않게 입었지만 워낙 식솔이 많다보니 궁색한 생활은 좀처럼 펴이지 않았다. 궁핍한 삶에 대한 울분은 나중에 다른 곳으로 분출되었다. 8·15 광복 후 지주를 청산하는 운동에서 부친은 제일 앞장에 서서 박진조를 투쟁했다고 한다.

그 일은 오정묵 씨의 마음에 마냥 지울 수 없는 골짜기를 후비고 있었다. "우리 오씨와 박씨의 후손은 그때부터 차츰 소원해진거지요."

그 무렵 외국 교민과 선교사들은 앞을 다투어 귀국했다. 연길 교회당은 부득불 예배활동을 중단했다. 와중에 팔도 교회당은 전국적으로 동란이 시작되던 '문화대혁명' 초반까지 예배행사를 지속했다. 팔도는 연변에서 제일 마지막까지 천주교 교단을 고수한 것이다. 연변의 '로마'라는 별칭이 과연 제멋대로 지은 게 아니구나 하는 생각이 드는 대목이다.

그렇다고 팔도에는 천주교 교회당만 있었던 것이 아니라 불교 사찰도 있었다. 쌍봉사雙鳳寺라고 하는 사찰이었다. 이 사찰은 팔도 위쪽의 쌍봉촌雙鳳村에 있었다. 쌍봉촌은 동네에 가지런히 서 있는 두 작은 산봉우리 때문에 지은 이름이다.

오정묵 씨는 어릴 때 옛 동창이 말하던 쌍봉촌의 유래에 귀밑을 붉힌 적 있다고 한다.

"쌍봉雙鳳이라는 건 말이야, 여인의 두 예쁜 젖을 말하는 거래."

전하는 바에 의하면 옛날 수련하던 어느 비구니가 아이의 젖 먹는 모습을 보고 크게 깨달음을 얻었다고 한다. 이에 따라 두 봉우리의 산은 두 봉새의 산으로 둔갑했으며 산기슭에 있던 사찰은 쌍봉사雙鳳寺로 불리게 되었다는 것이다. 사찰이 있었던 동네는 절 동네寺洞라고 불렸다.

기왕 사찰 이야기가 나왔으니 망정이지 팔도에는 사찰이 쌍봉사 하나만 있었던 것이 아니다. 팔도에서 왕청 쪽으로 약 40리 떨어진 골짜기에는 용주사龍珠寺가 있었다고 한다. 발해시기의 것으로 추정되는 이 사찰에는 전성기에 스님 수백 명이 수행을 했다고 전한다.

"말도 마십시오, 골짜기에 숲이 꽉 들어차서 사찰 터를 찾을 수 없었습니다." 오정묵 씨는 그것이 마치 자기 탓이라도 되는 듯 자책하는 표정이었다.

의도醫道는 종국적으로 천도天道로 향한다. 한의사인 오정묵 씨는 오래 전부터 불교에 귀의歸意하고 마음 공부에 정진하고 있었다.

고찰은 행적이 묘연하였지만 옛 동네는 아직도 팔도의 남쪽에 성터로 남아 있었다. 전하는 바에 의하면 옛 장성을 수비하던 장군이 이 성곽에서 살고 있었다고 한다.

옛 장성은 팔도 부근의 산을 가로타고 지난 8백리 고구려장성을 이르는 말이다. 그런데 또 이 장성처럼 팔도를 쭉 내리 지나 흐르는 강이 있다. 강은 양지바른 남쪽을 향해 흐른다고 해서 조양하朝陽河라고 불린다. 또 아홉 갈래의 물이 모여서 흐른다고 해서 구수하九水河라고 불리기도 한다.

예전에 건달바위 아래의 강위에 놓여 있었던 나무다리는 강덕(康德, 1934~1945) 연간 세운 다리라고 해서 강덕다리康德橋라고 불렸다. 강덕康德은 청나라 마지막 황제 부의溥儀가 일본의 괴뢰정부인 만주국 황제로 있을 때 사용한 연호이다.

강덕다리를 건너면 바로 팔도 마을에 들어서게 된다. 고향과 한데 이어지는 이 다리는 건달바위와 더불어 어린 시절의 향수를 불러내기에 충분했다. 훗날 오정묵 씨가 그의 진료소에 기어이 '강덕'이라는 이름을 단 데는 그런 배경이 숨어 있었던 것이다. 그가 부의황제의 수라상에 쌀밥을 올렸던 개산툰의 어곡전御谷田 개발에 집착하게 된 것도 '강덕'이라는 이 이름에 귀신처럼 홀렸기 때문이라고 한다.

강덕다리는 '문화대혁명'이 발발하기 얼마 전 홍수에 밀려갔고 지금은 그 자리에 새로 콘크리트 다리가 생겼다.

각설하고, 오정묵 씨가 어릴 때 듣던 강 이름은 분명히 조양하나 구수하가 아니었다. "예전에는 홍하紅河라고 불렀다고 합니다. 피로 붉게 물든 강이라는 뜻이지요."

팔도 북쪽의 골짜기에서 일본군이 늘 반일지사들을 무더기로 살해했다고 한다. 선혈이 골짜기에서 시냇물처럼 흘러내려 강물을 벌겋게 물들였다는 것이다. 이 골짜기는 일명 소팔도골小八道溝라고 하는데 음기가 세다고 귀신골이라고 불리기도 했다. 예전에 점쟁이가 살고 있었다고 해서 점쟁이골, 또 그 점쟁이의 이름이 팔범이라고 해서 팔범이골이라고도 불린다. 부근의 둥근 모양의 두리봉 때문에 점쟁이가 날 정도로 영험한 곳이라고 하지만 일본군의 피비린 총칼 때문에 무덤처럼 음산한 곳으로 되어버린 것이다.

이 귀신골 어귀에 있던 동네는 훗날 장춘-연길 고속도로를 닦으면서 철거의 파국을 맞는다. 잇따라 팔도의 동네어귀에 서 있던 건달바위도 피폭, 드디어 돌조각의 분신分身으로 되어 고속도로의 노반 아래에 잠적했다.

이와는 달리 한때 잿더미로 되었던 교회당은 불사조처럼 다시 서산 비탈에 나타난다. 구수하 기슭의 여덟 번째 골짜기에는 바위에 부딪쳐 흐르는 물처럼 또다시 종루의 해맑은 종소리가 쟁쟁히 울리고 있는 것이다.

'로마'는 그렇게 끈질기게 살아 있었으나 어미늑대 아니, 건달바위는 더는 없었다.

🔼 옛 성곽이 있는 토성동네 동네 앞의 길은 옛날의 성벽자리라고 한다.

도문편

회막골 어귀에 있었던 동경

🔼 정암봉과 그 아래에 있는 정암촌

아리랑 고개의 정자바위

"마을에는 모두 남도치들이었어요. 그 사람들이 뭐라고 말하는지 사투리를 알아듣기 힘들었습니다."

그때 어린 심범극 씨는 함경도와는 다른 이색적인 말투에 어정쩡해서 한동안 멀거니 서 있었다고 한다. 솔직히 세상에 알려지지 않은 정글 속의 원시 마을에 들어선 듯한 느낌이나 다름없었다.

남도치는 경기도 남쪽 일대의 사람들을 이르는 연변의 사투리이다. 이 마을에는 말짱 남도 충청도 사람들이었다. 충청도 사람들은 하늘에서 뚝 떨어진 것처럼 두만강 기슭의 이 산골짜기에 문득 나타났다고 한다.

1936년 8월, 괴뢰정부인 만주국은 일본의 주도로 첫 조선인 이민정책인 '재만조선인 지도요강指導要綱'을 제정한다. 이 요강은 "해마다 1만 가구의 이민을 조선으로부터 동북 경내에 이주하게 한다."고 기록하고 있다. 뒤미처 이 요강의 집행기구인 '선만척식주식회사鮮滿拓植株式會社'와 '만선척식유한주식회사滿鮮拓植有限株式會社'가 각기 서울과 신경(新京, 지금의 길림성 장춘長春)에 설립되었다. 1937년, 첫 패의 2,500가구 농민이 간도성과 봉천성奉天省, 영구현營口縣 등 지역에 이주한다. 그때부터 1941년까지 4년 동안 많은 조선 농민들이 만주에 십난이민을 했던 것이다.

　1938년 정월, 충청북도의 청주와 보은, 옥천군에서 떠난 이민대오는 도합 180가구였다. 이민대오는 두만강 기슭의 남양에 도착한 후 두 갈래로 갈라지는데, 100가구는 북쪽의 왕청으로 가고 80가구가 이곳에 떨어졌다.

▲ 옛 집단마을의 토성 유적

나중에 이곳 마을은 서백림西柏林이라고 불렸다. 서쪽 골짜기의 어귀에 위치하며 수림이 울울창창하다고 해서 지은 이름이었다. 나무이름 백柏은 사실은 일백 백百의 음을 취한 글자로 방향을 가리키는 서쪽 서西자, 수풀 림林자와 함께 어울려 의미가 완정한 하나의 지명을 만들고 있었다.

마을 이름이야 뭐라고 하든지 심범극 옹은 졸지에 마을의 이방인으로 전락하고 있었다. 어린 친구들의 말을 구구절절 완정한 의미로 해독하는 데 시일이 걸렸다. 동네 소꿉친구들은 말을 약간 끌면서 하듯 느리게 했다. 어머니를 '엄니', 아주머니를 '아주매'라고 불렀으며 밭의 고추를 '고치'라고 부르고 개구리를 '개구락지'라고 불렀다.

희한하게도 거의 끼마다 하얀 쌀밥이 밥상에 두둑이 오르고 있었다. 남도 사람들의 음식습관이었지만 벌써 조나 보리, 옥수수에 습관이 되어 버린 어린 심범극에게는 처음 보는 호화판 생활이었다.

그때 서백림의 마을 둘레에는 또 토성이 있었다. 이 토성은 1938년과 1939년 2년에 걸쳐 완공되었는데 너비가 4미터, 높이는 8미터나 되었다. 토성위에는 동서남북 네 군데에 포대砲臺를 쌓았다. 토성밖에는 또 키를 넘는 해자를 파고 있었다. 일본 경찰서가 향민鄕民들을 억압하여 이처럼 토성을 쌓고 집단마을을 만든 것은 당시 맹활약하고 있는 항일부대와 백성들의 연계를 차단하려는 것이었다.

그때의 토성은 아직도 마을 뒤쪽에 수십 미터 정도 남아있었다.

심범극 옹이 이사를 오던 시기 대부분의 사람들은 8·15 광복을 맞아 다시 고향으로 돌아갔다. 그 후 외지에 살던 충청도 사람들이 소문을 듣고 하나둘 찾아와 빈자리를 속속 메웠다. 와중에는 10년 전 충청북도에서 함께 간도 땅으로 집단이주했던 사람들이 있었다.

나중에 그들 가운데서 누군가 마을 이름을 변경할 것을 극구 주장했다.

"서백림이라는 이름이 좋지 않다고 했어요. 마을 이름을 고쳐야 한다고 했습니다."

마을 역사에 남을 이 주인공은 바로 왕청에서 이사를 왔던 서흥범이라고 심범극 옹이 밝힌다. 서흥범은 이민 1세로서 세시풍속, 혼례와 장례 제도 등에 밝은 사람이었다.

새 사회에서 새로운 생활을 꿈꾸는 마음의 발로였을까? 마을사람들은 선선히 이를 허락했다. 이리하여 1948년, 서백림은 북쪽 산등성의 정자亭子바위의 이름을 따서 정암촌이라고 고친다.

알고 보면 정암촌이라는 이름은 과연 이 마을에 딱 들어맞는구나 하는 생각이 든다. 정자바위는 멀리부터 마을의 비석처럼 시야에 안겨온다. 이 바위는 3미터 가량의 거리를 두고 동, 서 두 쪽으로 나뉘고 있다. 언제부터인가 바위 사이에 나무가 뉘어져 다리가 만들어졌다. 그래서 두 바위를 드나드는 경우를 두고 견우와 직녀의 상봉이라는 말구가 생겨날 정도이다.

정자바위는 옛날 군사들이 전망대로 사용하던 곳이다. 정자바위가 있는 산등성이를 타고 옛 성벽이 울타리처럼 골짜기를 빙 둘러싸고 있다. 산에는 일찍 고구려 때 축성하고 사용하던 천 년 전의 성곽이 있다. 이 성곽에는 온돌 유적이 있는 게 자못 특이하다. 오랜 옛날부터 백의겨레의 선조들이 이곳에 살고 있었던 것이다.

마을 사람들은 정자바위 아래의 석두하石頭河 기슭에 늘 돼지머리 등 제물을 차려놓고 산신령에게 제를 지냈다고 한다. 옛 고향의 따스한 추억과 인연을 상기시키는 이 민속은 어찌 보면 타향살이의 서러움을 달래는 일종의 의식과 같았다.

아닌 게 아니라 충청도 마을은 함경도 문화권인 연변에서 이 정자바위처럼 유표했다.

공교롭게 함경도 마을은 바로 남쪽으로 몇 리 되는 곳에 있었다. 일명 석두촌石頭村으로 부근을 흘러 지나는 석두하 때문에 지은 이름이다. 만주국 강덕康德 원년(1934) 함경북도에서 백여 가구의 농부들이 집단이주하여 이 마을을 세웠다고 한다. 마을은 조선 총독부에서 관리했다고 해서 처음에는 '총독부 마을'이라고 불렸으며 1936년 집단마을로 불리기도 했다.

그러고 보면 남도 충청도 이민의 집단마을은 북쪽에, 북도 함경도 이민의 집단마을은 남쪽에 위치하면서 남도와 북도는 이 고장에서 서로 자리바꿈을 하고 있는 것이다.

1948년 정암촌에서 20여 가구가 따로 나와 석두촌의 북쪽에 밭을 일궜다. 이곳에는 소나무가 많다고 해서 솔밭자라고 불렸다. 이 마을은 나중에 소실되고 송전툰松田屯이라고 쓴 비석만 외롭게 길가에 남았다. 송전툰은 솔밭자를 중국말로 뜻을 옮겨 쓴 것이다.

아예 송두리째 소실된 마을도 있었다. 번신령翻身嶺은 벌떡 자빠졌다는 속설 때문에 불리는 지명인데 정암촌에서 왕청으로 들어가는 길을 따라 북쪽 약 3리부터 시작되는 골짜기이다. 세 마을이 있었고 한때 소학교까지 있었지만 1960년대 전부 골짜기 밖으로 철거되었다고 한다.

🔼 정암산성 서쪽 성문터

정암촌도 미구에 새마을 건설을 하면서 남쪽 방향으로 약간 자리를 옮긴다. 그래도 정자바위를 그냥 뒤에 업고 있어서 마을 지명의 근원은 버리지 않은 셈이다.

"충청도 사람들은 지역 우위감이 정말 대단해요." 심범극 옹은 마을의 텃세를 말하면서 연신 혀를 내둘렀다.

"이전에는 함경도 사람이라고 하면 마을에 받지 않았습니다."

그럼에도 불구하고 1947년 경상도 출신의 심범극 옹 가족이 정암촌에 이삿짐을 풀 수 있게 된 것은 그 누구의 의지를 따른 게 아니라 전적으로 정부적인 행위였다.

정암촌은 8·15 광복 전까지 북쪽 왕청현 춘방구春芳區에 속했으며 훗날 동쪽 훈춘현의 관할에 들어가게 되었다. 이때 이 지역에는 아홉 개의 마을이 있었는데, 마을마다 훈춘에서 이주하는 세 가구의 이민을 통일적으로 받게 되었다. 심범극 옹의 가족은 마침 이 충청도 마을에 배정을 받았던 것이다.

수십 년이 지난 후 심범극 옹은 이 충청도 마을의 토박이로 등장하고 있었다. 그러나 여전히 충청도가 아닌 '경상도'의 그림자를 떨어뜨리지 못하고 있는 것 같았다. 충청도 사람들은 심범극 옹에게 예나 제나 '그 사람들'로 통하고 있었다.

"그 사람들은 흥겨울 때는 노래를 했지요. 노래를 참 잘 불렀습니다."

충청도 사람들의 1번 노래는 '청주 아리랑'이었다고 한다. 심범극 옹은 인터뷰 도중에 요청에 따라 노래 한 가락을 멋지게 뽑았다

그는 적어도 노랫가락을 건드러지게 넘기는 이때만은 어김없는 충청도 사람이었다.

"아리랑 아리랑 아라리요
아리랑 고개로 날 넘겨주세.
울 너머 담 너머 임 숨겨두고
난들난들 호박잎이 날 속였네.
(이하 후렴)"

지금도 노인들은 보름 같은 명절 때면 삼삼오오 모여 '청주 아리랑'을 부른다고 한다. 힘든 아리랑 고개를 넘으면서 고향에 대한 향수는 그렇

게 쉽게 지울 수 없었던 모양이다. 정작 노래의 발원지인 충청도에서 이 '청주 아리랑'은 이미 실전失傳되었다고 한다.

어쨌거나 '청주 아리랑'은 이역의 새마을 정암촌에 정착하였고 또 정암촌의 이미지로 되고 있다. 대략 이 노래가 이민들의 70년 이주생활에서 어떻게 변형되었고 또 어떻게 본고장의 기억에서 사리졌는지는 알 수 없다. 그러나 충청도 사람들의 운명과 생활의 상징성을 드러내고 있다는 데는 아무런 논란의 여지가 없다.

한중 수교 전에는 학자들이 와서 남도 방언과 민속을 연구하기도 했다. 학자들의 이런 발길은 날이 갈수록 뜸해지고 있었다.

정암촌은 더는 충청도 사람들만 살고 있는 고도孤島가 아니었다. 지리적으로 함경도와 가깝고 또 함경도 출신의 사람들이 인근에 많이 살고 있기 때문이다. 그런 물결에 잠겨 예전처럼 외롭지 않았지만 남도 충청도의 이름은 북쪽 골짜기의 옛 산성처럼 어느덧 기억 속에서 색이 바래지고 있었다.

석두하 기슭의
'캄보디아' 마을

까울령의 동쪽을 흐르는 석두하石頭河는 이름 그대로 돌멩이가 많다고 해서 지은 이름이다. 청나라 말 훈춘으로 공문을 나르던 관리가 이 강을 건너다가 물살에 수백 미터나 떠밀려갔으며 그 통에 공문서류를 넣은 가방을 유실한 적 있다. 벽지의 초야에 묻혀있던 작은 강은 이 사건으로 하여 청나라 관방문헌에 등장하는 행운을 안는다.

양수촌凉水村은 바로 석두하가 두만강에 흘러드는 합수목 동쪽에 위치하고 있다. 그렇다고 해서 석두하 때문에 생긴 이름은 아니었다. 양수촌의 강윤정 촌장은 샘물 때문에 마을의 이름이 생겨났다고 말한다.

"샘물이 정말 찼지요. 치아가 떨어지지 않나 의심할 정도였으니까요."

광서(光緖, 1875~1908) 연간, 마을 동쪽의 언덕에서 맑은 샘물이 발견되었다. 부근에 살던 사람들은 샘물터에 돌을 쌓고 나무 난간을 만들어 세웠으며 또 샘물 북쪽에 느릅나무 세 그루를 심었다. 민국(民國, 1912~1949) 초기, 언덕 위에 학교가 서면서 학생과 교원들도 이 샘물을 길어먹었다고 한다. 1964년, 펌프를 사용하면서 더는 샘물을 긷지 않게 되자 차츰 방치되었다. 그 후 나무 난간은 썩어서 없어졌고 샘은 구멍이 막혀 솟아나지 않았으며 오랜 느릅나무도 누군가 베어버렸다.

맑은 샘물은 그렇게 가뭇없이 종적을 감추고 언제 생겼는지 모를 전설만 아직도 널리 유전되고 있었다.

⬆ 샘물은 옛 농가 뒤의 언덕에 있었다고 한다.

옛날 언덕 아래에 농부 부부가 살고 있었다. 그들은 마음씨가 비단결처럼 고왔지만 반백이 넘도록 슬하에 자식이 없었다.

어느 날 농부는 이상한 꿈을 꾸었다. 하늘에서 백학이 갑자기 집 뒤의 언덕에 날아 내렸던 것이다. 백학은 발로 땅을 파더니 하늘을 바라고 길게 소리를 질렀다. 이튿날 농부는 언덕에 가서 백학이 내려앉았던 자리를 파보았다. 그곳에서 불현듯 샘물이 풍풍 솟아올랐다. 맑고 차고 또 달디 단 물이었다. 농부의 아내는 그 샘물을 마시고나서 금방 태기가 있게 되었으며 열 달 후 아들을 낳게 되었다. 농부 부부는 샘물을 먹고 낳은 아들이라고 해서 이름을 천자泉子라고 지었다.

샘물의 기문을 들은 마을의 못된 부자는 흑심이 생겼다. 그는 이 샘물을 팔아서 돈을 억수로 벌 생각으로 농부 부부를 살해하고 샘물을 독차지하였다. 미구에 도인의 수하에서 무술을 닦은 천자는 이 못된 부자를 처단하고 샘물을 되찾아 동네 사람들이 마음껏 마시게 한다.

이로 하여 양수천자凉水泉子라는 지명이 생겨났으며 나중에 인명 천자泉子가 생략되고 양수촌이라고 불렀다는 것이다.

어쨌거나 '찬물'이라는 의미의 지명 '양수凉水'는 무더운 한여름 손부채질을 하면서 냉수에 밥을 풍덩 넣어서 말아먹던 그때 그 시절을 새삼 눈앞에 떠올리게 한다.

그러나 그때 그 시절 사람들은 시골의 그런 작은 향수마저 마음껏 누릴 수 없었다.

19세기 중반, 러시아는 두만강 어귀를 차지하고 쩍하면 월경하여 사단을 일으켰다. 두만강 하류지역에서 적지 않은 사람들이 유민流民으로 전락되었고 땅들이 황폐화되었다. 양수천자에 살던 향민鄕民들도 거의 집을 버리고 타지로 떠났다.

🔼 양수에 있었던 철거 전의 옛 용호석각

청나라 정부는 오대징(吳大徵,1835~1902)을 변강사무 도독都督 대신大臣으로 파견하고 길림과 훈춘, 흑룡강 지역의 지방 관리와 함께 변강사무를 정돈하게 한다. 1881년, 오대징 일행은 양수천자 부근에 도착하였다. 그는 즉각 명을 내려 초가를 짓고 농업을 권장하는 기구인 '권농소勸農所'를 열었다.

그 무렵 양수천자에는 단지 일곱 가구가 있었다. 그러나 5년 후 오대징이 다시 찾아왔을 때는 벌써 울타리가 서로 잇닿은 마을을 이루고 있었다.

이때 촌민들은 보은의 심정에서 오대징에게 글을 부탁한다. 오대징은 흔연히 붓을 들어 '용호龍虎'라는 두 글자를 남겼다. 전하는 바에 의하면 이 '용호'는 용이 서리고 호랑이가 웅크리고 있다는 의미의 '용반호거龍蟠虎踞'에서 유래되었다고 한다. 오대징은 청나라의 고위 관리일 뿐만 아니라 이름 있는 금석학 학자이며 서예가였다. 그의 이런 재간을 보여주듯 '용龍'은 금문金文이었고 '호虎'는 상형象形 비슷한 문자였다. 촌민들은 이 용과 호랑이를 비석에 그대로 새겨 넣었다.

그 시기 양수천자와 석두하 사이에는 여타의 마을이 없었다. 그래서 양수천자는 또 강 동쪽이라는 의미의 하동河東이라고 불렸다. 광서 말년, 석두하 기슭에 인가가 하나둘 들어서기 시작한다. 이 마을은 나중에 양수천자 서쪽에 있다고 해서 양수천자의 서쪽거리라는 의미의 서가西街라고 불린다. 만주국 초기, 지역 행정부문은 양수천자로부터 석두하 기슭의 서가西街로 이주하면서 아예 이름까지 짐차에 넣어 끌고 갔다. 원래의 양수천자는 이름을 빼앗기고 별명인 하동河東으로 불렸다. 그나마 1981년

하동이라는 이 이름은 동쪽 훈춘의 옛 마을과 동명이며 또 '용호' 석각이 부근에 있다고 해서 '용호' 마을로 개명하게 된다.

그로부터 수십 년이 지난 후 이 고장에는 전설이 아닌 전설이 만들어지고 있었다.

석두하 하구의 서쪽에는 만주족 사람들이 세운 마을이 있다. 함풍(咸豊, 1851~1861) 초년, 관(關)씨 등 만주족 세 가구가 이곳에 허름한 움막을 짓고 살았으며 그 후 차츰 간민(墾民)들이 늘어나 촌락을 이뤘다. 이 촌락은 석두하 서쪽에 위치한다고 해서 나중에 하서촌(河西村)이라고 불린다. 석두하를 건너 바로 동쪽에 위치한 마을은 양수천자이다. 그러나 예전에 하동(河東)으로 불렸던 마을은 이 양수천자가 아니라 양수천자를 지나 동쪽에 나타나는 용호마을인 것이다.

동네 어귀에서 한담을 즐기고 있던 노인들은 용호마을이 하동마을로 불리게 된 내력을 이렇게 이야기하는 것이었다.

"옛날 논을 풀 때 두만강 물을 끌어들이면서 용호마을의 서쪽에 도랑이 하나 새로 생겨났지요. 용호마을은 이 도랑의 동쪽에 있다고 해서 하동 마을로 불리게 된 거지요."

그런데 이 도랑은 미구에 메워지고 논은 다시 밭으로 되었다고 한다. 정말이지 오랜 시일이 지난 후 항간에 또 무슨 설이 나돌지 모른다는 생각이 갈마들었다.

두루미의 이름자를 달고 있는 학림촌(鶴林村) 역시 두루미와는 아무런 연줄이 없는 것으로 해석되고 있었다. 지명지에 따르면 학림촌은 언덕 아래에 물이 있다는 뜻이라고 한다. 학림촌은 광서 말년에 세워졌는데 그때 만주족말로 지명을 지었다는 것이다. 양수천자 북쪽으로 3리가량 떨어진 이 마을은 언덕에 자리 잡고 있다고 해서 부근의 동산촌東山村과 학교리學校里와 더불어 일명 '닭 덕대 마을'이라고 불렸었다.

그건 그렇다 치고 웬 나라가 이 고장까지 와서 '국기'를 나부끼고 있었다. 바로 학림

⇧ 안룡산 옹

촌의 서북쪽에 있는 마을인데 엉뚱하게 '캄보디아'라고 불린다. 멀리 동남아의 열대지역에 있는 나라가 눈발이 날리는 북방의 시골에 문득 나타난 것이다. 지방문헌에도 기록되지 않은 이 지명은 그야말로 전설 속의 이야기를 방불케 한다. 그러나 양수에 사는 사람치고 '캄보디아' 마을을 모르면 '간첩'으로 오인된다고 한다.

마침 바깥에 소일을 나왔던 안룡산 옹은 이 희귀한 지명을 두고 반색하는 일행에게 시큰둥한 표정을 짓는 것이었다.

"뭐 별 것도 아닌 데요. 다른 마을과 동 떨어졌다고 만들어낸 이름이지요."

'캄보디아'는 부근의 민족도자기공장 주택으로서 어느 마을에도 소속되지 않는 특이한 동네였다. 예전에 학림에서 논농사를 지으려고 석두하를 끌어들이면서 석두하가 이 마을의 앞을 감돌아 흘렀다고 한다. 결국 누군가 기발한 상상력을 동원하여 엉뚱한 '국명'을 만들기에 이르렀던 것이다.

안룡산 옹의 말에 따르면 '캄보디아' 마을은 처음에 또 '대만촌臺灣村'

이라고 불렸다고 한다. 대만은 대륙의 남부에서 해협을 사이에 두고 있는 큰 섬을 말한다. 이 '대만촌'의 원주민은 고산족이 아닌 조선족이었는데 지금은 한 가구도 남아있지 않았다.

여하튼 석두하라는 작은 하천에 에둘린 마을을 바다에 둘린 '대만'이라고 하기에는 아무래도 격에 어울리지 않았던 모양이다.

이름이 바뀐 것은 '캄보디아'라는 마을을 만든 민족도자기공장도 마찬가지였다. 원래는 '훈춘시 민족도자기공장'이었지만 그 후 소속 행정구역이 달라지면서 '도문시 민족도자기공장'으로 간판을 바꾸었다.

이에 비하면 세 번이나 행정구역을 바꾼 양수는 이름 그대로 찬물인지 아니면 뜨거운 물인지 헷갈릴 정도이다. 처음에는 북쪽의 왕청汪淸에 속했지만 훗날에는 동쪽의 훈춘에 귀속되었고 나중에는 서쪽의 도문으로 행정지역을 바꾸었기 때문이다.

양수에 있던 '용호' 석각은 아예 자리를 떠버렸다. 1940년, 도문-훈춘 도로를 닦으면서 석각은 두만강 기슭을 떠나 산기슭의 도로 부근으로 옮겼고 그로부터 약 반세기 후 훈춘 시내의 공원으로 이사했다. 훈춘 정부는 양수를 도문에 넘기게 되자 석각을 미리 뜰에 옮겨서 '가보家寶'로 만들어버렸던 것이다.

100년 세월이 지난 후 '용반호거'의 용은 다시 '하늘'로 날아가고 호랑이는 '수림'으로 잠적했다. 결국 '용호' 마을은 빛깔 좋은 허울만 달랑 남은 셈이다. 언제인가 석두하 기슭의 '캄보디아'처럼 또 뭔가의 새 지명이 생겨날지 모른다.

까울령의 저쪽에 고려마을이 있었다

예전에 도문에서 훈춘으로 가려면 꼭 그 산마루를 넘어야 했다. 일명 까울령, 그 무슨 까마귀가 날아가다가 울음을 떨어뜨린 이름 같기도 한다. 그렇다면 산이 하도 가파르고 높아서 새가 눈물을 흘리며 고개를 넘었을까…

까울령은 두만강 기슭까지 머리를 쭉 내밀고 장벽처럼 앞뒤를 가로막고 있다.

"겨울이 되면 어떤 차들은 산길을 버리고 얼음 위로 달렸지요." 조만길 씨의 어린 기억에는 바퀴 달린 '썰매'가 그 무슨 동화의 한 장면처럼 또렷이 남아있었다.

그때 두만강의 빙판에는 네발 달린 소가 가서 얼음구멍에 빠진 네 바퀴 차량을 끌어내는 진풍경이 심심찮게 벌어졌다고 한다. 조만길 씨가 살던 경영촌慶榮村에서 집집마다 식탁에 늘 반찬처럼 올리던 한담거리였다.

아이러니하게 조만길 씨는 훗날 그 얼음구멍을 만들던 강물의 관리자로 된다. 1989년 대학을 졸업한 후 귀향하여 진鎭 수력관리소에서 근무하고 있는 것이다.

경영촌은 까울령 동쪽의 첫 동네이다. 광서光緖 15년(1889), 이곳은 나루터가 생기면서 배 선船, 나들목 구口를 넣어 선구船口라고 불렸다고 한다. 1924년, 동네는 20여 가구로 늘어났으며 동쪽의 지상 표지물 같은 굴룽산窟窿山의 이름을 빌어 공동산孔洞山이라고 새롭게 불렸다. 굴룽산은 북쪽 산비탈에 작은 동굴이 있다고 해서 지은 이름이다. 1949년 마을은 상서로운 뜻을 부여하여 번영을 경하한다는 의미의 경영慶榮이라고 개명하였다.

1980년대 초 경영촌에는 약 200가구 살고 있었으며 그중 한족은 10가구 정도 되었다고 한다. 그 후 꾸역꾸역 밀려온 한족이 두만강의 물처럼 마을을 야금야금 잠식하며 지금은 마을을 거의 반 정도 삼키고 있다.

어쨌거나 조만길 씨가 어린 시절을 보내고 있을 무렵 경영촌의 사람들은 한족을 내놓고 선조가 거의 다 한 고향이었다.

"저기 강 건너 쪽입니다. 저처럼 모두 함경북도에 원적을 두고 있었지요."

조만길 씨의 말을 따른다면 예전의 마을에는 이웃하여 살던 사람들도 없지 않아 있었을 것 같았다. 그렇지만 산마루를 불렀던 이름인 '까울령'은 분명히 그들의 고향인 함경도의 방언은 아니었다.

⬆ 고려촌(흥진촌) 입구에 있는 비석

⬆ 봉오동 반일전적지 기념비

정체불명의 이 '까울령'은 훈춘珲春의 지명지에서 그 원형을 드러낼 듯 하였다. 기록에 따르면 까울령은 옛날 고이산高爾山이라고 불렸다고 한다. 고이산은 만주족말로 홰나무 산이라는 의미이다. 이 고이산을 우리말로 음역하면 '까울령'이 된다. 1964년 고이산을 다시 경영촌 남쪽의 높은 산이라는 의미의 남고령南高嶺이라고 고쳤다는 것이다.

그런데 뭔가 아귀가 맞지 않는다. 까울령의 수목은 재생림이며 홰나무가 주종인 게 아니기 때문이다. 왜 홰나무의 산이라는 의미의 고이산이라고 이름을 달았는지는 영문을 알 수 없다. 더구나 그 후의 이름인 남고령은 경영촌의 남쪽이 아니라 서쪽에 위치한다.

사실 까울령의 북쪽에 위치한 마을은 흥진촌興進村이다. 창문을 열면 아스라이 솟아있는 산이 금방 시야를 가득 채운다.

흥진촌은 흥성하고 전진한다는 의미로 1984년에 지은 이름이다. 선통宣統 2년(1910) 마을이 형성되었을 때 봄이면 산과 들에 살구나무 꽃이 만발했다고 한다. 그래서 처음에는 행화촌杏花村이라고 불렸으며 훗날 마을에 조선인만 살고 있다고 해서 고려촌이라고 불렸다. 한때는 서쪽의 수남촌水南村 소속으로 있었다. 수남촌은 동쪽의 봉오골鳳梧溝에서 흘러나오는 강의 남쪽에 있다고 해서 지어진 이름이다.

봉오골은 일명 봉오동이라고 하는데, 선통(宣統, 1908~1912) 연간에 개발된 무려 25리의 긴 골짜기이다. 옛날 골짜기에는 하, 중, 상 등의 마을이 30~60가구씩 옹기종기 모여 있었다. '까울령'의 험준한 산줄기는 이 봉오골을 병풍처럼 빙 둘러치고 있다.

흥진촌 아니 고려촌은 그 병풍 바깥쪽에 기대어 있었다. 고려촌의 북쪽 고개를 넘으면 금방 봉오골이 나선다. 그래서 현지인들은 봉오골을 북봉오골이라고 불렀고 고려촌을 남봉오골이라고 불렀다고 한다.

"남봉오골이라고 하면 대뜸 우리 마을인지를 알았지요." 고려촌 태생인 한룡범 씨의 말이다. 예전에 항간에서 남봉오골이라는 이 이름은 고려촌이나 홍진촌보다 더 잘 통했다고 한다.

↑ 고려촌의 토박이 한룡범 씨와 인터뷰하는 필자

한룡범 씨는 고려촌에 몇몇 남지 않은 토박이였다. 그의 증조부가 함경도 은덕군에서 자식을 데리고 이곳으로 왔다고 한다. 조손 4대가 거의 100년 동안 한 고장에서 살고 있는 것이다. 고려촌은 인가가 한때 50여 가구에 이른 적 있지만 현재는 30가구 정도이며 그나마 사람이 들어있지 않는 가옥이 적지 않다. 한룡범 씨의 말을 빈다면 두메산골이라서 사람들을 붙잡아 둘 수 없었던 모양이다.

고려촌은 이전에는 조와 콩 농사를 지었으며 지금은 옥수수와 콩을 위주로 심고 있었다. 하도 척박한 고장이라 토지개혁을 하던 1947년 무렵 마을의 으뜸가는 부자는 지주 아닌 부농이었다고 한다. 그나마 이 부농도 여느 농부들처럼 짚 이영을 이고 살았다고 한다.

"북봉오골은 정말 '만석부자'의 고향이지요."

한룡범 씨는 고개 하나를 사이 둔 봉오골에 여간 부러운 기색이 아니었다.

봉오골은 금처럼 귀한 송이버섯은 물론이요, 영지와 황기, 기름개구리 등 특산물이 산판에 널려있다고 한다. 이름 그대로 봉새가 깃든 오동나무의 골짜기라는 것이다.

🔺 푸른 물이 넘치는 봉오동 골짜기

전하는 바에 의하면 봉새는 오동나무가 아니면 앉지 않으며 오동나무의 열매가 아니면 먹지 않는다고 한다. 그래서 오동나무가 나는 터는 천하의 길지라고 한다. 그러나 봉오골이 세간에 이름을 크게 떨치게 된 것은 이 오동나무 때문이 아니다.

1920년 6월 봉오골에서 홍범도洪範圖, 최진동崔振東 등이 이끄는 대한군 북로독군부大韓軍北路督軍府 독립군 연합부대가 일본군 제19사단 월강 추격

대대와 싸워 크게 이겼다. 대한민국임시정부 군무부에 의하면 이 전투에서 일본군은 전사 157명, 중상 200여 명, 경상 100여 명을 내고 완전히 참패했다. 한편 독립군 측의 피해는 전사 4명, 중상 2명이었다. 봉오동전투는 유명한 청산리靑山里 전투의 시작을 알리는 중요한 전투가 된다.

이때 일본군은 함경도 풍서리에서 봉오골에 지원부대를 파견했다고 한다. 풍서리는 한반도의 최북단에 있는 마을이며 바로 경영촌의 강 맞은쪽에 위치한다.

일본군 지원부대는 두만강을 건너고 경영촌을 지나 봉오골로 향발했다. 이 무렵 경영촌은 또 '용배미'라고 불렸다고 한다. '배미'는 함경도 사람들이 뱀을 이르던 말이니 '용배미'는 용과 같은 뱀이라는 의미가 되겠다. 워낙 마을 동쪽의 굴룡산에는 뱀이 유난히 많았고 또 용과 같은 큰 구렁이가 있었으니 그럴 법 한다.

각설하고, 이날 저녁 까울령 동쪽에 있는 비파골琵琶溝에서 총소리가 요란하게 터졌다. 후문이지만 일본군 지원부대가 봉오동에서 철수하는 부대와 저들끼리 혼전을 벌렸던 것이다. 비파골은 골짜기가 비파처럼 생겼다고 해서 지어진 이름인데, 현지인들은 중국말 발음을 따서 피페골이라고 부른다. 예전에는 인가가 살고 있었지만 지금은 모두 벌에 내려와 살고 있다. 진짜 피페한 골짜기로 된 것이다.

봉오동전투의 일부인 비파골의 전투 역시 '피페'한 역사로 사라질 뻔 한다. 다행이 20여 년 전, 연변의 사학자들이 경영촌에 가서 현지 70, 80세 노인들의 목격담을 채집하여 소중한 기록을 남겼다.

그러나 주전장인 봉오골은 끝내 세월의 깊은 물에 종적을 감춘다. 봉오골을 흐르는 시냇물은 바로 봉새가 골라서 마신다는 전설의 단물이라고 한다. 이 시냇물이 나중에 도문 사람들의 수원지로 되었던 것이다. 1977년 골짜기에 저수지를 세우면서 봉오골의 사람들은 골짜기를 떠나 도문의 여러 지역에 흩어진다.

인제 저수지의 물위에는 구름과 산과 나무가 비껴있을 뿐이며 옛날 골짜기를 메웠던 총과 칼의 그림자를 볼 수 없다. 산비탈에 고독히 서있는 봉오동전투 기념비가 흐릿한 옛 기억을 가까스로 붙잡고 있다.

봉오골은 더는 인가가 여기저기 널려 있던 동네 봉오동이 아니다. 오동나무는 물에 잠기고 봉새는 어디론가 날아가 버린 것이다.

사실 오동나무에 깃드는 새는 봉새이지만 오동나무의 씨앗을 먹고 배설하는 새는 까마귀라고 한다. 까마귀는 산마루에 울음소리만 아니라 오동나무에서 물어온 씨앗을 떨어뜨리고 있는 것이다. 그러고 보면 까울령은 애초부터 봉오골과 뭔가 기이한 인연을 맺고 있는 것 같기도 한다.

설마 했는데 정말 그러했다. 봉오골 역시 고려촌처럼 처음부터 조선족들이 살고 있던 고려마을이며, 이 때문에 예전에는 봉오골과 고려촌의 남쪽에 위치한 높은 산을 남고려령南高麗嶺이라고 불렀다고 한다. 풍문이 아니라 도문 지명지의 기록이다. 나중에 줄인 말로 남고령南高嶺 혹은 고령高嶺이라고 불렀다. 이에 따라 까울령은 '고령'이 중국지명으로 고착된 후 다시 우리말로 음역된 이름이라는 해명이 설득력을 얻고 있다.

산 하나를 두고 지방문헌마저 이렇듯 이름의 뜻을 제각기 해석하여 혼선을 주고 있다. 더구나 산은 또 두 지역의 경계선으로 되고 있어서 이름 못할 뭔가의 뉘앙스를 피어올리고 있는 듯하다.

회막골 어귀에 있었던 동경

옛날 누군가 마을 북쪽 골짜기의 막바지에 가마를 앉히고 석회를 구웠다고 한다. 그래서 골짜기에는 늘 회색의 장막이 안개처럼 드리웠다. 회막골(灰幕溝, 일명 회막동)이라는 이름은 그렇게 석회로 도배를 하고 있다.

그러나 석회가 마을에 남긴 기억 역시 그 무슨 회색의 장막에 가린 듯하다. 한때 회막골이라는 이름으로 통했던 도문(圖們)에서 회막골 자체가 낯선 이름으로 되고 있기 때문이다.

사실 한정숙 옹이 소학교를 다니고 있던 1940년대 말에도 회막골은 사람들의 입에 자주 오르내렸다고 한다. 1950년, 부근의 여러 마을이 한데 합쳐 합성촌(合成村)으로 되며 이듬해 집중촌(集中村)이라고 개명하면서 차츰 집단기억에서 사라졌던 것이다.

그때 한정숙 옹은 회막골의 북쪽에 이웃한 동경동(東京洞)에서 살고 있었다. 1930년대 초 양친이 어린 두 언니를 업고 두만강 대안의 종성군에서 이 고장으로 이주했다. 한정숙 옹은 그로부터 얼마 후인 1938년에 동경동에서 태어나지만 한 핏줄인 언니들과는 달리 이민 2세라는 도장을 박게 된다.

한정숙 옹이 고등학교에 입학한 것은 1956년이다. 현지에 고등학교가 없어서 멀리 타향으로 떠나야 했다. 이 때문에 기억에 유달리 남고 있는 그 무렵의 동경동은 거의 일색으로 조선족이었다고 한다.

그런데 이 고장에 맨 처음 이삿짐을 내려놓은 사람은 중국인이라고 한다. 지명지地名志의 기록에 따르면 산동山東에서 조개명趙開銘이라고 하는 중국인이 가족을 데리고 처음으로 도문에 와서 이삿짐을 풀었다. 그때는 이미 청나라의 봉금령封禁令이 풀리고 있던 1890년경이었다.

그러고 보면 조선인들은 줄곧 누가 이 처녀지에 맨 먼저 보습을 박게 될까 하고 팔짱을 낀 채 강 저쪽에서 구경만 하고 있었던 셈이다.

"다른 데도 아니고 '엎어지면 코가 닿을 곳'인데도 말입니까?"

"암만 '등잔 밑이 어둡다.'고 하기로서니 정말 그럴 수 있을까요?"

"……"

하긴 석연치 않은 데가 있다. 이때 조선인 간민墾民들은 두만강 연안을 지나 북간도의 종심지역으로 파고들고 있었기 때문이다. 그러나 조선인 간민이 간도를 개척하는 시발점으로 되는 용정은 물론이요, 훗날 연변의 수부로 된 연길의 최초의 정착민도 조선인이 아닌 만주족이나 한족이라는 것을 감안하면 이상한 일은 아닌 듯하다.

⬆ 옛 두만강나루터 자리 강 건너 북한 남양으로 이어진 철교가 보인다.

⬆ 옛 도문시 전경을 담은 연하장

어쨌거나 그때부터 조선인들이 연이어 나타나며 점차 회막골을 비롯한 여러 동네를 형성했다고 한다. 이때 도문벌을 '어우벌'이라고도 했는데 두만강 건너 대안의 첫 동네가 바로 '어우'였다. 향수에 젖은 간민들이 옛 고향의 이름을 따라 부른 것이다.

회막골 부근에는 처음에 인가가 그렇게 많지 않았다. 1910년경 회막골, 동경동, 새밭굽, 가는동, 박달봉 등에 모두 수십여 가구 정도였다고 한다. 그러나 일단 사람들이 여러 갈래의 물처럼 하나로 합쳐지자 사품치는 큰 강을 이루는 데는 별로 시간이 걸리지 않았다.

1931년 '9·18' 사변 후 일본군은 동3성東三省을 병탄倂吞하였다. 두만강 기슭에 있는 이 고장은 대뜸 열점지역으로 부상하였다. 북쪽으로 동만東滿과 북만北滿에 잇닿고 남쪽으로 한반도와 연결되어 있어서 둘도 없는 교통 요충지로 되고 있었기 때문이다. 1933년, 북쪽의 돈화敦化에서 이 고장까지 통하는 철도가 개통된다. 종착역은 두만강 기슭에 있던 회막골이었다.

이때 토목건축을 대거 진행하면서 이곳의 인구는 2만여 명으로 급증한다. 당금 도시 명명命名이 시급한 과제로 나섰다. 이름만큼이나 시골스런 회막골은 국제도시의 위상에 걸맞지 않았던 것이다. 1933년 5월, 회막골 경찰서는 관민官民 대표를 소집하여 지명을 고칠 일을 토론한다. 이해 6월, 여러 단체는 지명을 고칠 결정을 각기 통지하고 회막골을 도문圖們이라고 개명하였다.

도문의 이름은 백두산의 천지와 하나로 이어진다. 옛날 천지는 만주족 말로 '도문써친圖們色禽'이라고 불렸다. 도문圖們은 일만 만萬이라는 의미이며 써친色禽은 강의 원류라는 의미이다. 두만강은 천지에서 흘러나온다고 생긴 이름이다. '회막골'은 이 두만강 기슭의 유일한 도시로 거듭나면서 물을 떠오듯 강 이름을 그대로 옮겼던 것이다.

각설하고, 회막골이 나중에 집중촌으로 되듯 동경동도 훗날 오공촌五工村으로 덩치를 불린다. 오공촌은 8·15 광복 후 만주국 주식회사가 경영하던 공장이 한시기 가동을 멈추고 실업자들이 부근에서 땅을 가꾸면서 생긴 이름이다. 즉 다섯 주식회사의 노동자들이 살던 마을이라는 의미이다. 훗날 공장이 다시 운영되면서 경작지가 점용되고 많은 노동자들이 이웃한 동경동으로 자리를 옮겼다. 이에 따라 동경동도 오공촌이라고 불리게 된 것이다.

그때부터 동경동의 이름 역시 회막골처럼 집단기억에서 소실되며 더구나 두터운 베일에 가린다. 현지 태생인 한정숙 옹도 지명 유래 이야기가 나오자 아련한 옛 기억을 한것이나 더듬었다.

"일본인들이 살았다고 지은 이름이 아닐까? 동경이라는 게 일본의 수도이니 말이네."

1980년대까지 동경동의 남쪽에는 일본인들이 살던 옛 가옥이 적지 않았다고 한다. 악명이 자자했던 일본헌병대도 여기에 있었다. 헌병대 울안을 두른 수백 미터의 토성은 그 자리에 남아있었으며 옛 건물의 지하실에는 물 감방이 그대로 있었다고 한다. 울안에는 또 사람을 콩처럼 갈아서 죽였다고 전하는 맷돌이 있었으며 지하실 벽에는 형구를 걸었던 철제 틀이 그냥 박혀있었다.

1972년 도문 홍광향紅光鄕 방송소는 이 지하실을 방송실로 사용하려 했다. 홍광紅光은 붉은 빛이라는 의미로, 1960년대 지은 인민공사의 이름이다. 그러나 누군가 지하실에 한번 다녀온 후 방송실 설립은 없던 일로 치부되었다. 염라국閻羅國 같은 지하실의 으스스한 분위기에 질려버렸던 것이다.

일본헌병대의 건물은 도문시 제1중학교의 자리에 있었던 길로 전힌다. 2012년 여름, 우리 일행이 학교를 찾았을 때는 한발 늦은 시점이었다. 헌병대의 지하실 감방이 있던 건물은 불과 1년 전에 허물렸던 것이다. 부근의 일본인 가옥과 그들이 경영하던 옛 상가 건물은 더구나 이를 앞선 20년 전에 벌써 전부 철거되었다.

어쩌면 동경동은 어디엔가 형체를 감춘 일본인들의 유적처럼 한사코 뭔가의 사연을 숨기고 있는 것 같았다.

사실은 이 고장에 나오는 지명 동경은 일본 수도 도쿄와 동일한 의미가 아니라고 현지의 지명지가 밝히고 있다. 동경동은 벌써 한정숙 옹의 양친이 도착하기 오래전인 광서光緖 23년(1899)에 형성된 마을이기 때문이다. 그때부터 벌써 사람들에게 동경동이라고 불리고 있었으며 일본인들은 아직 이 고장에 그림자도 얼씬하지 않고 있었다.

동경이라는 이 동명의 이름은 도문 시가지의 서남쪽 산골짜기에도 있다. 이 동경동과 동경촌은 회막골 부근의 동경동을 앞선 광서(光緖, 1875~1908) 초년에 벌써 골짜기에 나타나며 타민족이라곤 하나 없는 알짜배기 조선족마을이었다. 그런데 지명지의 기록에 따르면 '동경'은 물소리 혹은 시냇물을 이르던 만주족말이라고 한다. 왜 그렇게 조선족마을의 지명을 지어야 했는지는 좀처럼 납득하기 어렵다.

🔼 일광산 화엄사 입구

    회막골 부근의 일광산日光山도 마찬가지이다. 일광산은 원래 회막골의 남쪽에 있다고 해서 남산이라고 불렸다. 1915년 조선의 고승 수월스님이 이곳에 '수월정사水月精舍'를 짓고 수행을 하였다. 이 무렵 사람들은 남산을 햇볕이 잘 든다는 의미의 일광산이라고 불렀다고 한다. 또 1932년 남산에 사찰을 지었던 일본인 스님이 바다 건너 고향의 산 '닛코야마日光山'의 이름을 남산에 갖다 붙였다고 하는 설이 있다.

    얼마 전 일광산에는 또 사찰이 하나 섰다. 불전佛典 화엄경에서 이름을 따온 '화엄사華嚴寺'이다. 일부러 산에 허위허위 올랐더니 일행의 논쟁은 보전 앞의 향불처럼 다시 연기를 올올이 뿜어냈다. 그게 볼썽사나웠던지 한 신자가 다가와서 한마디 참견하는 것이었다.

"이보세요, 일광日光은 결국 불성佛性을 의미하는 게 아닐까요?"

그의 말에 따르면 구름이 걷히고 해가 나오듯 만고의 번뇌에서 해탈하면 깨달음을 얻는다는 것이다. 일광산은 처음부터 불교 사찰로 유명했으니 그럴 법도 하다. 정말이지 산 이름의 진실한 내력은 사찰에 모신 부처님만 알고 있을지 모른다.

일광산의 어귀에는 비석 하나가 서서 옛 기억을 되살리고 있었다. 1930년대 두만강에 나룻배를 띄우던 나루터의 기념비이다. 노래 <두만강의 노 젓는 뱃사공>은 바로 여기에서 탄생했다고 한다.

"두만강 푸른 물에 노 젓는 뱃사공
흘러간 그 옛날에 내 님을 싣고
떠나간 그 배는 어디로 갔소…"

그러나 푸른 물에 노를 젓던 뱃사공은 더는 없었다. 새로 복원된 나루터 부근에서 관광용 기계배가 괴성을 퉁퉁 지르며 강을 오르내린다.

잠깐, 나루터의 이름은 '도문강관광부두'로 되어있었다. 두만강은 이상하게 웬 '도문강'으로 이름을 바꿨던 것이다. 백두산이 장백산으로 불리듯 우리말 지명은 언제부터인가 이처럼 엉뚱한 이름으로 탈바꿈을 하고 있었다.

옛 지명은 <눈물 젖은 두만강>처럼 어느덧 흘러간 옛 노래로 되고 있는 것이다.

마패, 전마의 비석

　이주 초기 그들은 강 동쪽에서 온 집이라는 의미의 강동집이라고 불렸다고 한다. 두만강 동쪽의 남부 연해주에서 건너왔기 때문이다. 마을 사람들은 그곳을 강 동쪽이라고 말했지만 조부는 그냥 '아래 간도'라고 불렀다고 한다.
　사실 조부는 '아래 간도'가 아닌 함경도 태생이었다. 그러나 맞은쪽의 북간도로 오는데 그처럼 길고 굴곡적인 여정을 겪고 있었던 것이다.
　최형록(1943년 출생) 씨가 전하는 가족사는 그가 말아 피우는 엽초의 독한 연기처럼 가슴에 찡하게 다가오고 있었다.
　조부가 일가족을 거느리고 그곳 '아래 간도'를 떠날 때는 20세기 초였다. 그때 고모는 열여섯 살로 이제 막 피어나는 화려한 꽃처럼 미모가 절정이었다고 한다. 그게 오히려 조부의 큰 근심거리로 되었다. 그래서 조부는 딸을 시집을 보내는 셈치고 '아래 간도'의 조선인 마을에 떠맡기고 오게 되었다고 한다.

⬆ 마패마을 어귀

"마우재들이 곱게 생긴 여자들을 보면 마구잡이로 빼앗는다고 소문이 났던 거지요."

마우재는 '毛子(mao—zhi)'라는 중국말을 음역한 것으로 구소련 군인들을 이르는 말이다. 그 요상한 이름 때문에 고모는 결국 그들 가족과 인연이 끊어진 강 저쪽의 사람으로 된 것이다. 그들 가족은 나중에 두만강 기슭의 마패馬牌에 이삿짐을 풀어놓았지만 가슴 아픈 그 기억을 도무지 지울 수 없었다.

지명지의 기록에 따르면 마패촌은 광서光緖 7년(1881) 강 대안의 수구포水口浦 조선인들이 건너와서 개척한 마을이다. 마패촌은 이름 그대로 마패 때문에 지어진 이름이라고 하지만 지명 유래는 아직도 확실하지 않다.

전하는 바에 따르면 옛날 두만강 대안에는 총각 장수와 처녀 장수가 있었다고 한다. 언제인가 그들은 오랑캐와 싸우면서 이 고장까지 오게 되었다. 그때 총각 장수가 타던 전마戰馬가 그만 전투에서 지쳐 죽었다고 한다. 두 장수는 사선을 함께 드나들던 전마의 죽음을 애통하게 여겨 이곳에 전마를 묻고 비석을 세웠다. 훗날 비석 비碑자가 패牌자로 전음轉音되어 마패라는 지명이 생겼다는 것이다.

❖ 북쪽 산비탈에 있는 구호 '모주석만세' 그때 그 시절을 회상하게 한다.

🔼 자택에서 인터뷰 중인 최형록 씨

이와는 달리 마패는 예전에 관원이 지방으로 공무를 나갈 때 역마(役馬)를 동원하는데 쓰던 둥근 패쪽이었다는 설이 있다. 실제 지금의 마패촌 3대(隊, 촌민소조)의 남쪽에는 이 설을 뒷받침할 유적 '24개 돌'이 있다. 이 유적은 이름 그대로 24개의 돌을 이르는데 옛날 발해국에만 있었던 독특한 건축양식이라고 한다.

최형록 씨의 말에 따르면 24개의 돌은 예전에 깨지거나 들쭉날쭉하지 않고 모양새가 엇비슷했다.

"강 건너 쪽에서 갖고 온 돌이라고 하던데요. 이 고장에는 없는 재질이니까요."

그때 24개 돌은 한 줄에 8개씩 저마다 약 1m의 거리를 두고 세 줄로 질서정연하게 배열되고 있었다. 이런 돌은 마구 찢긴 종잇장처럼 한때 심하게 훼손되었다. 일부는 누군가 집을 짓는 석재로 사용했고 심지어 아낙네들의 빨래판으로 사용되고 있었다. 그나마 몇 개 남지 않은 돌들마저 제자리에 있지 않았다. 돌이 있던 자리는 배추나 파를 심는 밭이 되었다.

1980년대 말 비로소 원래의 돌들을 원래의 자리에 모아서 가까스로 원상을 흉내 내고 있었다.

"제사를 지내는 장소라고 들었는데요, 정말 그렇습니까?" 최형록 씨는 마을 노인들에게 들은 이야기를 전하면서 이렇게 반문한다.

마을의 토박이인 그 역시 마을에 구전되는 이 해석에는 그리 미덥지 않다는 기색이었다.

사실 이런 유적은 마패를 비롯하여 지금까지 여러 지역에서 무려 십여 개나 발견되고 있다. '24개 돌' 유적은 사찰이나 곡물창고라는 다양한 설이 난무하지만 모두 교통로에 위치하며 또 유적의 모양이나 사용한 재료 등으로 미뤄 역참이라는 설이 설득력을 얻고 있다.

정말 역참이라면 발해국의 관원들이 말을 타고 이곳을 지날 법 한다. 그렇게 생긴 지명이 그때 강 건너 수구포에 전해졌다가 간민墾民들을 따라 다시 제자리에 돌아왔을 수 있다. 장수와 전마의 이야기는 훗날 민간에서 마패라는 지명을 두고 생겨난 전설이라는 것이다.

▲ 마패 24개돌 표지석

그런데 전설에 등장하는 전마는 분명 이 고장에 다시 나타나고 있었다. 오랑캐와 싸우던 장수의 이야기가 두만강 기슭에 영화처럼 재현되었던 것이다.

1920년 홍범도洪範圖 장군 등이 인솔한 독립군이 일본군의 대대병력을 대파한 봉오동전투는 바로 이 마패촌에 도화선을 묻고 있다. 봉오동전투는 청산리전투와 더불어 우리 민족의 독립사에서 가장 빛나는 전과이다.

봉오동전투는 발생 사흘 전 즉 1920년 6월 4일에 있었던 삼툰자 전투에서 비롯된다.

삼툰자는 우리말로는 세 동네라는 의미로 오늘의 마패촌 7대이다. 19세기 중반, 함경북도 삼봉일대에서 월강한 김씨, 박씨, 최씨 성의 세 일가가 이곳의 첫 개척자였다고 한다. 그 후 한 가구, 두 가구 차츰 늘어나면서 나중에 상촌, 중촌, 하촌 등 세 동네를 이뤘던 것이다.

삼툰자는 강이 흐르는 협곡 사이에 위치한다. 따라서 우리말로 또 '사이벌'이라고 불리며 중국말로 옮기면서 또 '간평間坪'이라고 불린다. 사이벌은 함경도 사투리로 와전되면서 또 '새불'이라고 불리기도 했단다.

바로 4일 새벽 독립군 소부대가 국내 진공작전으로 삼툰자에서 출발하여 두만강을 건너 함경북도 종성 강양동으로 가서 일본군 순찰소대를 습격했던 것이다. 이때 일본군 2개 중대가 이를 보복하려고 독립군 추격에 나선다. 그들은 나중에 삼툰자에 이르렀으나 독립군을 발견하지 못하자 애꿎은 민간인을 무차별 살육하였다. 이 소식을 접한 독립군은 삼툰자 부근의 범진령 산기슭에서 매복하고 있다가 돌아가는 일본군을 섬멸한다.

이에 일본군이 독립군을 토벌하기 위해 월강 추격대대를 편성하고 두만강을 건너 봉오동으로 진격하며 이로써 세상에 이름을 날린 봉오동 전투가 본격적으로 시작되는 것이다.

이때 매복전이 벌어졌던 범진령은 두만강 기슭에서 회막골(도문)에 이르는 고개이다. 마패에서 회막골에 이르는 골짜기는 도합 네 개 있는데 범진령은 제일 북쪽의 골짜기를 타고 있다.

범진령이라는 이 이름이 파다히 알려진 건 단지 독립군의 매복전 때문이 아니다. 범진령에는 또 전설 아닌 전설이 전해지고 있었다.

예전에 마패에는 명포수로 알려진 김씨 성의 포수가 있었다고 한다. 어느 날 김포수는 산에 올랐다가 바위 아래에서 먹잇감을 놓고 희롱하는 범을 발견했다. 김포수가 총을 쏘아 범을 잡고 난 뒤 보니 그 먹잇감은 놀랍게도 혼절한 어떤 처녀였다. 처녀는 한참 후에야 가까스로 정신을 차렸다. 알아보니 처녀는 강 맞은쪽 함경북도의 어느 산골에서 살고 있었다. 그날 새벽에 밖에 소변을 보러 나왔다가 그만 범에게 물려왔다고 했다. 그때 범은 이처럼 강 건너 멀리까지 사냥을 다녔던 것이다.

그 후 처녀는 김포수의 집을 드나들면서 '큰집'으로 삼았다. 그들은 1960년대 중반까지 왕래를 하다가 중국에서 극좌운동인 '문화대혁명'이 일어나면서 내왕이 끊겼다고 한다.

현지에서 전하는 이 이야기는 판본이 여럿 되지만 모두 범이 소굴 범진령에 물고 온 함경도의 처녀를 마패 마을의 포수가 구했다는 내용을 골자로 하고 있다.

범진령은 이토록 범이 진陣을 치고 있기로 소문이 높다는 의미라고 한다. 다시 말하면 범이 출몰하고 있는 산이라는 것이다. 일각에서는 범도 맥이 진하게 넘는 고개라는 의미라고 주장한다.

어쨌거나 범진령은 또 노래까지 생겨나 더구나 세상에 이름을 알리게 된다.

1970년대 삼툰자에는 여느 농촌마을처럼 하향 지식청년들이 진주進駐하고 있었다. 하향 지식청년은 1950년대부터 70년대 말까지 중국에서 자원 혹은 부득불 도시에서 농촌에 내려가 농민으로 된 청년들을 말한다. 그들은 대부분 초중이나 고중 교육밖에 받지 못했는데 약 1500만 명 정도로 추산되고 있다.

그때 삼툰자의 하향 지식청년들은 노래 "여량 수레 령嶺 넘어가네."를 노상 입에 달고 다녔다고 한다. 이 노래는 1964년 연변예술학교 학생들이 여량 수레를 몰고 범진령 고개를 넘으면서 만든 작품이다. 듣기에 따라 곡조가 흥겨울지 몰라도 거기에는 시골에 잡초처럼 묻힌 꽃다운 청춘들의 모습이 아련하게 비껴있다.

"범진령 십리 고개 청줄 마대 박아 싣고
여량 수레 줄을 지어 흥겹게 령 넘어가네.
……"

잠깐, 여량 수레라고 하니 누군가 이상하게 여길지 모르겠다. 국어사전의 해석에 따른다면 여량은 수레나 말이 다닐 수 있는 나무다리 '여량輿梁'을 말하기 때문이다. 그러나 연변에서는 이와는 달리 여유 식량이라는 의미의 '여량餘糧'을 뜻한다. 중국말 그대로 옮겨 놓았기 때문에 얼토

당토않은 결과가 빚어지고 있는 것이다.

　범진령 역시 중국말로 지명을 옮겨 적으면서 난데없는 번진령翻進嶺으로 둔갑하였다. 졸지에 뭔가 뒤집히면서 들어가는 이상한 고개로 된 것이다. 이처럼 더는 처음의 범의 고개가 아니어서 그럴지 모른다. 범진령의 고개에는 범의 포효소리가 다시 들리지 않고 있었다.

　솔직히 범진령의 '범이 처녀를 물고 왔던 이야기'도 마패의 '전마의 비석'처럼 언제인가는 한낱 전설로 전해지지 않을까 우려되었다.

백년마을 호랑이의 마지막 전설

그 지주는 진짜 재수에 옴이 붙었던 것 같다. 원한을 품은 농군들에게 물매를 맞은 후 골짜기에 버려졌지만 그길로 숨이 끊어진 게 아니었다. 그런데 상처의 아픔을 참다못해 움찔하다가 그만 농군들의 눈에 띄었고 다시 몽둥이찜질을 당했던 것이다.

"정말 기차게 운이 없는 놈이었던가 보지요." 기천학 씨는 이 이야기를 하면서 한심하다는 듯 혀를 내둘렀다.

나중에 지주가 주검으로 묻힌 골짜기는 '재수골'이라고 불렸다. 지주의 이름이 하필이면 재수였기 때문이라고 한다. 참으로 지주가 땅 밑에서 억장이 터진다고 고래고래 소리를 지를 일이다.

기학천 씨는 어릴 때 이 고장으로 이사를 왔다. 그때 동네 노인들은 한데 모여 앉으면 늘 마을의 이런저런 이야기를 담배연기와 함께 구수하게 말아 올렸다. 8·15 광복 전에 있었다는 재수골의 기담奇談은 그렇게 마을에 전설처럼 구전되고 있었다.

🔹 백룡촌에 지어진 백년마을 유적

재수골은 백룡촌白龍村 4대(隊, 촌민소조)의 서쪽에 있는 골짜기이다. 예전에 사람이 살던 마을이 있었고 종소리가 울리던 학교가 있었다. 만주국 시기 학교는 벌에 내려왔으며 '공립백룡평학교公立白龍坪學校'로 거듭났다. 백룡평학교는 벌써 몇 십 년 전에 폐교되었고 지금은 그 자리에 게이트볼 구장이 들어서 있다.

따져보면 재수골의 마을은 골짜기 밖으로 자리를 뜬지 어언 반세기가 지났다. 그러나 지주의 악명은 지명으로 남아 유령처럼 그냥 골짜기를 배회하고 있는 것이다.

사실 마을에는 악착한 지주보다 훨씬 큰 우환거리가 있었다. 간민墾民들이 천입하던 19세기에 이웃한 마패의 번진령과 마찬가지로 호환虎患이 아주 심했던 것이다. 마을 부근의 산속에 호랑이의 소굴이 있었는데, 호랑이는 늘 야음을 타서 강 건너 개마고원의 마천령까지 소일하듯 드나들었다고 한다.

이 호랑이 역시 지주처럼 처음의 마을 이름에 포악한 원형을 드러낸다. 지명지는 19세기 중반 두만강 기슭에 생겨난 이 지명이 '포서평布瑞坪'이었다고 기록하고 있다. 이 기록에 따르면 '포서평'은 우리말이며 포고를 내어 호랑이를 쫓았던 벌이라는 의미라고 한다.

"이거 참, 쥐를 잡는 벌인 줄 알았는데." 일행 중 누군가 농담 삼아 좌중에 하는 이야기이다.

하긴 우리말로 포서평이라니 자칫 쥐를 잡는 벌이라는 의미의 '포서평捕鼠坪'으로 짐작할 수 있었다. 포서평은 사실은 백수의 왕 호랑이에 대한 인간의 두려움을 지명에 감추려는 허장성세라는 것이다.

일각에서는 또 고서 "용왕경龍王經"의 대목을 인용하고 옛 지명의 '포서布瑞'는 사실은 바닷가에 살던 용 포뢰蒲牢의 오기라고 주장한다. 포뢰의 울음소리는 꼭 마치 종소리와 같아서 호랑이를 쫓을 수 있을 줄로 여겼다는 것이다.

정말이지 호랑이는 포뢰는 아니더라도 용의 일종인 백룡을 무서워했다는 속설이 있다. 마침 이 백룡은 바로 두만강 대안의 함지산에서 살고 있었으며 그래서 마을 이름을 백룡촌으로 개명하게 되었다고 한다.

함지산은 말 그대로 함지처럼 생겼다고 해서 지은 이름이다. 함지산에 구름이 끼면 이 고장은 십상팔구 날씨가 흐리며 비가 내린다고 한다. 구름을 타고 다니며 비바람의 조화를 부리는 용이 살고 있기 때문이란다.

⬆ 망루 옆의 길가에 호랑이가 입에 물었던 아이를 내려놓았다고 한다.

"산꼭대기에 큰 늪이 있습니다. 사흘갈이가 됩니다." 기학천 씨와 함께 한담을 나누던 농부가 이렇게 참견했다.

사흘갈이는 소가 사흘 낮 동안 갈 수 있는 논과 밭의 크기를 이르는 말이다.

후문이지만 마을에는 함지산에 다녀온 사람들이 적지 않았다. 예전에

241

백룡평학교는 야유회를 갈 때면 늘 함지산을 1번지로 선택했다고 한다. 그때는 국경 통행증을 소지하지 않아도 두만강 양안을 이웃 동네 나들이를 하듯 자유롭게 오갈 수 있었던 것이다.

전하는 바에 의하면 이 함지산의 늪에는 워낙 용 두 마리가 살고 있었다고 한다. 백룡과 청룡이었다. 백룡은 흰색처럼 마음이 순수하고 비단결처럼 고왔으며 청룡은 푸르죽죽한 청색처럼 성질이 괴팍했다. 나중에 백룡은 청룡의 밉광스런 성깔을 견디지 못해 강 건너 이곳으로 피신했다. 청룡이 미쳐 날뛰며 백룡을 찾게 되자 마을사람들은 백룡을 옛 우물에 숨겼다. 그때부터 백룡은 마음씨 좋고 물 좋은 이 고장에 눌러앉게 되었다고 한다.

혹여 청룡을 두려워 피하던 겁쟁이인 때문이 아닐까. 백룡을 방패로 삼은 지명도 호환을 막기에는 부족했던 것 같다. 1950년대 백룡촌에는 전설이 아니라면 정말 믿기 어려운 이야기가 생겨났다.

한여름의 어느 날 어슬녘이었다. 엄마는 부엌에서 설거지를 하고 있었고 어린 애기는 구들에 앉아서 혼자 놀음을 즐기고 있었다.

갑자기 집안에 웬 차가운 바람이 획- 하니 일어났다. 엄마가 얼결에 머리를 들어보니 애기는 간데 온데 없고 창호지를 바른 사립문만 찌걱거리고 있었다. 마당으로 벌떡 뛰쳐나가자 저쪽으로 아이를 입에 물고 가는 호랑이가 대뜸 시선에 잡혔다.

엄마는 허둥지둥 달려가며 갈린 목소리로 냅다 부르짖었다.

"호랑이야! 사람 살리오!"

금세 사립문들이 벌컥벌컥 열리는 소리가 부산하게 들렸다. 누군가 벽에 세워두었던 화승총을 들고 뛰어나왔다. 그는 호랑이가 달아나는 쪽을 향해 제잡담 방아쇠를 당겼다. 쾅! 하고 요란스런 소리는 조용한 밤공기를 마구 뒤흔들었다. 느닷없는 총소리에 놀란 호랑이는 애기를 땅에 떨어뜨리더니 꼬리 빳빳이 어둠속으로 자취를 감췄다.

엄마는 엎어질 듯 달려가서 애기를 가슴에 꼭 품어 안았다. 다행이 애기는 크게 다친 데 없이 무사했다.

훗날 호랑이는 늘 동네어귀까지 와서 어슬렁거렸다. 입에 들어온 먹이를 쉽게 포기하지 않는 게 호랑이의 근성이라고 한다. 그래서 애기 집에서는 나중에 마을을 떠나 멀리 이사를 갔다.

◪ 옛 학교 운동회 장면

훗날 이 애기는 어른으로 성장한 후 일부러 마을에 찾아와서 화승총을 쏘았던 사람에게 인사를 올렸다고 한다.

그때 알려진 바에 따르면 '애기'는 돈화敦化에 이사하여 살고 있었다.

돈화는 백두산 북쪽에 위치하는데 광서光緖 8년(1882) 현縣을 설치하면서 생긴 이름이다. 사서四書 "중용中庸"의 '대덕돈화大德敦化'라는 말에서 따왔으며 "덕으로 다스린다."는 의미를 갖고 있다고 한다. 698년, 대조영大祚榮이 인마를 거느리고 이 고장에 와서 홀한성忽汗城을 세우는데 그 성이 바로 발해국의 첫 도읍으로 된다.

발해인들이 살고 있던 고장이지만 2010년 현재 조선족은 4% 미만인 1만여 명이다. 그나마 한 동네에 몇 가구 끼어 살고 있는 경우가 적지 않다. 정말이지 돈화라는 이 고장은 연변이 옳은가 하고 의심할 정도이다. 그렇잖아도 누군가 우리말을 하면 현지인들은 그에게 "연변에서 왔느냐" 하고 물어보는 경우가 많다고 한다.

그러고 보면 애기는 그야말로 호랑이가 말을 모르고선 도저히 쫓아올 수 없는 오지로 피난을 갔던 것이다.

"저기지요, 호랑이가 애기를 떨어뜨린 자리가 바로 언덕 뒤쪽이라고 합니다."

기천학 씨가 말하는 언덕에는 정자가 있었다. 흡사 초병이 수비하는 망루를 방불케 했다. 마을을 호시탐탐 노리는 호랑이를 멀리서 발견할 수 있도록 일부러 만든 것 같았다. 실은 마을 전경과 강 건너 쪽의 이국 풍경을 구경하기 위해 일부러 만든 전망대라고 한다.

전망대는 민속마을인 '백년마을'의 일부였다. 기천학 씨는 바로 이 '백년마을'에서 일하고 있었다.

'백년마을'은 팔간 조선주택을 둘러싸고 재현한 옛 시골마을의 정경이다. 중국에 현존하는 전통적인 팔간 조선주택은 백룡촌의 이 가옥이 유일하다고 한다.

예전에 간민들은 대부분 서발 막대기 휘둘러도 거칠 게 없는 가난한 살림이었다. 팔간 집이 아니라 큰집을 지을 여력이 없었다. 더구나 여차하면 떠날 생각을 하고 있었기 때문에 아예 큰집이 필요 없었을지 모른다. 대개 방과 정주간, 부엌이 함께 달린 초가삼간이면 만족했던 것이다.

간혹 누군가 돈을 모아 팔간 주택을 지으려고 해도 말처럼 쉬운 게 아니었다. 거목의 소나무가 필요했지만 그 무렵 연변지역의 산에는 재목으로 쓸 만한 소나무가 그리 없었기 때문이다.

'백년마을' 팔간 주택의 주인도 수백 리 밖의 백두산에서 홍송紅松을 뗏목으로 날라 왔다고 한다.

그때가 바로 1877년경이라고 백년마을의 뜰에 세운 비석에 기록되어 있었다. 조선의 박씨 성의 상인이 이 주택의 주인이었다고 한다. 그는 또 두만강 대안에서 청기와를 배로 실어왔으며 꼬박 3년 동안의 시간을 들여 집을 지었다고 한다. 으리으리한 팔간 기와집은 미구에 마을 안팎을 들썩하게 한다.

8·15 광복 후 상인은 청산을 당할까 두려워 다시 두만강을 건너갔다고 한다. 얼마 전 김씨 성의 촌민이 피폐해진 이 주택을 보수하고 옛 우물을 팠으며 물방아를 세우고 연자방아를 놓아 민속마을 '백년마을'을 만들었던 것이다.

방불히 하늘에 걸린 듯한 용마루와 금세 날아 갈듯 건뜻 들린 추녀…… 고풍스런 백년의 조선주택은 말 그대로 웅크리고 있는 천 년의 용을 방불케 한다. 옛 우물에 잠적했다는 백룡이 다시 현신한 게 아닐까 하는 생각이 갈마든다.

그러나 백룡은 비늘조차 보이지 않고 호랑이는 포효소리도 들리지 않았다. '백년마을'은 마을에서 실물로 만날 수 있는 마지막 전설이었다.

훈춘편

붉은 기가 나부끼던

홍기하

🔼 마을 어귀의 바위에 중국조선족의 퉁소의 고향이라는 글이 새겨져 있다.

화살에 뚫린
밀강의 퉁소

정말이지 밀강密江에 가서 퉁소가 무엇인지 모른다고 하면 자칫 바보취급을 받기 십상이다. 연변에서 밀강이라고 하면 대뜸 퉁소를 떠올릴 정도로 밀강이라는 이 지명 자체가 퉁소의 대명사로 되고 있기 때문이다.

1990년대 밀강에서 열린 100인의 합주공연은 퉁소 연주의 역사에서 전대미문의 희한한 광경을 연출했다.

퉁소는 굵은 대나무에 구멍을 뚫어 세로 부는 악기인데 위아래가 관통해 있다고 해서 붙여진 이름이다. 진한秦漢 시기, 대륙 오지의 사천四川과 감숙甘肅 일대의 강족羌族에 의해 발명되었고 삼국시기 한반도에 정착한 것으로 알려지고 있다.

그게 다시 강을 건너 밀강에 전해 진 것은 1930년 무렵이었다.

밀강의 제2대 퉁소 전승인 김관순(80세) 옹은 그때 한신권이라고 하는

▲ 김관순 옹이 인터뷰 도중 퉁소를 불고 있다.

농부가 괴나리봇짐에 북 하나와 퉁소 하나를 넣어갖고 함경북도에서 두만강을 건너왔다고 말한다.

"한아바이는 퉁소를 손에 놓지 않고 있었지요. 그래서 마을에서 늘 퉁소를 부는 소리를 들을 수 있었지요."

'아바이'는 늙은이의 방언이다. 한신권은 밀강에 올 때 벌써 50대의 중턱에 올라서고 있었다. 그는 집에서 숟가락을 놓자마자 퉁소를 집어 들었고 밭에서 호미를 놓기 바삐 또 퉁소를 입에 물었다. 퉁소는 한신권의 다른 하나의 분신分身이나 다름없었다.

퉁소는 뭔가 애타게 호소하는 듯 듣는 사람들의 마음을 긁었다. 달이 휘영청 뜨는 밤이면 퉁소소리는 더구나 애절하게 들렸다. 온몸이 떨리고 흔들리는 슬픈 가락은 이주민들의 망향의 역사 그 자체였다.

퉁소는 항상 춤과 하나로 어우러졌다. 퉁소 소리가 울리면 구경꾼들은 제멋에 겨워 바가지를 물 대야에 엎어놓고 두드리면서 춤판을 한마당 벌렸다.

한신권은 나중에 '한퉁소'라로 불렸다. '한퉁소'라고 말하면 인근에서 모르는 사람이 없을 정도였다. 그는 늘 이웃마을의 풍각쟁이와 함께 3인 악기연주를 조직하고 동네방네의 생일과 결혼, 회갑 잔치를 흥성하게 만들었다.

놀이마당의 구경꾼들 속에는 언제나 어린 김관순 씨가 끼어 있었다.

할아버지의 대통 같은 대나무에서 그토록 마음을 울리는 오묘한 소리가 흘러나오는 게 진짜 귀신의 조화 같았다. 그는 틈만 있으면 한신권의 퉁소를 보물처럼 만지작거렸고 또 남몰래 퉁소에 작은 입을 대고 힘껏 불어보기도 했다.

한신권은 그러는 김관순이 기특해서 퉁소를 가르쳤다. 밀강 제2대의 퉁소 전승인은 나중에 김관순 씨 등 열대여섯의 군체를 이뤘다.

그때 퉁소 하나의 가격은 9.80위안이나 되었다. 계란 한 알이 고작 0.07위안 정도 할 때였으니 시골의 코흘리개에게 실로 아름찬 가격이었다. 김관순 옹은 강가에서 속이 빈 풀대를 베어 자작 '퉁소'를 만들었다고 한다. 소리는 곱게 나지 않았지만 제법 퉁소를 부는 모양을 흉내 낼 수 있었다.

몇 년 후 김관순 옹은 여름 내내 물고기를 잡아 팔아서 모은 돈으로 마침내 진짜배기 퉁소를 산다.

그 무렵 밀강의 밤하늘에는 두만강의 출렁이는 물소리와 함께 퉁소소리가 그칠 줄 몰랐다. 애절한 가락에는 퉁소 연주인의 기쁨과 슬픔, 즐거움과 회한이 그대로 담겨있었다.

김관순 옹은 인터뷰 도중에 농궤 위에 얹어놓았던 퉁소를 습관처럼 집어 들었다. 불그레한 색깔의 퉁소에는 당금 기름이 묻어날 듯 윤기가 반들반들했다.

"농부일생은 무한無閑이라네
춘경추수는 년년年年이로세.

허널릴리 허널릴리 상사디야.
......"

　민가 <농부가>의 가락이었다. 악보를 볼 줄 몰라 귀로 듣고 익혔다고 한다. 이처럼 퉁소로 불 수 있는 음악이 대충 수십 곡이 된다고 하니 놀래지 않을 수 없었다. 퉁소음악이 쉽게 마을에 보급될 수 있었던 원인의 하나였다. 퉁소음악은 1992년부터 민속촌을 건설하면서 일약 밀강의 명물로 떠올랐으며 나중에 국가 문화재로 등재되었다.

　사실 밀강은 이에 앞서 퉁소 아닌 화살 때문에 소문을 자자하게 놓고 있던 고장이다.

　밀강은 일찍 발해국 시기에 고분 등 인간의 족적을 남기고 있으며 금나라 시기에는 촌락을 이루고 있었다. "금사金史"의 기록에 따르면 그때 밀강에 오탑성烏塔城이 있었다. 명나라 때는 밀점위密占衛가 있었으며 청나라 때는 밀점카룬密占卡論이 있었다. 위衛는 명나라 때 요충지에 설치한 군영의 이름이고 카룬卡論은 감시초소를 이르던 말이다.

　"길림통지吉林統志"에 따르면 밀점密占은 만주족말로 'majan' 즉 긴 화살이나 큰 화살이라는 의미이다. 이 고장에 탄성이 좋고 또 활이나 화살을 만들기 좋은 나무가 자란다고 해서 지은 이름이라고 한다. 밀강密江은 밀점密占의 전음이다. 마을 동쪽에서 밀강에 흘러드는 강은 밀강의 지류라는 의미의 간밀강하干密江河라고 불린다. 예전에 도문에서 훈춘으로 통하는 길은 바로 이 간밀강하 기슭에 있었다고 한다.

　간밀강하는 동양촌東陽村 부근에서 밀강과 합류한다. 동양촌은 청나라 광서(光緒, 1875~1908) 연간 형성, 해를 향한 밀강 동쪽의 마을이라는 의미이다.

밀강 기슭에는 떡갈나무가 유난히 많다. 그렇다고 떡갈나무로 활과 화살을 만들었을 가능성은 적다. 그래서 밀강을 긴 화살처럼 곧고 미끈하게 뻗은 강이라는 뜻이라고 주장하는 설도 있다.

지명 이야기를 화제에 올리자 김관순 옹은 조금 의아쩍다는 표정을 지었다. "밀강은 강이 많다고 해서 부르는 이름이 아닌가요?"

밀강은 북쪽의 마반산(磨盤山)에서 발원하여 남쪽으로 두만강에 흘러드는 강이다. 백리 너머 되는 이 강은 도중에 20여 개의 골짜기를 지나는데 골짜기마다 물이 흘러내려 한데 합류하고 있단다. 이렇듯 강이 빼곡하게 밀집되었다고 해서 밀강(密江)이라고 불린다는 것이다.

밀강을 중국말의 지명에 따라 그대로 뜻풀이를 했지만 지형으로 보아서 제법 그럴 듯한 해석이다.

정작 중국말로 만들어진 이름은 '회암하(回岩河)', 상류에서 바위의 봉우리를 감돌아 흐른다고 민국(民國, 1912~1949) 초년에 지은 이름이라고 한다. 그 전에는 밀점하(密占河) 혹은 점밀하(占米河), 마전하(瑪展河)로 불렸다. 1945년 경, 이 강이 마을을 흘러 지난다고 해서 마을 이름을 따서 밀강(密江)이라고 작명했으며 그 이름이 그냥 지명으로 고착되었던 것이다.

그러나 김관순 옹은 지명지의 이런 기록은 처음 듣는 이야기라고 한다.

하긴 만주족은 그들에게 벌써 청나라 때나 있었을 법한 먼 옛말 속의 민족으로 되고 있었던 것이다.

⬆ 간민들이 밀강 일대에서 개척한 논

민국 6년(1917) 밀강 지역에 3사三社가 설립되었다. 공교롭게 이중에는 환인사桓仁社와 회인사懷仁社가 있었다. 환인桓仁은 서쪽의 요녕성遼寧省에도 있으며 고구려의 환도桓都와 발해국의 환주桓州에서 유래된 이름이다. 원래 회인懷仁이라고 불리다가 남부에 동명의 지명이 있다고 해서 환인이라고 개명했다.

하필이면 밀강 3사의 이름을 그렇게 지었는지는 몰라도 2백년의 봉금封禁이 끝난 후 밀강은 진짜 조선인마을로 등장하고 있었다.

민국 초기, 김관순 옹의 부친도 강을 건넌 후 이곳에 선선히 이삿짐을 내려놓았다. 밀강은 중국말 이름처럼 강이 많았고 또 푸른 강과 푸른 산이 한데 어우러져 그림 같은 지상낙원을 방불케 하고 있었던 것이다.

정말로 밀강은 먹고 입고 자는데 별로 불편이 없었던 것 같다. 마침 의식주 문제를 안심할 수 있다는 의미의 지명 '삼안동三安洞'이 있기 때문이다. 처음에는 만주족의 태邰 씨 성이 자리를 잡았다고 해서 '태가장邰家庄'이라고 불렸으며 그때 가옥들이 누추하다고 해서 말을 매어두는 움막집이라는 의미의 '마가자馬架子'로 불렸다고 한다. 민국(民國, 1912~1949) 연간 조선인들이 살면서 삼안동이라는 지명이 와전되어 우리말로 '사만동四萬洞'으로 불리기도 했다. 만주국시기에는 상, 중, 하 세 골짜기의 주민이 모두 이곳에 강제 이주되어 집단마을을 형성했다. 삼안동은 1983년 다시 찾은 이름이다.

그맘때 밀강 지역에는 843가구의 3,373명이 살고 있었는데 조선족이 대부분이었다.

도시 진출의 바람은 드디어 심산벽지에도 찾아왔다. 현재 호적에 등록된 가구와 실제 살고 있는 가구는 천양지차이다. 정확한 가구 숫자는 수장인 향장鄉長도 밀강이라는 지명처럼 헷갈릴 지경이라고 한다.

여하튼 공동화의 현상은 더는 다른 동네의 이야기가 아니었다.

다른 건 제쳐놓고서라도 불과 2년 전까지 밀강에는 소학교와 중학교가 있었다고 한다. 저녁에 방과를 알리는 종소리가 울리면 학생들이 물밀 듯 교문을 나섰다. 그러나 학생들은 해마다 갈수기의 밀강처럼 줄어들어 나중에 열대여섯밖에 남지 않았다. 학생보다 교원이 많았으니 말 그대로 '박사'를 양성하는 학원으로 둔갑한 셈이었다.

"지금은 퉁소를 전승하려고 해도 사람이 없어요." 김관순 옹은 개탄하듯 이렇게 한숨을 길게 뽑았다.

그의 말에 따르면 밀강의 퉁소 전승인은 지금까지 제5대에 이른다고 한다. 그러나 밀강촌만 아니라 다른 마을에서도 희망자들에게 퉁소를 가르치고 있지만 행사 때면 기껏해야 40명 정도의 퉁소 연주인을 모을 수 있을 뿐이라고 한다.

밀강 100인의 퉁소 연주는 벌써 옛날에 있었던 일이었다. 퉁소는 그냥 노랫가락처럼 허공에 흩어지고 있는 것이다. 밀강이라는 이름에 꽂혀 있는 옛 화살이 천년의 세월을 가로질러 가슴을 펑 하니 뚫는 것 같았다.

붉은 기가 나부끼던 홍기하

"들어보니 '꼬리'라는 의미라고 하던데요. 그게 정말인가요?"

"……"

솔직히 앞뒤가 없는 그의 질문에 잠깐 할 말을 잊었다.

박초란 씨는 훈춘에서 꽤나 인기 있는 여류작가였다. 지명 '훈춘珲春'은 실제로 '꼬리'라는 의미이라고 어느 모임에서 피뜩 귀동냥을 했다고 한다. 무언가 이상한 이 이야기는 발설자가 그처럼 소설가인지는 몰라도 지어 만든 허구의 소설은 아니다.

훈춘이 '꼬리'라는 이 이름은 만주족말에서 기인되었다고 현지 언어학자들이 주장하고 있다. 만주족말로 '꼬리'는 'ｕｎｃｅｈｅｎ'이며 그걸 중국말로 옮기면서 '훈춘'으로 되었다는 것이다.

또 『일본통지日本統志』, 『금현역명今縣譯名』, 『길림통지吉林統志』, 『길림외기

吉林外記』 등 문헌은 훈춘이 훈춘하珲春河의 이름을 빌어서 생긴 지명이라고 기록하고 있다.

훈춘하의 이름은 『금사金史』에 처음으로 등장한다. 이 기록에 "훈준수珲蠢水와 통문수統門水의 합수목에 우구룬부烏古論部가 있으니……"라는 글귀가 있다. 통문수는 금나라 때 두만강을 이르던 말이며 우구룬부는 옛날 두만강 하류지역에서 살던 여진족의 부족이다. 훈준수珲蠢水는 바로 훈춘하珲春河이며 훈준珲蠢이 훈춘珲春으로 전음된 것이다.

마침 현성은 훈춘하의 기슭에 있으니 훈춘하의 이름을 빌었다는 해석이 그럴 법 하며 훈춘하의 하류에 있으니 '꼬리'라는 의미도 톱니처럼 절묘하게 맞아떨어진다. 공교롭게 훈춘은 또 연변 동쪽의 맨 끝부분에 위치한다.

그럴지라도 이와 전혀 다른 설이 있다. 『명사明史』의 기록에 따르면 "훈춘은 여진어女眞語에서 기인되었으며 '변강지역의 땅', '국경에 가까운 지대', '가까운 변방'이라는 의미"라고 한다. 또 민간에서는 훈춘이 실은 '흐린 봄'이라는 의미의 '혼춘渾(混)春'에서 생긴 지명이라고 전한다. 훈춘은 훈춘강과 두만강 기슭에 위치하고 있어서 아침안개가 유별나게 많았기 때문이다. 더구나 봄과 여름이 바뀔 때면 아침안개가 자오록이 피어오르다가 점심나절에야 차츰 흩어진다고 한다.

마치 시냇물이 흘러서 한 곬에 모이듯 한다. 그 무슨 발음이나 의미이든지 막론하고 이런저런 설은 나중에 '훈춘珲春'이라는 이 두 중국글자로 고착되고 있는 것이다.

사실 훈춘에는 또 다른 지명이 하나 있다. 일명 '대팔툰大八屯', 여덟 개의 큰 마을이라는 의미이다. 이상하게 지명 전면조사를 하던 1980년대 이 마을 이름은 벌써 그 어디에서도 찾을 수 없었으며 현지 고희古稀의 노인들도 이 이름을 들은 적 없었다고 한다. 그래서 지명 '팔대툰八大屯'의 와전일 가능성이 높다는 이야기가 등장했다. 팔대툰은 현성에서 동쪽으로 15리 상거, 강희(康熙, 1661~1722) 연간 목穆씨 등 만주족의 여덟 성씨가 이곳에 살면서 촌락을 형성했다고 해서 생긴 이름이다. 팔대툰 마을은 8·15 광복 후 승리촌勝利村으로 개명하였다.

🔼 중국 제일 동쪽 국경에 있는 국경팻말 토자패

🔼 중국과 러시아, 조선 삼국접경지역

　아무튼 '대팔툰'이라는 이 지명이 정말로 있었다면 벌써 다른 촌락에 말끔히 묻혔을 수 있다는 주장이 우세하다.
　그도 그럴 것이 훈춘 지역은 신석기 시대부터 마을이 있었던 오랜 고장이기 때문이다. 근대 고고학 발견에 의하면 4천 년 동안 훈춘에서 촌락이 연속부절히 나타났다. 아직 여기저기에 적지 않은 옛 성터와 고분 등 유적이 남아서 천 년 전의 옛 기억을 일부나마 전하고 있다. 그러나 조대의 교체, 국토의 변경에 따라 주민들의 이주가 빈번했으며 또 문자 기재가 적기 때문에 예전의 대부분의 마을과 역사는 고증하기 힘들다.
　청나라가 만주 땅을 통일하고 산해관山海關 남쪽으로 진출한 후 훈춘 지역은 '봉금封禁'을 실시, '남황위장南荒圍場'으로 불린다. 일찍 금나라 때부터 이 지역에서 살고 있던 대량의 만주족이 서쪽으로 이주하며 이에 따라 여기저기 산재하던 촌락들이 눈자리 나게 줄어들었다. 그 후 청나라는 차르러시아의 세력 확장을 막기 위해 변강건설을 강화했다. 강희康熙 53년(1714), 훈춘에 협령아문協領衙門을 설치하고 기(旗, 군대를 이르는 말)를 편성하며 다시 촌락을 만들었다.

이때 북쪽의 녕고탑寧古塔에서 안초랍安初拉, 소와안蘇瓦顏 등 성씨가 이주, 현지에 남아있던 토착 만주족들과 함께 마을을 세운다. 건륭乾隆 17년(1752)과 23년(1758), 수천 리 밖의 신강新疆 등 지역에서 만주족이 대거 이주하였다. 그리하여 함풍(咸豊,1851~1861) 말년에 이르러 경내의 촌락은 무려 80여 개나 되었다.

얼마 오래지 아니하여 강 건너 조선인들이 모습을 드러내기 시작한다. 동치(同治,1861~ 1875) 연간부터 조선인들은 훈춘 지역으로 대량으로 이주했다. 다른 지역과 달리 훈춘의 금전판은 또 이민들에게 색다른 유혹을 던지고 있었다. 일설에 '금金'이라는 국호는 바로 옛날 여진인이 훈춘을 포함한 백두산 일대에 금이 많이 난다고 해서 지은 이름이라고 한다. 광서(光緒, 1875~ 1908) 연간 조선인이 처음으로 훈춘 태평구太平溝에서 사금광을 발견했으며 그 후 이 일대에는 금을 캐는 사람들이 많았다. 심지어 관방에서는 중국인과 조선인 금점꾼 3백여 명을 모집하여 금광을 꾸리고 금을 캤다. 금전꾼들은 땅을 뙈기로 떼어 굴을 파고 주변에 흙더미를 쌓았으며 그 위에 붉은 기를 꽂아놓았다. 이것으로 그가 이 땅의 임자임을 표시했던 것이다. 훈춘하 기슭에는 도처에 붉은 기가 나부끼었다. 그래서 한때 훈춘하를 '홍기하紅旗河'로 불렀다고 한다.

광서 말년, 훈춘 지역의 촌락은 벌써 250여 개에 달했으며 민국民國 20년(1931)에는 무려 320개에 달했다. 현존하는 마을과 마을 이름, 자연지리 실체의 이름은 대부분 이때 형성되었던 것이다.

잠깐, 조선인 간민의 이주경로는 사뭇 다른 데가 있다. 1907년 관방의 조사 자료에 의하면 당시 훈춘 경내의 조선인 간민 가운데서 10분의 2는 러시아의 연해주에서 이주했다고 한다. 일명 '곡선이민曲線移民'이었다. 간민들은 길을 에돌아서 멀리 연해주로 갔다가 다시 간도로 들어왔던 것이다. 청나라의 살벌한 '봉금정책'이 두만강을 철조망처럼 가로막고 있었기 때문이었다.

🔼 훈춘 시내 남쪽에 있는 용호석각 석각 동쪽에 옛 부두가 있었다고 한다.

🔼 훈춘의 옛 자전거 수리점

봉금정책이 봄날의 얼음처럼 풀리자 박초란 씨의 조부도 고향 함경북도를 떠나 두만강을 건넜다고 한다.

"할아버지는 아버지가 어릴 때 세상을 떴다고 하지요. 그래서 첫 정착지가 어딘지는 잘 몰라요."

그러나 이민 2세인 부친의 고향은 손바닥의 금처럼 분명했다. 초평草坪이라고 하는 마을이었다. 이민 3세인 박초란 씨도 이 초평에서 나서 자랐다고 한다.

기왕에 '꼬리'라는 말이 나왔으니 망정이지 초평은 마침 훈춘의 동쪽 '꼬리' 부분에 해당한다. 초평은 청나라 말의 마을로 풀이 무성한 저습지에 위치한다고 해서 생긴 지명이다. 부근에는 천 년 전의 옛 산성과 평지성이 있다. 간민들은 선인들이 살던 옛 고장을 다시 그들의 주거지로 선택했던 것이다.

마을의 동쪽 숲 지대를 훈춘하가 흘러 지나고 있었다. 옛날 강 양안에는 단풍나무가 빼곡했으며 봄과 가을이면 빨간 단풍잎이 강을 붉게 물들였다고 한다. 그래서 훈춘하는 또 붉은 색의 강이라는 의미의 '홍계하紅溪河'로 불리기도 했단다.

단풍나무가 그처럼 많았는지는 몰라도 선박은 진짜 강기슭에 수풀을 이루고 있었다.

그때 훈춘하의 하류는 수심이 깊었고 물살이 셌다고 전한다. 두만강의 물 흐름을 거슬러 바다의 연어가 현성 부근의 훈춘하까지 올라왔다. "훈춘현지琿春縣志"의 기재에 따르면 청나라 말 민국 초기부터 현성에 부두를 세웠다고 한다. 1926년 훈춘에는 선박이 60척 있었으며 평균 탑재량이

15톤 이상에 달했다. 『만주연감滿洲年鑒』(1933)의 기록에 따르면 훈춘하의 부두를 출입한 각종 선박은 1929년에 1,469척이었으며 1930년에는 847척, 1931년에는 1,394척에 달했다. 선박은 현성 남쪽의 훈춘하 부두에서 출항하여 두만강에 들어선 후 나중에 '토자패' 국경비석을 지나 동해 바다에 들어갔는데, 서남쪽으로는 조선의 청진에 이르렀고 동북쪽으로는 러시아의 해삼위에 이르렀다.

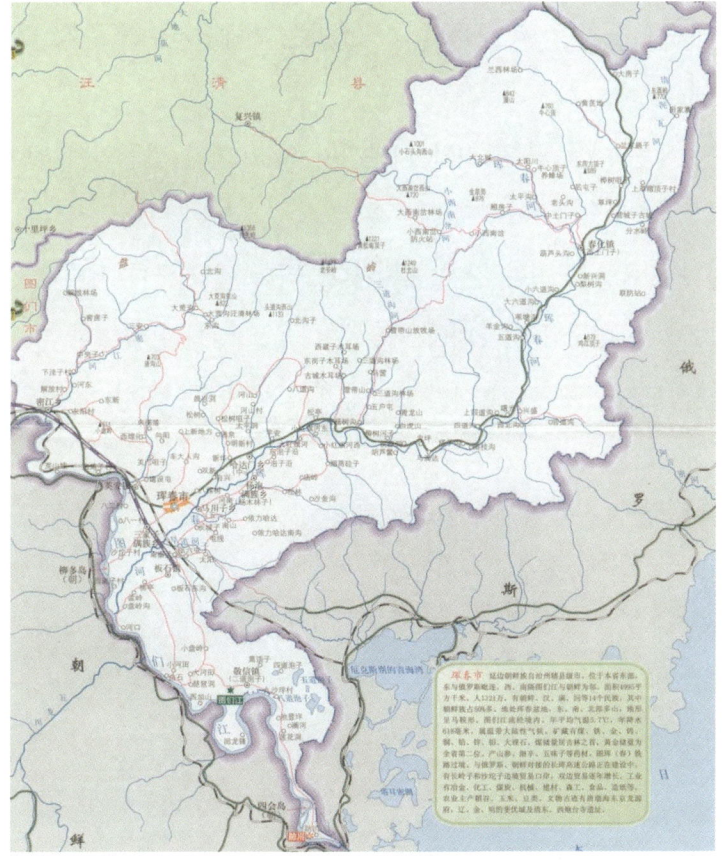

🔹 훈춘 지도

이때 훈춘은 엄연히 국제상업도시로서 인구가 밀집하고 상가가 즐비했다. 번창한 그 규모는 당시 길림성 소재지였던 길시吉林市의 버금에 갔다. 이름이 '꼬리'이지 실은 꼬리 아닌 '머리통'으로 변신하고 있었던 것이다.

그러나 1931년 '9·18' 사변 이후 두만강의 선박운수가 중지되었고 또 1938년 '장고봉사건' 이후 두만강 항로가 전면 폐쇄되었다. 그 후 이런저런 원인으로 두만강의 출해권은 아직까지 회복되지 않고 있다. 현성의 바로 남쪽에 울리던 옛 부두의 파도소리는 언제인가부터 종적 없이 사라졌다.

훈춘하에는 더는 붉은 기가 나부끼지 않고 빨간 단풍잎이 떨어지지 않는다.

흙먼지가 풀풀 날리는 강기슭을 거니노라니 웬 시구가 차디찬 강바람에 날려 와서 더구나 나그네의 애달픈 마음을 잡아 흔들었다.

『훈춘향토지珲春鄕土志』에 실린 시 "홍계하의 저녁"이었다.

"옅은 노을이 홍계하에 비낄 제
구경꾼들이 강기슭에 실북 나들듯 하네.
솔솔 부는 바람에 돛 그림자가 춤추듯 하고
파도에 둘린 섬은 정원을 방불케 하네.
……"

강남에 있었던 강북마을

최봉해 옹은 일찍 1920년대 두만강 기슭에 탯줄을 묻었다. 그러나 그의 고향은 조부나 부친처럼 강남의 함경도 경원이 아니었다. 그는 강북의 훈춘 서위자西崴子에서 태어난 이민 2세였다.

청나라 말, 조부가 일가족을 인솔하여 바로 두만강 기슭의 서위자西崴子에 이삿짐을 내려놓았다고 한다.

"강을 건너자마자 땅이 기름진 이 고장이 마음에 들었던 모양입니다."

서위자는 가경(嘉慶, 1796~1820) 초년에 형성, 훈춘에서 비교적 일찍 생긴 마을이다. 훈춘하와 두만강이 합류하는 강어귀의 충적평원에 위치한다고 해서 강굽이라는 의미의 '외자崴子'라고 불렸으며 또 훈춘 시가지의 서쪽에 위치한다고 해서 방위 서쪽이라는 의미를 덧붙여 '서위자'라고 이름을 지었다고 한다.

▲ 1970년대 마을 앞 논에서 도랑을 치고 있는 최봉해 전 촌장.

▲ 1950년대 초 서위자 농부들이 전력 탈곡기를 사용하던 모습.

『훈춘부도통아문문서珲春副都統衙門檔案』의 기록에 따르면 서위자에는 "광서光緒 9년(1883), 군대용 땅이 611정보 남짓했으며 그중 협령協領과 좌령佐領이 각기 60정보의 땅을 갖고 있었다." 관아의 두 수장과 수하 군대가 모두 이곳에 땅을 갖고 있었으니 누구라도 욕심을 낼만큼 꽤나 기름진 옥토였던 게 분명하다.

그래서인지 부근에는 적지 않은 마을이 서위자와 가지런히 나타나고 있었다. 와중에는 '협신자夾信子'라는 마을 이름이 사뭇 이색적이다. 통상 신자信子는 '뱀의 혀'를 이르는 말이니 이름 그대로 해석하면 뱀의 혀가 뭔가에 끼웠다는 의미가 되기 때문이다. 실은 만주족말로 '좁다'는 의미로 쿠크나하庫克納河와 훈춘하 사이의 좁은 곳에 있는 마을이라고 해서 지은 지명이라고 한다.

그리고 보면 마을은 그 이름이 만주족말이든 중국말이든 정말로 강 사이에 집게처럼 끼운 모양새로 되고 있었다.

각설하고, 쿠크나하는 만주족말로 '후릿그물'을 이르는 말로 그물을 쳐서 고기를 잡는 강이라는 의미이다. 쿠크나하는 서위자와 이웃한 전타자前坨子 부근에서 훈춘하와 합류한다. 전타자는 본래 통칭 서위자로 불리다가 1981년 지명 전면조사를 할 때 마을위치가 흙더미 위에 있고 또 사타자沙坨子의 남쪽이라고 해서 개명한 이름이다. 사타자는 이름 그대로 '모래더미'를 방불케 한다고 해서 지은 이름이다.

사실은 훈춘하는 무려 180km나 되지만 쿠크나하는 고작 12km에 불과하니 본래 이들을 비교하는 자체가 어리석다. 그런데 기어이 훈춘하를 한쪽에 밀어놓고 쿠크나하를 지상 표시물로 삼은 마을이 있다. 쿠크나하

남쪽에 있다고 해서 '하남河南'이라고 부르는 마을이다. 강희 53년(1714), 훈춘에 협령아문協領衙門을 설치할 때 만주족 사람들이 이곳에 거주했다고 한다. 이 고장에서 제일 먼저 나타난 마을인 것이다. 하남은 처음에 역시 두 강 사이에 끼워있는 마을이라고 해서 '협신자夾信子'라고 불리다가 지명 전면조사를 할 때 중복을 피해 새롭게 지은 이름이다. 아무튼 훈춘하 북쪽 마을이라는 의미의 북촌이라고 하지 않고 쿠크나하 남쪽 마을이라는 의미의 하남이라고 부르는 게 억지감이 들기까지 한다.

공교롭게 분명 강남에 있는 마을임에도 불구하고 기어이 '강북'이라고 부르는 마을이 있었다고 한다.

예전에 최봉해 옹은 이 강북마을의 사람들을 이런저런 일로 자주 만날 수 있었다고 한다. 1950년경 그는 서위자가 아닌 북쪽의 고려성高麗城 마을에서 촌간부로 있었던 것이다.

얘기가 잠깐 다른 곳으로 흐르게 된다. 최봉해 옹은 아홉 살 때 부모를 따라 서위자와 북쪽으로 몇 십리 상거한 이화촌里化村으로 이사했다. 이화촌은 광서(光緖, 1875~1908) 말년 생긴 마을이다. 동네어귀에는 오랜 배나무가 있었으며 이 때문에 '배꽃마을'이라는 의미의 이화촌梨花村이라고 작명했다고 한다. 만주국 시기 배꽃과 발음이 비슷한 이화里化라고 개명했던 것이다.

1947년, 20대의 최봉해 옹은 이화촌 간부의 신분으로 토지개혁에 참가하였다. 토지개혁은 연변지역에서 1946년 7월부터 1948년 4월까지 약 2년 동안 진행, 농민들에게 땅을 나눠줌으로써 농촌의 봉건착취제도를 뒤엎은 운동이다. 이로써 농민들은 공산당을 굳게 믿게 되었으며 힘들게 얻은 터전을 지키기 위해 발 벗고 전선지원에 나선다.

이때 중공은 국민당과 제3차 국내혁명전쟁(일명 국공내전, 1945.8~1949.9)을 벌이고 있었다. 해당 문헌기록에 따르면 1946년부터 1948년까지 연변지역에서 52,000여 명의 청년이 참군, 이중 조선족이 85%를 차지했다. 또 담가 3720개, 우마차 19,000대가 지원되었으며 전선지원자가 302,300명에 달했다고 한다.

최봉해 옹도 1948년 1월 담가대의 일원으로 그 무렵 진행되었던 사평전역四平戰役에 참가한다. 사평은 길림성과 요녕성 접경지역의 도시이다. 이곳에서 1946년 3월~1948년 3월, 동북민주연군(중공군)이 국민당군대의 진공에 맞서 반복적인 쟁탈전을 벌였던 것이다. 교전 쌍방은 선후로 40만 명의 병력을 동원하였다.

🔼 땅을 분배 받은 백의동포들은 앞다투어 인민해방군에 참군했다.

이때 최봉해 옹이 인솔자의 한사람으로 있었던 담가대는 큰 공을 세워 표창기表彰旗를 받았다. 이런 실적에 힘을 입어 최봉해 옹은 고향으로 돌아온 후 중국공산당에 가입하며 마을의 공안위원公安委員으로 일하게 된다. 그러다가 1950년 4월 고려성 대대(大隊, 촌)에 이사를 하게 되었던 것이다.

　고려성 대대는 청나라 말 민국 초기 생긴 마을이다. 실은 일찍이 천년 전의 발해시기에 벌써 인간이 집단적으로 거주하고 있었다. 마을 북쪽에는 발해국의 도읍 동경용원부東京龍原府가 있었던 팔련성八連城이 있으며 남쪽에는 온특혁부성溫特赫部城과 비우성斐優城 고성 유적지가 있다. 고성은 옛날 발해인들이 살던 성곽이라고 해서 고려성으로 불렸으며 부근 마을도 이 이름을 따서 고려성 마을이라고 불렸던 것이다.

　최봉해 옹은 선후로 마을의 공산주의청년단(중공 하부조직) 서기, 선전위원, 촌주임(촌장), 정치대장 등 여러 직무를 맡는다. 정치대장이라고 하면 생경한 이름이 아닐까 모르겠다. 예전에 마을의 수장은 노동대장, 정치대장, 부녀대장 등으로 나뉘었다. 노동대장은 농업생산, 정치대장은 정치업무, 부녀대장은 여성들의 일을 관장하는 직무였다.

　최봉해 옹은 촌간부로 있으면서 향 소재지인 삼가자三家子로 제집 나들듯 출입하게 되었다. 그러면서 강북마을 사람들과 무릎을 맞대고 이야기를 나눌 기회를 자주 가졌던 것이다. 강북마을 역시 삼가자향 소속의 대대大隊였다.

　"지금도 강북마을이라고 하면 우리 고장에서 모르는 노인들이 없지요."

일설에 옛날 두만강은 마을 남쪽으로 흘렀으며 강북마을이라는 이름은 그래서 생겼다고 한다. 어쨌거나 마을은 남쪽 기슭과 잇닿아 명색만 강북이지 사실은 저쪽 북한의 땅이나 다름없었다.

강북마을 사람들은 배를 타고 나들이를 했다. 섬사람들이나 다름없었다.

1962년 백두산 및 천지 분할, 압록강과 두만강의 사이섬 귀속을 정한 "중조변계협약"에서 강북마을은 북한 땅으로 낙착되었으며 주민들의 일부는 중국 국적을 선택, 훈춘 여러 지역으로 분산 이주했다.

아이러니하게도 한때 이 일은 연변의 초대 주장이었던 주덕해의 죄장으로 되었다. 그가 언감 생감 강북마을을 북한에 떼서 줬다는 것이었다. 진짜 소가 웃다 꾸러미 터질 일이었다. 주덕해가 일개 자치주의 주장이 아니라 중국의 외교부장이라면 모를까.

이때 최봉해 옹은 철새처럼 또 자리를 뜨고 영풍촌永豊村에서 살고 있었다. 영풍촌은 1960년 고려성마을에서 분가한 조선족마을이다. 이처럼 조선족들이 한꺼번에 비운 자리가 너무 컸던지 모른다. 고려성마을은 뒤미처 고려라는 성씨를 버리고 그저 옛 성곽이라는 의미의 '고성촌古城村'이라고 불리게 된다.

참말로 이 고장의 '특산물'이 아닐까 한다. 새 마을 영풍도 이름을 여러 번 바꾸는 곡절을 겪었다. 처음에는 새로 나타났다는 의미의 '신생新生'이라고 작명했다고 한다.

"다들 이름이 나쁘다고 했지요. 죄를 짓고 교화를 받는 장소 같지 않습니까."

이 때문에 새로 생긴 마을이라는 의미의 '신성新成'이라고 개명했다고 한다. 이 신성은 새 성곽이라는 의미의 '신성新城'과 동음이었으며 마침 남쪽에 고성이 있었기 때문에 더구나 새 성곽이라는 오해를 만들고 있었다. 그래서 이번에는 영원히 풍작을 거둔다는 의미의 '영풍永豊'이라고 개명했던 것이다.

곡절을 겪은 이 이름이 하도 좋은 덕분인지 몰랐다. 마을은 늘 풍작을 거뒀다. 그런데 수십 년 후 난데없는 '흉작'이 들이닥칠 줄은 천만 뜻밖이었다. 전성기에 무려 200여 가구의 800여 명 인구를 자랑하던 영풍마을은 20년 전부터 인구가 눈자리 나게 줄어들고 있단다.

"한 소대(小隊, 촌민소조)에 겨우 스물이나 서른 정도 살고 있지요."

실제 놀랄 일은 그 뒤에 있었다. 최봉해 옹이 얘기하는 건 가구 숫자가 아니라 사람 숫자였기 때문이었다. 예전에 마을에 있던 조선족소학교는 학생내원의 고갈로 벌써 6, 7년 전에 폐교했다고 한다.

불현듯 웬 마을이 눈앞에 떠올라 언뜻거렸다. 예전에 강남에 있었다는 강북마을이었다. 정말이지 옛말에나 나올 법한 유령마을의 이야기를 듣고 있는 것 같았다. 이러다간 최봉해 옹이 생전에 또 다른 고장으로 이사를 하게 되지 않을까 싶었다.

용두레우물과 포대 그리고 장성

마을 한복판에는 우물이 하나 있었다. 반듯한 돌로 둘레를 쌓아올렸고 용두레를 잣아 두레박으로 물을 퍼서 올렸다.

"물이 많고 맑았는데 맛 또한 좋았지요." 최흥수 씨는 우물처럼 깊은 기억을 퍼서 다시 눈앞에 떠올렸다. 그는 이 우물 근처의 동네에서 집을 짓고 살던 사람이다.

예전에 우물은 동네방네 소문을 놓았다고 한다. 용두레우물을 모르면 간첩이라고 불릴 정도였다. 우물이 있는 마을도 용두레마을이라고 불렸다.

용두레마을은 청나라 선통(宣統, 1908~1912) 연간 조선인들이 와서 세웠다고 한다. 훗날 중국말로 지명을 적으면서 용두레의 용龍 자와 우물 정井 자를 묶어서 '용정툰龍井屯'이라고 이름을 지었다.

⬆ 옛 우물가에 있었던 백년가옥

잠깐, 이야기가 아무래도 뭔가 잘못 된 것 같다. 용두레마을 즉 용정이라고 하면 뉘라 없이 자연스럽게 해란강 기슭의 옛 마을로 생각하게 되기 때문이다.

사실 이 용두레마을은 해란강이 아닌 훈춘하의 기슭에 있는 마을이다.

연변에서 이런 동명의 지명은 결코 한두 개 아니다. 남쪽의 양지 바른 곳 혹은 작은 여울이라는 의미의 남양南陽은 무려 일여덟 번이나 등장한다. 다만 용정은 하도 유명한 지명이라서 유달리 이상하게 여겨질 따름이다.

이 용두레우물 역시 몇 십 년 전에 땅 밑에 묻혔다. 이에 비하면 우물가에 있던 옛 기와집은 운이 좋은 셈이다. 허물리지 않고 길 서쪽에 통째로 옮겨졌던 것이다. 용두레우물의 옛 주인이 살고 있었을지 모를 백년가옥이었다.

"마을에서 잘 나가던 부자라고 해요. 토지개혁 때 청산되었다고 하지요."

미구에 용두레마을 역시 선후로 동광촌東光村 1대(隊, 촌민소조), 전선촌電線村 4대로 이름이 바뀌면서 집단기억에서 사라지고 말았다. 옛 우물은 그렇게 옛 가옥의 부자처럼 말끔하게 '청산'이 된 셈이다.

한때 용두레우물이 두레박처럼 이름을 걸고 있던 동광촌은 춘경촌春景村의 동쪽에 있다고 해서 지은 이름이다. 춘경은 민국(民國, 1912~1949) 초년 조선인 몇 가구가 이주하면서 생긴 마을인데 말 그대로 '봄날의 경치처럼 아름답다'는 의미이다.

1940년 무렵 일본 다카스개척단高鷲開拓團이 진입하면서 이 '봄날의 아름다운 경치'는 산산조각이 되어버린다. 개척단은 마치 독수리가 병아리를 채듯 원래의 이름을 삼켜버렸던 것이다.

일본개척단은 일명 '만몽개척단滿蒙開拓團'이라고 하는데 일본의 대륙침략정책의 일환으로 조직되었다. 대규모의 이민은 1936년 백만 가구 이민계획이 실시되면서 시작되었다. 그로부터 약 10년간 무려 860여 개의 개척단이 만주 땅에 들어섰다.

이때 일본은 수매收買라는 허울 좋은 명목으로 땅을 빼앗았으며 또 '위험한 땅', '군용지軍用地', '치안유지' 등 잡다한 구실로 좋은 땅을 몰수하여 개척민들에게 나눠줬다. 원주민들은 부득불 외지로 이주하거나 황량한 지역에 가서 또 다른 '개척민'이 되었다. "만주개척년감滿洲開拓年監"의 기록에 따르면 1943년까지 이런 '개척민'은 무려 40,771가구의 20여 만 명이나 되었다고 한다.

훈춘에 출현했던 개척단은 8개, 의용단義勇團은 1개로서 도합 3,004명이었다. 의용단은 말이 개척단의 일부이지 실은 일본군 예비대로 주요하게 청소년들로 구성되었다. 개척단과 의용단은 모두 1마을, 2마을, 3마을 혹은 상, 중, 하 마을 등 이름으로 원래의 마을 이름을 바꿨다.

와중에 다카스개척단은 여섯 마을을 설립하며 이때 동광 지역에도 그들의 집단마을을 앉혔다.

일본이 전패하면서 그들의 개척단도 파산한다. 다카스개척단은 1945년 8월 훈춘진에 집결하며 난민수용소에 있다가 6년 후인 1951년 일본 정부의 통지를 받고 귀국하였다고 한다.

그 무렵 훈춘 경내의 일부 조선인들이 옛 집단마을에 와서 국영농장을 세웠다. 1956년 고급농업생산합작사를 세울 때 '동광東光'이라는 새 이름을 짓고 일본인마을의 흔적을 밀어냈던 것이다. 동광촌은 1980년대에 이르러 22가구의 작은 동네를 형성하였다.

그러나 개척단 일본인의 잔영은 오랜 후에도 쉽사리 지워지지 않았다.

"그때 일본사람들이 '닭 덕대 산'까지 전깃줄을 늘였다고 합니다. 그 전깃줄이 우리 마을을 지났다고 하지요"

최흥수 씨가 자못 정색해서 말하는 전선촌의 내력이었다.

옛날 전깃줄은 시골에서 사막의 물고기만큼이나 생소한 물건이었다. 이에 따라 전깃줄이 드리웠던 마을은 아예 '전선촌'으로 불리게 되었으며 나중에 그 이름이 다른 지명을 물리치고 현지에 고착되었다는 것이다.

🔼 일본군이 공중에서 촬영한 집단마을 사진

지명지의 기록에 따르면 전선촌은 처음에 조선인 한韓씨 형제가 와서 살면서 한씨 동네라는 의미의 '한툰韓屯'이라고 불렀다고 한다. 그 후 김씨, 허씨 등 성씨가 천입하면서 지명에 있던 한씨 성씨의 색깔이 희미해졌다. 이때 연자방아산의 북쪽에 있다고 해서 아예 마을 이름을 '연자방아산'이라고 불렀다고 한다. 연자방아산은 광서光緒(1875~1908) 말년 웬 석공石工이 산에서 돌을 쪼아 연자방아를 만들었다고 해서 지은 이름이다. '닭 덕대 산'은 연자방아산의 별칭이다.

사실 이 전깃줄을 가설한 사람들은 검은 머리의 일본인이 아니라 노랑머리의 러시아인들이다. 1900년 차르러시아가 훈춘에 침입했을 때 이 고장에 군사용 전깃줄을 늘였다고 지방문헌에 명명백백하게 기록되어 있기 때문이다.

전선촌 뒤쪽의 마을도 제법 사지사족이 갖춰진 이야기를 전하고 있었다. 옛날 훈춘의 소문난 대지주 한희삼韓希三이 마을 주변에 포대砲臺를 쌓고 포를 걸었다는 것이다. 이름만 들어도 살벌한 기운이 넘치는 지명 동포대촌東砲臺村은 그렇게 생겨났다고 한다.

한희삼은 남쪽의 경신敬信 태생이다. 그는 1904년 홀몸으로 동포대촌에 왔다. 전선촌처럼 한씨 성의 사람들이 만든 마을이라고 그랬을지 모른다. 아무튼 한희삼은 빈주먹으로 소 장사를 해서 5년 만에 거액의 돈을 모았다. 1932년 훈춘의 항일유격대가 목장을 두 번 습격하여 수십 마리의 소를 탈취했다고 하니 그 무렵 한희삼의 재산은 벌써 웬만한 부자들도 혀를 내두를 정도였다. 8·15 광복 전 한희삼은 소를 2백여 마리나 갖고 있었다. 땅은 1천 정보나 되었고 집이 177간이나 되었으며 유동자금만 해도 50만원이나 되었다고 한다.

실제 동포대촌은 소 부자가 나올 법한 고장이다. 마을이 소속된 마천자향馬川子鄕은 강희康熙 53년(1714) 훈춘 협령協領을 설치할 때 만든 평야의 목축장이었다. 그래서 마구간이라는 의미의 '마권자馬圈子'라고 불리다가 그 이름이 속되다고 해서 평야라는 뜻을 덧붙여 '마천자'로 개명했던 것이다.

훗날 한희삼은 훈춘 일본영사분관의 환심을 사서 총 13자루를 얻어 자위단을 조직하며 스스로 단장이 되었다. 자위단은 만주국이 성립된 후 만주의 항일세력을 소멸하기 위해 만든 지방 무장조직이다. 이때의 한희삼은 일개 지주가 아니라 일제의 주구走狗로 전락되고 있었다. 불과 3년 사이에 무장자위단에 의해 항일연군이나 그와 내통한 사람 그리고 그 가속이 여럿이나 살해되었다고 한다.

한희삼이 무장자위대를 조직하고 있었던 게 사실이지만 그렇다고 그가 마을에 포대를 쌓은 건 아니다.

문물지文物志의 기재에 따르면 포대는 광서 7년(1881), 청나라가 차르러시아의 침략에 대비하기 위해 구축한 방어시설이다. 포대는 십리를 사이에 두고 서쪽에도 한 개 있었으며 각기 독일제 대포 3문을 설치했다고 한다. 광서 26년(1900), 청나라 군대는 두 포대에서 차르러시아 군대와 격전을 벌이며 2백여 명을 사살하는 전과를 올린다.

그건 그렇다 치고 동포대촌에 또 다른 한희삼이 나타나지 않나 싶었다. 최흥수 씨가 말하는 한희삼은 다른 형상이었기 때문이다.

"그는 본래 머슴출신이라고 합니다. 늘 머슴과 함께 밥을 먹고 그랬다고 해요."

나중에 사형을 앞두고 유언이 무언가고 물어보자 고무신을 벗어 집에 갖다 주라고 했다는 이야기는 아직도 일장 야화로 구전되고 있었다.

정말이지 민간에 유전되고 있는 한희삼의 이야기는 마을 이름처럼 어느 게 진실인지 무척 혼선을 빚고 있었다.

동포대마을과 이웃한 장성촌長城村도 마찬가지였다. 마을 이름에 나오는 장성은 말이 변경을 에두른 성벽이지 실은 마을 부근에 있던 언제모양의 흙무지이다. 이 흙무지는 문헌에 기재된 바 없어서 아직도 축성 시기나 용처가 모두 불명한 상태이다.

더구나 장성촌은 불과 10여 년 전까지 조선족마을이었지만 지금은 '장성'이라는 이 이름처럼 명색뿐이다. 동포대마을도 옛 포대가 허물어지듯 조선족마을이라는 이미지가 전부 퇴색한지 이슥했다.

그야말로 전선촌은 외로운 섬이었다. 여전히 순 일색의 조선족마을이기 때문이다. 알고 보니 도시진출로 빈집이 속속 늘어나고 있지만 웬만해선 임대를 놓지 않고 있단다.

"한족이 들어오면 나중에 사돈의 팔촌까지 묻어와요"

종국적으로 손님이 주인 행세를 한다는 것이다. 어쨌거나 이 마지막 '섬'도 허물어지고 있었다. 북쪽의 합작구가 야금야금 주변 마을을 잠식하고 있는 것이다. 솔직히 그렇지 않더라도 우물이나 포대는 물론 장성도 벌써 구구절절 야담 같은 이야기에 깊숙이 묻히고 있는 현실이었다.

아흔아홉 굽이의
강을 만든 미꾸라지

그는 마을의 이름이 화제에 오르자 대뜸 못마땅한 기색을 드러냈다. "그런 걸 말할라치면 젊은 사람들은 무슨 엉뚱한 소리를 하느냐 하고 묻지요."

사실은 말이 젊은 사람들이지 마을의 웬만한 노인들도 옛 지명을 잘 모른다고 한다.

그는 80대라는 고희의 연세는 물론 경력도 마을에서 으뜸으로 꼽히는 토박이였다. 일찍 일곱 살 때 부친을 따라 함경북도에서 이 고장에 이주했던 이민 1세라고 한다. 동네어귀에서 만난 사람들이 하나같이 모두 최일권 옹을 소개하던 이유를 비로소 알 것 같았다.

최일권 옹은 금방까지 밭에서 기음을 매던 매무시 그대로 바지를 무릎까지 걷어 올리고 있었다. 그는 마당에 스스럼없이 쭈그리고 앉아서

⬆ 경신으로 들어가는 입구에 있는 이도포촌 입석

밭고랑처럼 굵직한 손가락으로 주섬주섬 엽초를 말아 피웠다.

흙냄새가 다분한 시골의 한 장면이 마치 하늘의 흰 구름처럼 소리 없이 마당을 흘러 지나고 있었다.

그의 말에 따르면 예전에는 집 남쪽의 동네를 '연화동蓮花洞'이라고 불렀다고 한다. 부근에는 작은 호수가 있었으며 또 호수에는 연꽃이 소담스레 피어있었다는 것이다. 지금은 3대(隊, 촌민소조) 마을, 이웃한 동네와 한데 뭉그러뜨려 이도포촌二道泡村이라고 부르지만 옛날에는 이 연화동을 제외하고 봉무동鳳舞洞, 남화동南花洞 등 세 자연마을이 있었다. 봉무동은 지금의 4, 5, 6, 7대 마을이며 남화동은 8, 9대 마을이라고 한다.

웬걸, 이런 낯선 지명 뒤에는 또 다른 지명이 숨어 있었다.

"연화동도 원래의 이름이 아니지요. 예전에 노인들은 그냥 '늪 초리'라고 불렀으니까요."

초리는 무엇의 가느다란 끝부분을 이르는 말이다. 연화동은 호수 가장자리에 있었다고 하니 '늪 초리'라는 이름을 달고 있었을 수 있다. 최초에는 서너 가구의 작은 동네였지만 8·15 광복이 지난 후부터 몸통을 크게 불리기 시작했다고 한다.

마당에 옹기종기 모였던 동네 사람들은 모두 귀를 솔깃하고 있었다. 뒷이야기이지만 그들도 마을 이름이 그냥 이도포인 줄 알았지 '늪 초리'는커녕 '연화동'이라는 이름마저 들어보지 못했다고 한다.

↑ 경신 남쪽의 산 정상에 있는 국경 경계비

　이도포는 경신敬信 일대의 두 번째 호수 서쪽에 위치한다고 해서 생긴 이름이다. 경신은 훈춘 동남쪽의 두만강 기슭에 있는 향鄕이다. 일찍 강희康熙 53년(1714), 훈춘에 협령協領을 설치할 때 마을을 세우기 시작, 그때는 봉금封禁이 풀리지 않았기 때문에 주민들이 가물에 씨 나들듯 했다고 한다. 광서光緖 7년(1881) 4월 경내의 흑정자黑頂子에 초간국招墾局을 설립하면서 조선인을 비롯한 간민들이 밀려들었다. 흑정자는 경신 북쪽에 있는 산으로 바위가 검은색을 띤다고 해서 생긴 이름이다. 광서 20년(1894), 무간국撫墾局 진원보鎭遠堡에 소속, 산하에 경신敬信 등 8개 사社를 두고 관할하였다. '경신'이라는 이름은 이때부터 출현하게 된 것이다. 훗날 훈춘청琿春廳을 설립할 때 경신사의 이름은 향의 이름으로 고쳐지며 경신향의 시원으로 된다.

옛날 경신에는 이도포를 망라하여 무려 아홉 개의 호수가 있었다. 사람들은 손가락을 하나하나 꼽아서 셈을 세듯 두도포부터 시작하여 이도포, 삼도포… 구도포로 호수의 이름을 지었다.

항간에서는 이 아홉 호수를 두고 천년 미꾸라지의 전설이 전하고 있었다.

태고연한 시절, 경신지역은 일망무제한 하나의 호수였다. 그때 호수에는 큰 미꾸라지가 한 마리 살고 있었다. 미꾸라지는 물속에서 천 년의 수행을 거쳤고 일월의 정화를 받아들여 마침내 호풍환우呼風喚雨의 요정妖精으로 되었다.

언제인가 동해의 용왕이 순시를 하던 길에 이 호수에 들리게 되었다. 미꾸라지는 이 기회를 빌어서 작은 호수를 떠나 큰 바다에서 살려고 했다.

"이놈이 언제 이렇게 욕심 많은 존재로 되었지?"

용왕은 괴력의 미꾸라지가 아무래도 그의 왕좌를 위협할 것 같아서 꾀를 부렸다. 스스로 물곬을 파헤쳐서 강까지 나오면 소원을 들어주겠다는 것이었다.

우직한 미꾸라지는 그 말을 곧이듣고 즉각 땅에 대가리를 들이밀었다. 미꾸라지가 꿈틀꿈틀 기운을 뽑는 대로 땅이 구불구불 파헤쳐졌다. 그렇게 아흔아홉 굽이가 생겨났고 드디어 마지막 한 굽이가 남았다. 그런데 미꾸라지는 눈앞에 막 다가온 '용왕'의 꿈에 너무 흥분했던 모양이다. 젖 먹던 힘까지 다하여 땅을 떠박지르는 순간 허리가 폴싹 꺾이면서 꼬꾸라졌던 것이다.

실제 권하에는 여든 하나의 굽이가 있으며 항간에서는 통칭 구구九九

굽이라고 전한다. 이처럼 기이한 강은 천하에 보기 드물다고 하니 진짜 '미꾸라지'의 전설을 낳을 법 한다. 이 전설에 따르면 미꾸라지가 있었던 아홉 호수는 이때 천년의 미꾸라지가 물곬을 파면서 생긴 큰 물웅덩이라고 한다.

전설의 강은 예나 제나 없이 흐르고 있지만 일부 호수는 둑에 막혀 한데 이어지면서 '미꾸라지'처럼 오간 데 없이 사라졌다.

밥 짓는 연기는 마냥 마을의 상공에 솟아오르고 있었지만 일부 옛 지명은 세월과 더불어 색깔이 바래지면서 어디론가 종적을 감췄다.

육도포六道泡 마을은 워낙 '놀기밭('노루 밭'의 방언)'이라고 불렸다고 한다. 옛날에는 노루가 늘 산발을 타고 벌판까지 내려왔기 때문이었다. 민국(民國, 1912~1949) 초년 태평천太平川이라고 불리다가 1937년 집단마을을 세우면서 여섯 번째 호수 부근에 있다고 해서 육도포로 불렸던 것이다.

권하의 출구에 있는 마을은 워낙 강굽이 마을이라는 의미의 '개 굽이'로 불렸다. '개'는 도랑이나 강을 이르던 우리말이다. 그 후 만주국 시기 권하가 이곳에서 두만강에 흘러든다고 해서 물가나 강어귀를 이르는 말인 개 포浦를 넣고 또 아름답고 행복하다는 의미로 은혜 은恩을 이름자에 넣어 '포은동浦恩洞'이라고 개명하였던 것이다.

일부 마을 이름은 중국글로 옮기면서 다른 의미로 해석되기도 한다. 이도포 남쪽의 마을 '玻璃凳'은 자칫 '유리 등잔'이라고 해석되기 십상이다. 사실은 우리말로 벌과 그 옆의 더기를 합쳤다는 '벌 더기' 마을이었다고 한다. 중국말로 지명을 옮기면서 '벌 더기'와 비슷한 발음의 '玻璃凳(bo-li-deng)'으로 적었던 것이다.

사실 그쯤하면 일소一笑의 여담으로 치부할 수 있다. 하지만 지명 지등평池登坪은 도무지 무슨 의미인지 알기 어렵다. 이름에 늘 지池자가 들어 있지만 부근에 늪이나 못이라곤 없기 때문이다.

최일권 옹은 '지등평'이 실은 우리말로 '지름평'이라는 이름이라고 했다. '지름'은 '기름'의 방언이니 '기름진 벌'이라는 뜻이 되겠다.

지명 노전鲁田도 지등평처럼 단지 중국글자만 보고서는 도대체 무슨 의미인지 알 수 없다. 지명지의 기록에 따르면 노전은 만주족말로 '엉성한 땅'이라는 의미라고 한다.

그러나 노전이라는 지명이 최일권 옹에게 남긴 유일한 기억은 그게 아니었다.

"노전에는 참으로 인물이 많았지요. 시장 어른이 나왔고 촌장 어른이 나왔지요."

최일권 옹이 맨 처음 살았던 마을의 이름도 이처럼 오래전에 벌써 집단기억에서 말끔히 지워지고 있었다. 일명 아래마을, 조양골朝陽溝의 남쪽에 위치한다고 해서 생긴 이름이었다. 조양골은 골짜기가 양지 바른 남쪽을 향했다고 해서 지은 이름이었다. 중국글로 지명을 적으면서 아래 조양이라는 의미의 '하조양下朝陽'으로 되었고 그래서 통칭 '조양촌'이라고 불리고 있었다.

여하튼 조양이라는 이 이름은 최일권 옹의 어린 기억에 떠올리기 싫은 고통의 깊은 골짜기를 파고 있었다.

두만강을 건넌 얼마 후 부친은 초가에 이영을 얹기 위해 동쪽 넓덕에 풀을 베러 갔다. 넓덕은 장고봉 부근의 넓은 더기를 이르던 말이다. 그때는 1938년 여름, 러시아와 일본이 장고봉長鼓峰에서 격전을 벌이고 있을 무렵이었다. 러시아군은 산기슭의 숲속에서 누군가 언뜻거리자 일본군 정찰병으로 오인하고 포를 쏘았다. 부친은 이역 땅을 밟자마자 그만 억울하게 한줌의 연기로 산화되고 말았다.

그 무렵 경신 벌판에는 적어도 20여 개의 마을이 있었다고 한다. 마을 역시 아홉 호수처럼 꼬리와 대가리가 거의 잇닿아 있는 셈이었다. 와중에 금당촌金塘村은 훈춘 일대에서 조선인 간민이 세운 최초의 마을이라고 전하고 있다. 마을은 처음에 세 번째 호수 부근에 있다고 해서 '삼도포자三道泡子'라고 불렸다. 1936년 경, 호수의 물과 기름진 땅이 햇빛을 받아 금빛을 뿌린다고 해서 '금빛 호수'라는 의미의 '금당'이라고 이름을 지었다고 한다. 집단마을이 섰던 1936~1938년 경신 촌공소村公所가 설립되어 있었다.

경신처럼 산 저쪽의 러시아 핫산 지역에도 크고 작은 호수가 여럿이나 있다. 이 지역은 "대동여지도"를 비롯한 조선시대의 고지도에 '여덟 호수'라는 의미의 '팔지八池'로 표시되어 있다. 공교롭게 팔지의 세 번째 호수 기슭에도 동명의 금당촌金堂村이 있었다. 이 금당촌은 조선왕조의 창건자인 이성계의 5대조 목조가 살던 옛터이다.

정말이지 산 양쪽의 두 금당촌은 한날한시에 태어난 쌍둥이를 방불케 한다. 저쪽의 팔지八池가 하늘의 조화로 이쪽에 와서 구도포九道泡로 복제되었을까. 어쩌면 경신의 금당촌에도 그 무슨 옛 이야기가 '미꾸라지'처럼 숨어 있을지 모른다. 아흔아홉 굽이의 전설은 채 끝나지 않은 것이다.

마당길을 빌어서 다녔던 어촌마을

옛날 버들방천에 있었던 그 마을은 '헤무기'라고 불렸다고 한다. 헤무기는 중국글로 흑목적黑木積 혹은 목계木鷄라고 쓴다. 이 때문에 헤무기를 '나무 닭'이 아닐까 하고 생각하는 사람도 없지 않다.

마을의 수장인 황무길 촌장도 '헤무기'가 뭔지 모르고 있었다. 그저 예전에 헤무기라는 이름을 노인들에게 얼핏 들었을 뿐이라고 한다.

어쩌면 헤무기의 정체는 버들방천처럼 강가에 피어오르는 안개에 잠겨있는 것 같았다.

지방문헌의 기록에 따르면 '헤무기'는 만주족말이며 메귀리라는 의미라고 한다. 메귀리는 볏과에서 속하는 한해살이풀 또는 두해살이풀로 구황식물救荒植物이다.

하필이면 구황식물로 이 고장의 이름을 만들었는지는 그냥 미스터리로 남아있다. 아무튼 1886년 버들방천의 동쪽에 중국-러시아 국경비석인 '토자패土字牌'를 세울 때 '헤무기'라는 이 지명이 생겨났다고 한다. '토자패'는 우수리강 어귀부터 두만강 어귀까지 설립한 '야耶', '역亦', '객喀', '랍拉', '나那', '왜倭', '파帕', '토土' 등 여덟 글자 국경비석의 하나이다.

그때 이곳에는 벌써 자그마한 마을이 있었다. 이 마을은 일찍 동치(同治, 1861~1875) 연간 생겼다고 한다. 청나라의 봉금령이 아직 해제되지 않았던 시기였다. 조선인 간민墾民들은 먼저 러시아 원동지역으로 건너갔다가 다시 중국으로 이주하여 정착하였다고 한다. 그러고 보면 간민들은 국경선을 두 개나 가로타고 다닌 셈이다.

어쨌거나 '헤무기'는 마을의 명물로 되기에는 손색이 있었다. 버들방천 즉 버드나무가 늘어서 있는 강둑이 그림 같은 풍경으로 떠오르고 있었기 때문이다. 그 푸른 숲이 궁극적으로 '방천防川'이라는 지명으로 남게 되었다. "동삼성정략・훈춘편東三省政略・琿春篇"은 방천항防川項이라고 지명을 기록하고 있는데 목 항項은 '좁은 곳'을 이르던 우리말이다. 강기슭의 좁은 지대에 몰려있는 이 마을은 흡사 목덜미를 방불케 했던 것이다.

장고봉張鼓峰 사건이 일어나기 전 방천마을에는 66가구의 300여 명 인구가 살고 있었다. 그중 62가구가 조선인이었다. 그들은 대부분 왕 씨 성의 중국인 지주의 소작농으로 있었다고 한다. 또 중국인 한 사람은 나룻배를 몰았고 다른 한 사람은 야채를 팔았다. 그리고 팽彭 씨 성의 중국인은 모친을 따라 조선족으로 족적族籍을 바꿨다. 중국인이 네 가구라고 하지만 사실은 세 가구 반이었다.

🔼 두만강 남안에서 바라본 장고봉이 포화에 휩싸여 있다.

장고봉張鼓峰은 방천의 뒤쪽에 위치, 해발 115미터의 나지막한 야산이다. 그러다가 1938년 7월에 발발한 전쟁으로 해서 이름나게 되었다. 워낙 악기 장고와 흡사하다고 해서 장고봉長鼓峰이라고 불렸다고 한다. 길 장長과 성씨 장張은 같은 음이며, 습관적으로 성씨를 붙여 장고봉張鼓峰이라고 불리게 된 것이다. 또 북 고鼓는 높을 고高의 와전이라고 하는 설이 있다.

1938년 7월 일본군 군인 3명이 변복하고 장고봉 일대에서 소련측 군사시설을 정찰했다. 그러다가 소련군에 발견되어 1명이 사살되었다. 이것이 '장고봉사건'의 도화선으로 되었다. '장고봉사건' 일본과 소련 양측이 모두 사단병력을 동원한 대규모의 전투였다. 이 전투에서 소련군은 일본군에 우세한 무기장비와 전역지휘, 여러 병종의 협동작전 능력으로 일본군의 '북진' 시도를 좌절시켰다.

고래싸움에 죽어나는 건 새우들뿐이다. 전투가 일어나자 마을의 남성들은 징집되어 부상자와 시체를 운송했으며 여성들은 밥을 지었다. 포화 때문에 가옥이 훼손되고 사람이 다치는 일이 빈발했다. 와중에 포탄이 집 근처에 떨어지자 누군가 애기 대신 베개를 안고 허겁지겁 뛰었다는 이야기는 아직도 마을에서 일화로 전하고 있다.

『훈춘현지珲春縣志』의 기록에 따르면 '장고봉사건' 후 방천마을의 주민들은 전부 다른 지역으로 이주되며 이 일대는 금지구역으로 되었다. 수백 정보의 밭은 다시 예전의 황무지로 되었다. 8·15 광복 후에도 방천은 한동안 무인지역으로 있었다. 1947년 옛 주민들이 일부 찾아왔으며 이때부터 목 항項을 떼어버리고 정식으로 방천으로 불렀다고 한다. 그런데 이 이주민들 역시 불과 몇 해 후 다시 타향으로 떠나게 된다. 그때 정부에서는 방천에 큰 목축장을 꾸리려고 했다고 한다.

⬆ 소련군 폭격에 파괴된 방천마을의 농가의 모습이다.

어찌됐거나 방천의 원주민은 더는 현지에 나타나지 않는다. 방천의 옛 기억은 그렇게 원주민을 따라 타향으로 조각조각 흩어지고 말았다.

목축장은 그로부터 수년 후인 1961년 방천에 나타났다. 이에 따라 다시 10여 가구의 인가가 생겼다. 1965년 또 서북쪽의 소반령小盤嶺 마을에서 17가구가 천입하여 밭을 가꿨다. 소반령은 산고개의 길이 오불꼬불하다고 해서 생긴 이름이다. 워낙은 골짜기에 여러 마을이 널려있었는데 1937년 한곳에 집중되어 '집단마을'을 형성했다고 한다.

황무길 씨의 가족이 이삿짐을 풀었던 1977년 방천도 강기슭에 하나의 '집단마을'을 이루고 있었다. 이때의 방천은 경신공사敬信公社 방천대대防川大隊라는 행정마을로 등장하고 있었다.

마을에는 30가구 정도 살고 있었는데 학교까지 하나 설립되어 있었다. 또 의료소가 있었고 동네슈퍼가 있었다. 몇 걸음 걷지 않고도 웬만한 병을 볼 수 있었고 일용품을 살 수 있었다. 그야말로 '참새는 작아도 오장육부를 갖춘 셈'이다.

더구나 이웃나라에 자유지재로 드나들 수 있는 신기한 길이 있었다.

그때나 지금이나 두만강 북안의 강둑은 방천으로 드나 들 수 있는 유일한 통로이다. 이 통로가 1957년에 있었던 큰물에 가랑잎처럼 떠내려갔다. 누군가는 지명 방천항의 목 항項자를 따버린 탓이라고 끼워 맞춰 해석했다. 하긴 방천을 머리통이라고 한다면 북쪽의 경신 마을은 몸체이고 방천으로 통하는 강둑은 목덜미인 셈이다.

아무튼 이 때문에 다들 남의 집 마당을 빌어서 다녔다. 구소련의 땅을 빌어 차가 뛰고 사람이 걸어서 다닐 길을 만들어 바깥나들이를 했다고 한다. 언제든지 통행증이나 여권이 없이 가능했던 '외국여행'은 장장 25년 동안이나 지속되었다.

1983년 돌로 강을 메워 강둑을 만들었고 수년 후 또 그 위에 포장도로를 닦았다.

강둑의 왼쪽은 러시아이고 오른쪽은 북한이다. 정말이지 강둑 위에 서서 팔을 벌리면 손끝에 두 나라가 닿을 정도이다.

⬆ 양관평의 언제길 오른쪽이 중국과 소련 국경이며 왼쪽이 중국과 북한 국경이다.

그야말로 세상에 둘도 없는 '천하 제1의 강둑'이었다.

진짜 관문과 같다고 해서 그랬을지 모른다. 강둑의 북쪽 끝머리는 워낙 '양관평陽關坪'이라고 불렸다. 마을 이름이었다. 청나라 동치 연간 간민들이 월강하여 땅을 개간, 차츰 마을을 이뤘다. 지세가 평탄하고 땅이 넓다고 해서 양지쪽 넓은 벌이라는 의미의 '양광평陽廣坪'이라고 불리기도 했다. 19세기 말, 차르러시아가 이 고장에 군대를 주둔시켰다. 이때 조선인들은 마을을 양코배기의 관저를 연상케 하는 '양관평洋館坪'이라고 불렀다고 한다. 이 이름이 원래의 이름을 말끔히 밀어버리고 지금까지 전하고 있는 것이다.

길을 빌었던 역사는 양관평의 비석에 낱낱이 기록되어 있었다. 그러나 전대미문의 이 기억은 재현될 것 같지 않았다. 양쪽 러시아와 북한의 국경선에 모두 키를 넘는 철조망이 촘촘히 들어서고 있기 때문이다.

개구쟁이들이 두만강에 뛰어들어 물장구를 치던 일은 벌써 옛말로 되고 있었다.

그런데 방천은 바로 고기잡이가 생업인 어촌마을이라고 한다. 촌민들은 해마다 3월초부터 두만강에서 황어와 숭어, 송어를 잡고 9월부터는 강이 얼기 전까지 뱀장어, 연어 등속을 잡고 있었다. 알고 보니 방천은 3국이 인접한 지대이고 또 관광객이 드나드는 곳이라서 정부의 많은 특혜를 받고 있단다.

그럴지라도 공동화의 현상은 여느 시골마을과 별반 다르지 않았다. 현재 46가구의 140명이 호적을 붙이고 있지만 마을에 살고 있는 사람은 고작 40명 정도라고 한다. 그나마 황무길 씨의 위안거리는 촌민들이 전부 조선족이라는 것이었다. 예전부터 타민족을 일절 받지 않았다고 한다. 나무가 자라서 나중에 수풀을 이룬다는 것이다. 그래서 연변의 유일한 이 어촌마을은 여전히 일색의 조선족동네로 되고 있었다.

이러니저러니 두만강 하류 사람들의 어로작업은 새로운 이야기가 아니었다. 그들은 옛날 배를 타고 두만강뿐만 아니라 동해바다에 나가서 고기잡이를 했던 것이다. 그 시절의 가요 <동해어가東海漁歌>는 현지에 오랫동안 유전되었다고 한다.

⬆ 두만강에서 고기를 잡는 방천 촌민

"해삼위海蔘威의 해변에서
쇠스랑이로 해삼을 잡아요.
해삼은 검고 크지만
아빠는 무서워하지 않아요.
…"

해삼위는 원동에 있는 항구로 해삼이 많이 난다고 해서 지은 이름이다. 러시아말로 울라지보스토크라고 한다.

'장고봉사건' 후 일본 괴뢰정부는 방천 부근의 두만강에 말뚝을 박고 두만강의 항로를 봉쇄하였다. 그때부터 동해바다의 뱃길은 이런저런 원인으로 말미암아 그냥 열리지 못하고 있다.

기실 방천부터 바다까지는 불과 10여 km, 조망대인 망해각望海角에 올라서면 지평선 저쪽의 바닷물이 금세 출렁출렁 밀려와 손끝을 파랗게 적실 듯하다. 그러나 어촌마을의 옛 기억처럼 그 이상 더 다가설 수 없는 것이다.

간구자,
메마른 골짜기의 마지막 추억

항간에서 그곳은 메마른 골짜기라는 의미의 간구자干溝子로 통하고 있었다. 간구자는 골짜기를 흐르는 시냇물이 늘 말라있다고 해서 지은 이름이다. 막상 장마철에 비가 한줄기 내리면 금세 싯누런 흙탕물이 사납게 골짜기를 휩쓸었다고 한다.

"정말입꾸마(정말인데요), 물을 건너다가 밀려 갈 뻔 했던 일이 있스꾸마(있습니다)."

누군가 골물에 빠져 하마터면 물귀신이 될 뻔 했던 일은 최명숙(86세) 노인의 기억에 깊은 골짜기를 파고 있었다.

사실은 이름이 마른 골짜기이지 예전에는 사내들이 자주 물에 들어서서 고기잡이를 했다고 한다.

"'세치네'가 많았스꾸마(많았습니다). 한 종지를 제꺽 잡았스꾸마(잡았습니다)."

'세치네'는 말 그대로 세치도 되지 않는 잔 물고기를 이르는 말이다.

최명숙 노인의 조부는 광서(光緖, 1875~1908) 연간 경상남도 밀양에서 홀로 이 고장에 이민을 왔다고 한다. 최명숙 노인이 어섯눈을 떴을 때 벌써 여러 가구 생겨나 옹기종기 골짜기를 메우고 있었다. 조선인이 10여 가구 되었고 중국인이 2가구 있었다. 그들은 삼삼오오 여러 골짜기에 갈라져 있었다. 골짜기마다 그들의 성씨를 따서 팡개골方家溝이요, 왕개골王家溝이요, 춘개골春家溝이요 하고 이름을 지어 불렀다.

최명숙 옹 1990년대 중반 옛 마을자리를 찾아 기념사진을 남겼다.

그러든 말든 메마른 골짜기라는 훗날의 이름처럼 땅이 척박했다. 조와 보리 등속의 잡곡을 심었는데 별로 소출이 없었다. 보릿고개에는 쌀독이 텅텅 비어서 하루건너 끼니를 걸러야 했다.

"말도 맙소(하지 마세요). 밭에서 김을 매는데 맥(힘)이 없어서 호미질을 할 수 없었스꾸마(없었습니다)."

배고픔은 마치 호미로 창자를 올올이 긁어내리는 것 같았다. 최명숙 노인은 이야기를 하다가 부지중 눈시울을 붉혔다. 부친은 형제자매가 열다섯이나 되었지만 세파에 부대끼다 보니 나중에 셋만 겨우 살아남았다고 한다.

'복은 홀로 오지 않고 화는 쌍으로 온다.' 후더분한 성미의 조부는 선뜻 이웃집의 대출보증을 섰다가 빚을 한 꾸러미나 지게 되었다. 그들이나 몰라라 하고 타향으로 솔가도주를 했던 것이다.

　희비극의 인간사는 그렇게 시냇물처럼 골짜기에 흘러갔다. 물이 흐르면 도랑이 생기듯 날이 갈수록 골짜기에 정이 들었다. 초가는 엉성할망정 그들의 보금자리였고 골짜기는 메마를망정 그들의 삶의 터전이었다. 나무가 자라서 수림을 이루듯 최씨네는 어느덧 10여 명의 가족으로 불어났다.

　그런데 마른하늘에 날벼락이 떨어졌다. 1937년 경, 그들은 울며 겨자 먹기로 골짜기 어귀에 내려와 이삿짐을 풀게 되었다. 일본의 괴뢰인 만주국 정부가 항일군과 백성들의 연계를 차단하기 위해 여기저기 산재한 가구들을 한데 집중시켜 집단마을을 만들었던 것이다.

　그때는 박달나무가 땡땡 얼어터지는 동지섣달이었다. 11살의 어린 나이었던 최명숙 노인은 엉성한 오두막 때문에 그때의 기억이 어제처럼 또렷하다고 말한다. 사람들은 땅 위의 눈을 치고 앞뒤에 나무기둥을 세웠으며 잔가지들을 서까래처럼 용마루에 걸쳤다. 오두막에는 숨구멍처럼 뙤창문이 간들간들 달려 있었다. 이불을 뒤집어쓰고 장작불에 언 몸을 쬐이는 사람들은 흡사 야인시대로 다시 돌아간 듯 했다.

　이런 움막은 이듬해 봄을 맞아 눈석임처럼 사라졌다. 나중에 산기슭에 2~30가구의 초가가 올망졸망 줄지어 늘어섰고 그 주위에는 키를 넘는 목책이 길게 나타났다. 이때 집단마을은 황폐한 작은 골짜기라는 의미의 '소황구툰 小荒溝屯'이라고 불렸다.

　일본 순사들이 자주 마을에 들락거렸다. 제복을 입고 하얀 장갑을 낀 그들이 나타나면 어린 최명숙은 숨도 크게 내쉬지 못했다. 순사들은 이따금 산에서 내려오는 늑대처럼 공포의 대상이었던 것이다. 그들은 농가에 들어와서 흰 장갑으로 살창문을 쓱 문질러 보기도 했다. 흰 장갑에 시꺼멓게 때가 묻어나면 그 무슨 벌을 받아야 했단다.

"순사에게 잡히면 하다문哈達門에 가서 군도로 목을 친다고 합더꾸마⟨들었습니다.⟩"

솔직히 황당한 얘기였다. 그때 순사가 얼마나 험상궂게 굴었으면 이런 이야기까지 나올까 싶다.

순사들은 마을에서 약 20리 떨어진 하다문哈達門의 훈춘국경경찰대에 있었다. 하다문은 만주족말인데 원명은 '하다마哈達瑪'라고 한다. 출입 문門은 마노 마瑪의 음역이다. 하다哈達는 만주족말로 '산'이라는 뜻이며 마노 마瑪는 '산간의 평지'라는 뜻이니 하다마는 '산 언덕'이라는 의미가 되겠다. 실제 하다문 지역은 북부가 거의 산이며 골짜기가 가로세로 거미줄처럼 늘어서 있다.

하다문은 청나라 순치(順治,1643~1661) 초년 만주족들이 형성한 촌락이다. 광서 연간 봉금령이 해제되면서 조선인과 중국인들이 들어와서 황무지를 개간했고 이에 따라 촌락이 우후죽순처럼 늘어났다. 선통宣統 2년(1910) 훈춘청琿春廳을 설립할 때 하다문 지역에는 소황구툰을 비롯하여 24개 마을이 있었다고 한다.

기왕 말이 났으니 망정이지 간구자 마을에는 늘 늑대가 내려와 돼지 따위를 물어갔다고 한다. 그래서 마을에서는 동구 밖의 더기에 돌로 제단을 쌓고 해마다 산신령에게 제사를 지냈다고 한다.

"좨상 노인이 미리 이래라 저래라 하고 지시를 내렸으꾸마⟨내렸습니다⟩.

그러면 돼지랑 잡아서 제물로 올려놓고 그랬으꾸마(그랬습니다)."

이 풍속은 훗날 어디론가 잠적한 늑대처럼 8·15 광복 후 차츰 소실되었다고 한다. 산기슭에 있던 제단도 언제인가 가뭇없이 종적으로 감췄다.

그러고 보면 아직도 동북쪽 산등성이에 토성으로 남아있는 천 년 전의 옛 산성은 그 자체가 기적일지 모른다. 그러나 이 산성이 최명숙 노인의 기억에 아무런 흔적을 남기고 있지 않다는 것을 좀처럼 해득하기 어려운 부분이었다. 무명의 촌부村婦로 세상을 무심하게 살아오면서 혹여 옛 성을 산골짜기의 어디서나 흔하게 자라는 피나무, 오리나무처럼 그저 골짜기의 일부분으로 여겼을까.

옛 산성은 부근에 집단마을이 설 무렵 세상에 모습을 드러내고 있었다. 『훈춘현지珲春縣志』의 기록에 따르면 민국(民國, 1912~1949) 시기 촌민이 성터에서 개간하다가 구리거울을 발견했다고 한다. 성터에서는 또 많은 뇌석과 활촉, 쇠솥, 연자방아 등 유물들이 나왔다고 전한다.

🔹 간구자마을 북쪽에 있는 옛 산성 눈 때문에 성곽 윤곽이 드러난다.

그러고 보면 간구자의 골짜기에는 오랜 옛날부터 인간이 살고 있었던 것이다.

천 년 전의 옛길은 바로 마을 남쪽을 지나고 있었다. 그 길 위로 만주국 시기 부설한 철길이 흑룡처럼 멀리 기어갔다. 1945년 8월, 붉은 깃발을 든 소련군이 철길 위에 꾸역꾸역 나타났다.

그런데 길을 그냥 지날 줄 알았던 그들이 미구에 마을에 벌떼처럼 들이닥칠 줄이야!

"막 총을 들고 우리를 집밖에 나오지 말라고 합더꾸마(했습니다)."

웬일인가 했더니 철길은 나중에 너저분한 '시체'로 되어 누워있더란다. 소련군은 철수할 때 철의 궤도는 물론 침목까지 말끔히 뜯어갔던 것이다.

그 무렵 소황구툰도 간구자로 개명한다. 이 간구자는 1962년 '동쪽이 붉다'는 의미의 동홍東紅村으로 개명하며 1981년부터는 또 동쪽의 일송정촌一松亭村에 귀속되었다. 일송정은 마을 귀퉁이에 있는 오랜 소나무가 마치 정자 같다고 해서 지은 이름이다. 일송정촌은 사실은 이 소나무보다 2천 년 전 북옥저의 문화유적으로 소문을 놓게 된다.

간구자는 옛 산성이 있었지만 그처럼 유명하진 않았다. 그럴지라도 최명숙 노인에게는 명소 일송정을 뛰어넘어 평생 잊을 수 없는 추억의 현장이었다.

그의 마음을 헤아린 사위와 딸은 일부러 고향방문을 했다. 최명숙 노인은 꼬박 20여 년 만에 고향땅을 다시 밟았다. 그러나 고향은 진짜 골짜기에 흘러내리는 골물처럼 탄식을 쏟아내고 있었다.

↑ 간구자 입구에 있는 동홍촌 표지판

"옛날의 모습은 하나도 없었스꾸마(없었습니다). 그때는 남향집이 아니라 다 동향집이었습지(동향집이었습니다)."

전성기에는 30여 가구에 이르렀던 마을은 불과 10여 가구 밖에 남아있지 않았다. 와중에 초가가 여럿 보였지만 역시 이전의 가옥이 아니었다. 그건 그렇다 치고 간구자의 원주민은 단 한 명도 없었다. 옛날 그들이 초가를 짓고 땅을 일구며 살았던 마을은 벌써 사람들의 기억에서 바닥까지 하얗게 말라버리고 있었다.

사실 10대의 나이에 하산했던 최명숙 노인이 어언 90을 바라보고 있었으니 예전 다른 원주민을 찾는 자체가 어리석은 발상일지 모른다.

최명숙 노인은 사위와 딸과 함께 울퉁불퉁한 흙길을 따라 북쪽으로 7, 8리 더 들어갔다. 한숨은 간구자의 골짜기처럼 더구나 깊어졌다. 지난 70여 년 동안 기억 속에 보배처럼 소중히 담아두고 있던 고향집 옛터를 찾을 수 없었던 것이다. 골짜기는 어디라 없이 그 무슨 탈바꿈을 한 것 같았다. 사처에 나무가 꽉 들어서서 방향조차 분간하기 힘들었다. 다행이 일행은 골짜기의 평지에서 가까스로 예전의 옛 집터 하나를 찾아 사진을 한두 장 기념으로 찍을 수 있었다.

결국 고향방문은 노인의 향수를 더 애잔하게 만들었고 그의 가슴에 더더욱 메울 수 없는 골짜기를 만들었다. 세상에 하나밖에 남지 않은 추억이었지만 더는 기댈 곳이 없었기 때문이었다.

고향은 정말 이름처럼 메마른 골짜기로 되고 있었다.

왕청편

밀어로 통하는 동네

왕청

⬆ 1950년대의 가족사진 흑백사진에 색칠을 해서 컬러사진으로 만들었다 그 당시에는 고급사진이었다.
앞줄의 왼쪽 두 번째 아기가 전영범 씨이며 뒷줄 왼쪽 중년 남성이 부친이다.

마적이 있었던 바위벼랑의 골짜기

한때 항일무장의 세력이 골짜기에 은둔하고 있었다. 일본군은 그들을 '후즈胡子'라고 불렀다. '후즈'는 북방 사람들이 마적을 이르던 말이다. 일설에 이 '후즈'가 다시 '노새騾子'라는 말로 폄하되면서 '라자구羅子溝'라는 지명이 생겼다고 한다. '후즈'가 있던 골짜기라는 의미이다.

그러나 라자구에서 나서 자란 전영범 씨는 얼토당토 하지 않은 설이라고 말한다. 남쪽의 태평구太平溝에 바위벼랑이 많으며 그게 라자구라는 이름을 만들었다는 것이다.

"그곳 바위 하나가 연통을 빼닮았다고 해서 구새바위라고 불렀지요."

바위벼랑은 만주족말로 '라자砬子'라고 한다. 바위벼랑의 골짜기라는 의미의 '라자구砬子溝'가 나중에 비슷한 음의 '라자구羅子溝'로 불리게 되었다는 것이다.

⬆ 고승 수월스님이 있었던 태평구 인근의 송림산 화엄사 유적 라자구 동남쪽에 있다.

실제 현지의 지명지에도 그렇게 명명백백하게 기록되어 있었다.

태평구는 처음에 바위보다 벚나무가 많다고 해서 화수동樺樹洞이라고 불리던 마을이다. 인근의 송림산松林山은 또 한국 불교계의 전설로 불리는 수월(水月, 1855~1928) 스님이 열반에 들기 전 8년 동안 머물렀던 곳으로 유명하다. 송림산에는 늙음을 맞은 그를 위해 현지 조선인들이 세운 작은 절 화엄사華嚴寺가 있었다.

어쨌거나 바위는 서낭바위가 아니었고 벚나무나 소나무는 당수나무가 아니었다. 1936년 사람들은 태평한 나날을 보내기를 지명에 기탁, 마을 이름을 '태평구'라고 개명했다고 한다. 그 무렵 '후즈'가 골짜기에 소나무처럼 많았고 일본군이 사흘이 멀다하게 토벌을 하면서 늘 불안에 떨어야 했던 것이다.

⬆ 연변일대 토비숙청에 나선 군인들의 기념촬영

그러고 보면 라자구의 이름을 두고 항간에 '후즈'설이 나올 법도 하다. 이 '후즈'는 훗날에도 그들의 종적을 드러낸다. 1950년대 태평구에 야유회를 갔던 구정부區政府의 직원들이 산중턱의 동굴에서 '후즈'의 시신을 발견했던 것이다. 마침 구정부에서 회계로 근무하던 전영범 씨의 부친도 이 발견 현장에 있었다.

"군복 외투를 입은 사람이 돌상에 엎드린 채 숨져있더래요."

그때 외투는 벌써 색이 하얗게 바랬고 마른 낙엽처럼 손이 스쳐도 부서질 듯 했다. 시신의 옆에는 또 말안장이 놓여 있었다.

미구에 말안장은 발견 경위를 적은 문서와 함께 평양으로 이송되었다. 그 시기 라자구는 김일성을 위시한 조선인부대가 활동하던 지역이었기 때문이다. 훗날 말안장은 평양 "조선혁명박물관"에 전시되었다.

진짜 김일성부대는 라자구에서 여간 '소란'을 피운 게 아니었다. 언제인가 시가지 복판까지 쳐들어왔다. 그게 1934년 6월에 있었던 일이라고 현지의 비석에 기록되어 있다. 김일성부대는 교전에서 만주국 군대와 경찰에게 막중한 손실을 입었다고 한다.

이처럼 항일무장부대가 활약하고 있을 때 전영범 씨의 가족은 이곳에 정착한지 어느덧 한 세대를 넘고 있었다. 전영범 씨의 조부는 20세기 초 함경북도 온성에서 이 고장으로 천입했다고 한다. 온성에 있던 전씨 성의 7~8가구가 그들과 함께 이삿짐을 묶었다.

전씨가 두만강 기슭에 갑자기 군체群體로 나타나지만 그렇다고 별스런 일은 아니다. 온성의 풍리동과 향당동, 용남동 등에 이들 황간 전씨黃潤全氏의 집성촌이 있었기 때문이다. 황간 전씨의 시조는 전익全翼으로 도시조 전섭全聶의 26대 손이다. 전섭은 고구려 동명왕의 셋째 아들로 백제 건국 10대공신이다. 전익은 고려시대 형부전서로 있으면서 1231년 몽고군이 침입했을 때 이를 토벌하는데 공을 세워 황간군黃潤君에 봉해졌다. 그 후손들이 분관되어 황간을 본으로 삼았던 것이다. 이 황간은 한반도의 최남단에 위치한 고장의 지명이다. 황간 전씨가 언제 그리고 왜 한반도의 최북단으로 이주했는지는 알 수 없다. '문화대혁명' 때 전씨 가족은 그 무슨 화가 미칠까 우려되어 족보를 소각했기 때문이다.

그 후 가문에 외롭게 남은 건 구전하는 '전설'뿐이었다. "녹두장군 전봉준은 우리 가문의 5대조 할아버지가 된다고 합니다."

전봉준은 조선 말기 동학농민운동의 지도자이다. 가계에 따르면 그는 천안 전씨天安全氏로 삼제공파三帝公派 40대손이다. 그가 어떻게 황간 전씨와 맥이 닿는지는 정말 미스터리가 아닐 수 없다.

아무튼 양반가의 핏줄은 숨길 수 없었던 모양이다. 조부는 논에 나갈 때도 두루마기를 입고 개화장을 짚었다고 한다.

여담이라고 할까, 조부는 일찍 아홉 살 때 장가를 들었다고 한다. 그때 조모는 열세 살이었다. 신랑이랍시고 꼭뒤에 상투를 얹은 애송이의 모습은 조모의 기억에 하나의 바위벼랑을 깎아 세우고 있었다.

"조부님은 말을 타고 왔는데 젖 냄새를 채 가시지 못해서 머리가 노랗더라고 해요."

전씨 가족이 정착할 때 라자구는 수분대전지綏芬大甸子라고 불리고 있었다. 수분하綏芬河의 상류에 있고 또 무연한 풀밭이 펼쳐졌다고 해서 지은 이름이었다. 수분綏芬은 만주족말로 '송곳'이라는 의미인데, 골짜기에 흐르면서 낙차가 심하고 여울이 많은 수분하의 모양새를 형용한 것이다. 기왕 말이 났으니 망정이지 마을 북쪽에서 수분하에 흘러드는 강은 '암퇘지의 강'이라는 의미의 로모저하老母猪河라고 불린다. 강기슭의 수림에 멧돼지가 떼를 지어 출몰했다고 해서 지은 이름이다.

수림의 이 멧돼지를 쫓아서 왔는지는 몰라도 라자구에 맨 먼저 나타난 사람은 사냥꾼이었다고 지명지가 밝힌다.

청나라 광서光緖 8년(1882), 중국인 왕씨네 아홉째王老九 등 셋이 수렵을 하다가 이곳에 이르렀다고 한다. 고개를 넘자 갑자기 병풍을 거둔 듯 눈앞에 큰 벌이 펼쳐지고 있었다. 푸른 강이 물보라를 튕겼고 키를 넘는 쑥밭에는 싱긋한 땅 냄새가 피어올랐다. 그들은 아예 화승총을 내려놓고 화전을 일궜다. 그로부터 몇 년 후 김씨 성의 조선인이 이곳에 찾아왔다. 살기 좋은 고장이라고 입소문이 전해지면서 중국인과 조선인 간민墾民들이 연속부절이 찾아들었다.

"해방(8·15 광복)이 날 때 반수가 조선인들이었다고 합니다." 집안의 연장자에게 전영범 씨가 한두 마디씩 전해들은 이야기였다.

태평촌은 물론 라자구 서쪽의 요자구腰子溝와 삼도하三道河子에는 조선인들이 집단적으로 살고 있었다. 요자구腰子溝는 마을이 우묵한 곳에 있고 또 라자구 중부에 위치한다고 해서 지은 이름이며 삼도하三道河子는 강 세 갈래가 부근을 흐르고 있다고 해서 지은 이름이다. 그러나 조선인들은 이 두 마을을 경상도 사람들이 모여 산다고 해서 따로 '남도치 마을'이라고 불렀다고 한다.

🔼 수분촌 비석 라자구진 입구이다.

8·15 광복 전 일본군이 늘 '후즈'를 토벌하면서 조선인 마을은 많은 피해를 입었다. 와중에 일본군의 등쌀을 못 이겨 타향으로 이사한 사람들이 적지 않았다. 해방을 맞은 후 다들 한시름을 덜게 된 줄 알았다. 그런데 이번에는 진실한 '후즈'가 나타났다. 마희산馬希山 무리가 라자구에 기어들었던 것이다. 마희산은 동만東滿에서 악명이 높은 토비 괴수이다.

이런저런 풍파 때문에 조선인들은 앞을 다투어 라자구에서 자리를 떴다. 그래도 전영범 씨가 학교를 다니던 1960년대 중반까지 열에 두셋 정도는 되었다고 한다. 그가 중학교를 졸업하고 지식청년으로 하향했던 라자구 제2대대(第二大隊, 촌)도 마찬가지였다. 대대에는 7개의 소대(小隊, 촌민소조)가 있었는데 7소대는 순 조선족 동네였다고 한다.

그때 현성은 두 개 대대大隊로 나뉘고 있었다. 서쪽의 제1대대는 예전의 수분촌綏芬村이었고 동쪽의 제2대대는 예전에 고성촌古城村으로 불리던 마을이었다. 수분촌은 라자구의 현성 소재지이고 또 라자구의 원명이 수분대전자라고 해서 지은 이름이다. 고성촌은 마을 부근에 요·금遼·金 시기의 옛 성이 있다고 해서 지은 이름이다. 사냥꾼들이 이 고장에 발을 들여놓기 수백 년 전에 벌써 선인들이 살고 있었던 것이다.

아무튼 마을마다 대대大隊라는 이름처럼 그 무슨 군부대 소속이라도 되듯 늘 전쟁준비를 한다고 법석을 놓았다.

"1969년이라고 기억되는데요, 한겨울에 추워 벌벌 떨면서 갱도를 팠지요."

7소대에 배당한 곳은 옛 토성 아래였다. 그런데 봄이 되어 땅이 녹으면서 소가 갱도에 벌렁 빠졌다. 나중에 토성은 갱도 구간이 몽땅 무너져

내렸다고 한다.

옛 성의 수난은 이로써 끝나지 않았다. 훗날 부근의 벽돌공장은 토성의 흙을 파서 벽돌을 구웠고 촌민들은 토성의 흙을 파서 벽을 발랐다. 수레로 흙을 실어다가 가축의 똥에 버무려 비료를 만들기도 했다.

토성은 톱질을 한 듯 들쭉날쭉하게 변했다. 남쪽 성벽은 아예 통째로 종적을 감췄다.

전영범 씨는 우리 일행이 현지를 답사하면서 촬영한 사진을 보고 혀를 찼다. "아직도 이만큼이나 잔존한다는 게 정말 기적이지요"

그는 1973년 대학에 입학하면서 라자구를 떠났고 나중에 북경에서 근무하게 되었다. 훗날 그의 가족들도 하나둘 도회지로 자리를 떴다. 라자구에서 더는 전씨 가족을 만날 수 없게 된 것이다. 아니, 다른 성씨조차 좀처럼 만나기 힘들었다. 벌써 열에 하나도 채 되지 않고 있었기 때문이다. 선조 때부터 쌓아 올렸던 '옛 성'은 동서남북 어디라 없이 허물어지고 있었다.

말 그대로 라자구의 골짜기는 땅 위에 바위투성이의 벼랑만 앙상하게 남기고 있는 것 같았다.

개구리의 울음소리가 없는 개구리마을

"옛날 옛적 어느 연못가에 개구리마을이 있었습니다. 그 개구리마을에는 개구리를 통치하는 왕이 없었습니다."

이솝우화에 등장하는 '개구리마을'의 한 단락이다.

정말이지 '개구리마을'이 책에서 훌쩍 뛰쳐나오지 않았나 싶다. 하마탕은 음역한 지명으로 실은 개구리의 못이라는 의미의 합마당蛤蟆塘이기 때문이다. 우연인가, 마을의 '왕'격인 촌장도 마을에 있지 않았다. 현성에서 살고 있고 이따금씩 어가처럼 마을에 행차한다고 한다.

어딜 갈까 하고 망설이는데 누군가 촌민센터에 가면 마을의 노인들을 만날 수 있다고 알려줬다. 아니나 다를까, 따뜻한 온돌방에 노인 예닐곱이 밥상에 빙 둘러앉아 포커놀이를 하고 있었다.

좌상은 윤창규(78세) 옹이었다. 마침 충청북도 태생으로 세 살 나던

1938년 두만강을 건넜다고 한다. 바로 그해 충청북도에서 180세대의 집단이민이 한꺼번에 간도에 진출하는데 그중 80세대는 도문의 정암촌亭岩村을 형성하며 100세대는 하마탕으로 들어왔다는 설이 있었다.

그런데 좌석에서 충청북도 태생은 윤창규 옹 단 혼자였다. 들어보니 하마탕 마을에서 충청북도 사람들은 '소수민족'이었고 함경도와 강원도 태생이 '주체민족'으로 되고 있는 것 같았다.

실제 하마탕촌은 '함경도마을'과 '강원도마을'의 합체라고 한다. 1935년, 함경도의 집단이민 100세대가 전하前河의 북쪽에 배치되며 강원도의 집단이민 100세대가 전하의 남쪽에 배치되었다. 전하는 하마탕 지역 가운데 있는 산마루의 앞쪽을 흐른다고 해서 얻은 이름이다. 이에 앞서 이 고장에는 벌써 수십 가구의 마을이 있었는데, 동네에 큰 느릅나무가 있다고 해서 대과수大果樹 마을이라고 불렸다고 한다. 집단이민으로 큰 마을을 형성한 후 마을이 흥성한다는 의미로 신흥툰新興屯이라고 이름을 지었다. 신흥툰은 1981년 향 소재지로 되면서 하마탕촌이라고 개명했다.

지명지의 기록에 따르면 하마탕은 원래 저지대의 습지였고 늪이 많았으며 또 개구리가 많다고 해서 지은 이름이라고 한다. 사실은 예전에는 개구리가 그리 많지 않았다고 한다. 그때 진펄에는 고인 물이 많았으며 이 물은 더럽고 썩어서 식수로 사용할 수 없었다. 혹여 잘못 먹기라도 하면 사람이 병에 걸려 죽는다고 했다. 이런 고장은 개구리가 알을 치는데 맞춤하겠다고 해서 하마탕이라고 불렸다는 것이다.

어쨌거나 하마탕은 '충북마을'이 아니었다. 그렇다면 충청북도의 집단이민은 왕청에 이른 후 마을을 이루지 않고 제각기 산지사방으로 흩어졌던 걸까.

좌중에 이 의문거리를 내놓자 윤창규 옹은 대뜸 머리를 흔들었다. "제가 살던 마을에는 충청북도 사람들만 있었는데요."

윤창규 옹은 워낙 하마탕 북쪽 계관향雜冠鄕의 화가영火家營에서 살았다고 한다. 그때 화가영에는 약 90 가구가 있었는데 전부 충청북도 이민들이었다는 것이다. 왕청에서 찾을 길 없던 '충북마을'은 바로 이 화가영에 정체를 숨기고 있었다.

⬆ 하마탕촌 개척비

계관향은 민국(民國, 1912~1949) 초기에 생긴 마을로 원래는 여덟 가구의 인가가 있었다고 해서 '팔가자八家子'라고 불렀다. 팔가자라는 이 동명의 마을은 훈춘과 화룡에도 나타난다. 훗날 부근에 닭볏 모양의 벼랑이 있다고 해서 '계관라자雜冠砬子'라고 불렀고 그게 나중에 마을과 향의 이름으로 고착되었다고 한다.

문득 누군가 윤창규 옹의 말을 중동무이했다. 화가영이 아니라 곽가영霍家營이라는 것이다. 화가영과 곽가영은 중국말로 발음이 비슷하다.

그러자 윤창규 옹은 버럭 화를 냈다.

"이보게, 거기에 살았던 사람이 모르겠나? 분명히 화가영이라고 했다니까."

뒷이야기이지만, 지명지에는 진짜 화가영이 아닌 '곽가영'이라고 적혀 있었다. 해방(8·15 광복) 전에 곽씨霍氏 성의 사람이 목이버섯을 기르고 사슴을 사육했다고 해서 지은 이름이라고 기록하고 있었다. 워낙 10여 가구가 살고 있었으며 여건이 되지 않아서 전부 이주했다는 것이다. 그야말로 지명을 새라고 한다면 오장육부를 다 갖추고 있는 셈이었다. 정작 놀라운 일은 그 뒤에 있었다. 강덕(康德, 1934~1945) 연간의 '왕청현 지도'에는 분명 마을을 화가영이라고 밝히고 있었기 때문이다.

"해방이 되면서 난리통(판)이었지요. 그래서 해방이 나던 해 전부 자리를 떴어요." 윤창규 옹은 이렇게 설명을 달았다.

1945년 8월, 소련군이 만주에 진출하면서 조선인들은 뜻하지 않던 화를 입게 된다. 소련군은 키나 생김새가 비슷한 일본인과 조선인을 좀처럼 분간하기 힘들었다. 그래서 조선인을 일본인으로 오인하여 연행하는 일이 다반사로 일어났다. 일부 소련군은 또 농가에 뛰어들어 가축을 빼앗고 부녀자를 강탈하는 짓도 자행했다.

이 무렵 관내에서 진출한 국민당 군대와 지방군, 토비들은 자주 조선인마을을 습격했다. 일제 치하에서 산처럼 쌓였던 울분을 엉뚱하게도 무고한 조선인들에게 토해내고 있었던 것이다. 예전에 괴뢰 만주국은 배급에 차이를 두는 등 방법으로 일본인을 1등 공민, 조선인을 2등 공민, 중국인을 3등 공민으로 인식시키는 차별정책을 실시했다. 실제로는 조선인을 차별했지만 또 중국인들이 조선인을 '일본의 앞잡이'로 여기게 만들었다. 이때 북만주에서 사문동(謝文東)이 거느린 토비무리가 조선인마을 하나를 거의 도륙하다시피 사건도 있었다.

8·15 광복 후 조선인들은 웃음을 미처 땅에 떨어뜨리기 전에 난데없는 불도가니에 빠지게 되었다.

⬆ 대채현을 따라 배우자라는 구호가 쓰여 있는 옛 건물 대채는 예전의 모범농촌마을이다.

화가영은 목단강牡丹江에서 왕청으로 나오는 길목에 위치, 더구나 불 방석에 올라앉은 격이었다. 누군가 부랴부랴 이삿짐을 싸들었고 뒤이어 이웃들도 하나둘 서둘러 자리를 떴다. 아침저녁으로 밥 짓는 연기를 뿜어올리던 화가영은 불과 몇 달 사이에 정적만 감도는 음산한 '귀신마을'로 되었다.

곽가영은 그로부터 20년이 지난 1964년에 중국인들로 형성된 마을이다.

"화가영은 무슨 감시초소 같은 게 있다고 해서 지은 이름이 아닐까요?" 윤창규 옹은 나름대로 마을 이름을 이렇게 해석하고 있었다.

옛날 봉화대에 불을 지피 듯 토비가 오게 되면 연기를 피워 올리지 않았을까 하는 지레짐작이었다. 그러나 화가영에는 옛 봉화대의 유적은 물론이요, 연기로 토비들의 소식을 알렸다는 기록이라곤 없다.

윤창규의 일가는 나중에 하마탕에 와서 이삿짐을 풀었다고 한다. "다들 어디에 가서 살고 있는지 몰라요. 여기에 떨어진 건 우리 한 집뿐입니다."

그렇다고 토비의 세력권에서 벗어난 게 아니었다. 현성과 수십 리 떨어져 있었던 하마탕에는 토비들이 사흘이 멀다하게 들락거렸다. 지어 민가에 기거하면서 밥을 지어 올리라, 닭을 삶아 올리라 하면서 사람들을 들볶았다고 한다.

◘ 왼쪽 도드라진 부분이 돌사람이며 그 뒤에 옛 성이 있다.

기왕에 밥 이야기가 나왔으니 망정이지 조선인들은 이주한 이듬해부터 하마탕의 밭과 습지를 개발, 광복 전까지 수십 정보의 논을 풀었다고 한다. 산종散種 즉 주로 볍씨를 직접 논에 뿌려 싹 트게 하는 농사법을 채용했다고 한다.

미구에 토비들은 조선의용군 부대가 오게 되자 동사방대東四方臺 쪽으로 부랴부랴 도망했다. 동사방대는 하마탕향으로부터 서쪽으로 약 10km 떨어져 있고, 산봉우리가 네모나다고 해서 지은 이름이다. 동사방대 산정에는 옛성 유적이 있는데 천 년 전의 발해국 공주 홍라녀紅羅女가 백성들을 이끌고 웅거했다고 한다. 정말 요새로서는 손색이 없었던가 보다. 일설에 북만주의 어느 유명한 토비 두목의 딸도 언제인가 부하들을 거느리고 동사방대의 옛 성에 칩거했다고 전한다.

이런 토비를 숙청한 부대에는 조선의용군 5지대를 위시한 조선인장병들이 적지 않았다. 1946년 그들은 북하마탕에서 토비들과 격전을 벌여 끝내 하마탕의 토비우환을 제거한다. 연변지역에서 토비숙청 작전은 1945년 11월부터 이듬해 6월까지 진행되었으며 무려 1만여 명의 토비를 섬멸했다.

한때 개 짖는 소리와 닭 울음소리가 사라졌던 하마탕에는 마침내 생기가 다시 돌았다. 순 조선족마을로 번성했던 1950년대 중반에 이르러 벌써 200여 가구로 몸집을 불렸다고 한다. 일찍 1937년 설립된 하마탕의 조선족중심소학교도 전성기에는 학생이 300여 명을 넘었다고 한다.

"예전에는 우리 마을을 5백호 동네라고 불렀지요." 윤창규 옹의 말에는 자부심이 그대로 배어나고 있는 듯 했다.

▲ 노인센터 벽에 부착된 경제장부와 직일명단

그러자 밥상에 둘러앉았던 노인들이 중구난방으로 떠들었다.

"타령 같은 소리를 하고 있구먼. 150가구도 되나마나 한 것이 벌써 언제인가."

조선족중심학교는 이미 폐교되고 한족(중국인)소학교가 생겨났으며 중학교도 중국인학교로 되었다고 한다. 하마탕 마을에 중국인이 천입된 건 1960년대인데 단 한 가구로 시작한 그들이 이제는 마을의 주역으로 떠오르고 있었다.

하마탕향은 2005년 이웃한 대흥구진大興溝鎭에 합병되었고 하마탕촌은 옛 이름인 신흥촌으로 돌아가고 있었다. 대흥구는 황량한 골짜기의 어귀에 있다고 해서 대황구大荒溝라고 불리다가 상서로운 의미를 담아 개명한 이름이다.

하마탕은 대흥구의 황량한 골짜기에 매몰되고 있었다. '개구리마을'의 쓸쓸한 결말이 풀잎처럼 하마탕의 물 위에 떠오르는 것 같았다.

"…황새는 마을의 개구리를 한 마리도 남김없이 잡아먹었고, 개구리마을에는 개구리가 한 마리도 살 수 없게 되었습니다."

밀어로 통하는 동네
왕청

연변에만 통하는 밀어密語가 하나 있다. 바로 '왕청같은 소리'이다. 이 말을 들으면 연변태생이 아닐 경우 십중팔구 난색을 짓는다.

"뭔데요? 도대체 무슨 뚱딴지같은 소리를 해요?"

그러면 좌중에는 금방 웃음소리가 터진다. 아이러니컬하게 진짜 '뚱딴지같은 소리'라는 의미이기 때문이다.

왕청汪淸은 연변에서 외지고 뒤진 고장이다. 예전에 현지인들은 못난 이 고향 때문에 덩달아 똘똘치 못하다고 늘 핀잔을 받았다고 한다. 그래서 동문서답을 하거나 엉뚱한 말을 하면 대뜸 기다렸다는 듯 '왕청'이라는 감투가 씌워졌던 것이다.

'왕청' 같은 밀어 이야기는 비좁은 차안에 색다른 분위기를 띄웠다.

"손님들은 뭐가 그렇게 재미나세요?" 택시를 몰던 오춘본吳春本 씨가 궁금한 듯 일행의 대화에 끼어들었다.

오춘본 씨는 현지에서 나서 자란 토박이였지만 조선족이 아닌 한족이었다. 이 때문에 우리 일행의 대화 자체가 모두 뭐가 뭔지 모를 밀어로 되고 있었던 것이다.

누군가 대충 화제의 내용을 설명하자 그도 피씩 웃음을 흘렸다.

"우리 왕청이야 정말 한심한 시골이지요. 그런 소리를 들어도 무방합니다."

사실 왕청은 인적이 드문 황량한 고장이 아니었다. 상고시대에는 북옥저北沃沮가 생활하고 있었고 훗날에는 고구려와 발해국의 속지였다. 발해국이 상경 용천부에서 동경 용원부로 가는데 꼭 거쳐야 할 고장이었다. 바다를 건너는 국제통로인 '일본도日本道'도 왕청을 경유하고 있었다.

🔹 만주국시기의 왕청 기차역

옛날 이 천년의 교통요로에는 역참이 곳곳에 설치되어 있었다. 왕청하와 가야하嘎硏河의 합수목 부근에도 합순참哈順站이라고 부르는 역참이 있었다. 합순哈順은 만주족말로 '잿빛의 물고기'라는 의미이니 예전에는 강에 물고기가 엄청 많았던 모양이다.

그러나 물고기가 발치에서 퍼덕거려도 합순참은 분명히 낚시터가 아니라 보루였다. 보루를 만주족말로 '왕흠(旺欽, 왕친)'이라고 한다. 왕흠의 원래의 뜻은 '단단하여 창으로 꿰뚫을 수 없는 갑옷'이며 보루라는 의미는 여기서 파생된 것이다. 아무튼 이에 따라 합순참을 흘러 지나는 강도 왕흠하(旺欽河, 왕친하)라고 불렸던 것이다.

선통宣統 2년(1910), 청나라 정부는 역참 부근에 현성을 설치하려고 하며 현 이름을 '왕흠(왕친)'이라고 지었다. 정작 현성은 사신들의 행렬처럼 역참을 지나치고 내처 남쪽으로 내려가서 가야하의 기슭에 자리를 잡는다.

가야하는 만주족말로 '채주하采珠河' 즉 진주를 채집하는 강이라는 의미이다. 금나라 때는 잔준하房蠢河, 청나라 때는 갈합리하喝哈哩河라고 불렀다. 『길림통지吉林通志』는 또 '13도十三道 가야하'라고 기록하고 있다.

뒤미처 왕흠이라는 지명은 새롭게 탈바꿈을 한다. 옛 지명의 공경할 흠欽을 비슷한 음의 맑을 청淸으로 고쳤던 것이다. 그런데 만주족의 발상지인 흥경(興京, 요녕성 위치)의 동쪽에 이미 동명의 왕청旺淸 변문邊門이 있었다. 그래서 첫 글자인 성할 왕旺 역시 넓을 왕汪으로 고쳐 지금의 이름인 왕청汪淸이 생기게 되는 것이다.

어쨌거나 본연의 고장을 잊을 수 없었던가 보다. 현성은 1938년 마침내 왕청하 기슭으로 돌아간다.

이때 현성이 자리한 곳은 옛 역참 부근의 대두자천大肚子川이었다. 대두자천은 훗날 현성의 거리 이름으로 전락했지만 지명지의 기록에 따르면 원래는 하곡河谷 평지의 가운데가 넓다는 의미라고 한다. 왕청하汪淸河가 벌을 가로 질러 흐르는 모양을 형용한 지명이라는 것이다.

오춘본 씨도 그렇게 전해 들었다고 한다. "대두자천은 배때기가 큰 강이라는 의미가 아닙니까?"

그 역시 중국말 그대로 뜻풀이를 하고 있었다. 공교롭게 동명의 지명은 이웃한 훈춘에도 나타난다. 그러나 이 대두자천은 만주족말이며 '사냥꾼이 살던 마을'이라는 의미라고 분명하게 전하고 있다.

아닌 게 아니라 왕청의 대두자천이 '사냥꾼이 살던 마을'일 수 있다는 주장이 나올 법 한다. 봉금封禁으로 황폐한 이 지역에는 19세기 말부터 비로소 인가가 생겼다. 두만강 저쪽의 조선인들과 관내의 중국인들이 이곳에 와서 정착했다. 그들은 땅에 화전을 일궜으며 산에 올라 삼을 캐고 수렵을 했던 것이다.

그때 사냥꾼의 대오에 조선인이 대략 얼마 있었는지는 알 수 없다. 아무튼 조선인은 개발 초기부터 상당한 규모를 이루고 있었다. 1910년 말 일본의 조사 자료에 의하면 조선인이 도합 1660가구, 9890명이 있었다. 그 지역을 나누어 보면 배초구百草溝와 목단천牡丹川 일대에 270가구의 1350명, 대두천 일대에 330가구의 1800명, 양수천자凉水泉子 일대에 730가구의 4940명, 하마탕蛤蟆塘 일대에 70가구의 450명이 있었다고 한다. 1930년대부터 집단이민이 시작되면서 조선인들은 더구나 급격히 늘어났다.

비록 8·15 광복을 맞은 후 대량으로 귀국하는 등 파동이 있었지만 조선인 마을은 여전히 적지 않았다. 왕청골汪淸溝 남쪽의 신흥향新興鄕은 10개 정도의 마을로 이뤄졌는데 대부분은 조선인 마을이었다고 한다. 왕청골은 훗날 도로가 길게 지났다고 해서 장령長嶺이라고 개명하였다.

조선인 마을 이야기가 나오자 이상윤(66)씨는 도리머리를 저었다. "그게 언제 있었던 이야기인데요?"

이상윤 씨는 한때 신흥향에서 부향장으로 있었다. 1986년 현성에 전근하면서 신흥향을 떠났다. 그 무렵 신흥향에 조선족 마을은 벌써 몇몇 남지 않았다는 것이다.

"1950년대 말부터 관내에서 한족이 대량으로 밀려왔지요."

오춘본 씨의 부친은 바로 그 무렵 왕청에 이주했다고 한다. 그들은 워낙 산동성의 빈주濱州에서 살았다. 인연이라면 기이한 인연이었다. 빈주는 한나라 때의 발해현渤海縣으로 발해국의 국명과 연줄을 갖고 있는 지방이다.

"고향마을의 토질은 알칼리성이라서 농사가 잘 안되었다고 합니다."

마을에서 20여 가구가 함께 이삿짐을 둘러멨다. 바다 건너 변강의 땅은 그들에게 희망의 땅으로 되고 있었다. 이때 그들은 정부의 '변강지원'이라는 명분을 앞세우고 있었다. 이민은 도도한 물결을 이뤄 장성을 넘었다. 예전의 '관동돌입闖關東'이 재현되고 있었다. '관동돌입'은 근대사상 산동, 하북 지역의 가난한 농부들이 만주로 대거 이민한 운동이다. 관동關東은 산해관山海關 너머 만주 땅을 가리키는 말이다.

🔼 조선족마을의 폐가 적게 낳고 빨리 부유해지자는 1970년대의 구호가 남아있다.

"십 년이면 강산도 변한다."더니 과연 없었다. 1990년대부터 발해기슭의 옛 고향은 부자동네로 거듭났다. 새우 등 양식업으로 집집마다 황금 낟가리에 앉았다. 천대를 받던 땅은 '금'을 낳는 '거위'로 되었다.

"우리 이모와 고모는 모두 산동에 계셔요." 오춘본 씨의 말에는 발해 기슭의 소금기가 짙은 해풍이 그대로 묻어나고 있는 듯 했다.

그는 얼마 전 산동에 다녀왔다고 한다. 친척들은 모두 풍족한 생활을 누리고 있었다.

"그분들이 아버지를 따라 나서지 않은 게 다행이지요."

그러나 오춘본 씨에게 산동은 그저 아버지의 옛 고향일 따름이었다. 산동에는 그의 호적이 없었고 땅이 없었기 때문이었다.

어느덧 오씨네는 가계도에 수풀을 그리고 있었다. 발해기슭을 떠날 때 몇몇에 불과하던 그들은 어느덧 왕청에서 수십 명의 대가족으로 거듭나고 있었다. 이처럼 한족은 골물처럼 불어나 반수를 넘고 있었지만 조선족 역시 상승세를 그어 10만 명에 육박하고 있었다. 그런데 도시바람이 불면서 조선족 인구는 다시 곤두박질을 하기 시작했다.

현성의 조선족소학교는 현재 하나로 합병되었고 한때 학생이 무려 천 명을 넘던 조선족고등중학교는 불과 3백 명 정도로 줄어들고 있었다.

아직도 왕청은 시골이기 때문에 다들 안착을 하기 힘들다는 오춘본 씨의 해석에 자못 수긍되었다. 현성에 승강기를 놓은 아파트가 건설된 지가 겨우 3, 4년 정도라고 한다. 오죽했으면 '현장縣長 어른의 연설'이라는 밀어가 생겼을까. 이 밀어는 왕청 시가지를 가로지른 대로를 이르는 말이었다. 고작 수백 미터에 달하는 이 대로는 한때 현성에서 제일 곧고 긴 길이었다. 길 양쪽에는 또 어둡고 칙칙한 건물들이 늘어섰다. 말 그대로 무미건조하고 지루한 '현장 어른의 연설'을 상기시키는 풍속도였다.

이상윤 씨도 퇴직한 후 고향인 왕청을 떠나 연길 시가지에서 노후를 보내고 있었다. 현지에서 다른 고장으로 이사하는 중국인들도 적지 않다고 한다.

어쩌면 나무가 꽃을 버려야 열매를 맺듯 도시화의 자연스런 흐름일지 모른다. 물도 냇물을 버려야 강으로 간다고 하지 않던가. 왕청하도 나중에 가야하에 흘러들며 가야하는 또 부르하통하와 합류한다.

드디어 강과 강이 만나는 곳에는 홀연히 마을 하나가 나타난다. 굽은 강이라는 의미의 곡수曲水이다. 곡수는 물 위에 또 하나의 '밀어'를 띄워

올리고 있다.

    곡수는 1940년 기차역을 세울 때 가야하가 부르하통하에 흘러드는 모양을 따서 지은 마을 이름이다. 물길이 이곳에서 하나로 합친다고 해서 합수평合水坪이라고 불리기도 했다. 사실은 예전에 조선인들은 '모둠이'라고 불렀다고 한다. 순우리말 지명이었다. 그러나 집단기억에 소실된 지 오랜 이 지명은 언제인가부터 누구도 알아듣지 못할 밀어로 되고 있는 것이다.

웅녀가 살고 있는
낡은 마을

마을의 이름은 백초구百草溝였다. 백가지 즉 갖가지 풀이 자라는 골짜기라는 의미이다. 이름만 들어보면 영락없이 풀대가 무성한 두메산골이다. 그래도 청나라 함풍(咸豊, 1850~1861) 연간에 벌써 인가가 있었다고 한다.

최초의 왕청 현성도 다름 아닌 이곳에 자리를 잡았다. 바로 선통宣統 황제가 즉위한 이듬해인 1910년이었다.

김정권 씨의 조부는 그 무렵 두만강을 건너와서 백초구에 정착했다. 김정권 씨의 부친이 신안촌新安村 태생이었고 그도 신안촌에 태를 묻었다. 신안촌은 백초구의 남쪽에 위치한 마을이다. 신안촌은 훗날 신안촌은 서쪽으로 약 300미터 자리를 옮기며 안전촌安田村으로 이름을 바꿨다.

그게 김정권 씨가 다섯 살 나던 해라고 한다.

"'낡은 마을'이라고 말하면 웬만한 노인들은 다 알지요."

⬆ 배초구 표지판 아래의 큰길이 마을 중심부를 가로지르고 있다.

신안촌은 하도 오랜 마을이고 또 새로운 마을로 옮겼기 때문에 현지에서는 '낡은 마을'로 통하고 있다는 것이다. 사실 신안촌은 이름 그대로 새로 정착한 터전이라는 의미라고 한다. 안전촌 역시 안전한 밭이라고 해서 지은 이름이라고 김정권 씨가 설명했다.

정말이지 지명을 전부 글자 그대로 뜻풀이를 하고 있지 않는가 싶었다.

그런데 지명지라고 이와 다르지 않았다. 이 기록에 따르면 신안촌 남쪽의 신전촌新田村은 처음에는 백白씨 성의 무관이 살고 있다고 해서 백관지방白官地方이라고 불렸다고 한다. 1942년 마을을 세울 때 신전촌이라고 작명했던 것이다. 새로울 신新은 새로 세웠다는 의미이며 밭 전田은 남쪽에 있는 마을 면전촌綿田村에서 따온 글자라고 한다.

흡사 한 넝쿨에 달린 열매를 방불케 한다. 면전촌은 예전에 길이 험해서 우차와 마차가 길을 지나다가 여러 번 뒤집혀졌다고 해서 이도마자二道麻子라고 불렸다. 마자麻子는 곰보를 이르는 말이니, 이도마자는 곰보처럼 울퉁불퉁한 길이 이중二重으로 된다는 의미라고 하겠다. 훗날 이곳에 부들浦草이 많고 꽃이 필 때 마치 목화밭을 방불케 한다고 해서 면전이라고 개명했던 것이다.

제일 남쪽에 위치한 뇨지(鬧地, 일명 노우지)는 더구나 지형지물이 지명에 그대로 드러나는 듯하다. 예전에 이 지역에는 수림이 무성했다. 이 때문에 서로 엉킨 나뭇가지를 헤쳐야만 길을 걸을 수 있다고 해서 지은 이름이기 때문이다. 근처의 금생촌金生村도 누군가 이곳에서 금을 캐냈다고 해서 금이 생긴다는 의미로 지어 부른 이름이라고 한다.

따져보면 백초구도 이름 그대로 풀 때문에 생긴 이름이다. 그러나 실은 백종百種의 풀이 아니라 일종一種의 풀이라고 한다. 지명지의 기록에 따르면 이 고장에는 개발 전에 갖가지 풀이 어디라 없이 자랐는데 가을철이 되면 흰색의 풀의 바다를 이뤘다는 것이다. 그래서 흰풀이 무성한 골짜기라는 의미의 백초구白草溝라고 작명했다가 훗날 백가지 풀이 자라는 동네라는 의미의 백초구百草溝라고 개명되었다고 한다. 흰 백白과 백백百은 같은 음이기 때문이다. 또 우리말로 음역되면서 기윽자의 받침을 빼버린 배초구로 불린다.

배초구의 흰풀은 이 고장을 흐르는 가야하嘎砑河의 물 위에 드디어 실상을 드러내는 듯하다. 가야하를 막아서 만든 저수지가 만천성滿天星이라는 풀의 이름을 달고 있는 것이다. 만천성은 우리말로는 두메별꽃으로 깊은 산중에 피는 별 모양의 꽃이라는 의미이다. 일명 유월설六月雪, 유월에 정말 눈처럼 하얗게 그리고 촘촘히 핀다고 해서 불리는 이름이다.

⬆ 만천성 우리말로 두메별꽃이라고 부른다. 아열대지역의 상록관목이다.

그럴지라도 '만천성'의 상징물은 흰색의 풀이 아니라 흰 옷을 입은 선녀였다. '백의선녀白衣仙女'라고 불리는 이 선녀의 조각상은 '만천성'의 작은 산마루에 서 있었다. 흰 층계의 저쪽 위에 서 있는 백의선녀는 하늘 아래의 흰 기둥을 방불케 했다.

이 백의선녀는 손바닥에 어떤 공 모양의 둥근 물건을 올려놓고 있다. 그런데 연꽃이라고 하면 잎사귀가 펼쳐지지 않았고 열매라고 하면 무늬가 그어져 있었다. 의문은 조각상 아래의 안내판에 이르러서야 비로소 풀려졌다.

"어, 단군신화에 나오는 웅녀熊女로구만."

⬆ 배초구 경내에 있는 인공 풍경구 산 정상에 웅녀상이 서 있다.

웅녀는 곰이 여자로 변신했다고 해서 얻은 이름으로, 환웅과 결혼하여 단군을 낳은 신화인물이다.

백의선녀가 손에 들고 있는 물건은 그를 인간으로 만들어준 마늘이었다.

먼 옛날 웅녀가 정말 풀이 무성한 이 '낡은 마을'의 배초구에 기거하고 있었을까. 확실한 것은 태고연한 시대부터 배초구에는 분명히 인간이 살고 있었다는 것이다.

1952년 중학생 몇몇이 안전촌 부근에서 석기를 채집, 문화부문에 바치면서 수천 년 동안 매몰되었던 유적지가 발견되었다. 유적지는 길이가 1천 미터, 너비 650미터에 달했으며 돌도끼, 돌칼, 연자방아 등 생활용구가 대량으로 발굴되었다. 부근의 산비탈에는 또 동시기의 고분이 발견되었다.

청동기시대부터 철기시대에 이르는 대형 취락聚落 유적이었다.

현지의 사학계는 출토유물과 유적지의 특점에 근거하여 북옥저北沃沮가 거주하던 곳이라고 판정했다. 북옥저는 오늘의 함경북도 북부 및 간도 지역에서 생활하고 있던 고대 읍락집단으로 예맥 계열이다.

김정권 씨의 선조들도 함경북도 북부에 집성촌을 이뤄 살았다. 사실 그들 진천鎭川 김씨는 충청북도에 시원을 두고 있었다. 시조 김사혁金斯革은 고려 때인 1320년 충청북도 진천에서 출생했는데 강릉 김씨의 시조 김주원金周元의 후손이라고 전한다. 김사혁이 죽은 후 후손들이 진천 김씨로 분관했던 것이다.

1930년 함경북도 종성군 용계면 종성동에는 239가구가 살고 있었다. 한반도에서 진천 김씨가 가장 많이 살았던 곳이라고 한다.

김정권은 가계家系를 소상히 알고 있지 못했다. "저희 집안의 본관은 충청북도에 있고 파는 상패라는 것만 알고 있을 뿐입니다."

진천 김씨의 파가 상패, 중패, 말패이며 상패는 그중의 하나라는 것이다. 실은 경기도 양주시에 이와 비슷한 이름의 상패, 중패, 하패 등 3개 리가 등장하지만 진천 김씨의 파와는 별개이다. 진천 김씨는 홍원파, 단천파, 참판공파, 균자감파, 곡산파, 종성파 등으로 나뉘기 때문이다.

경기도 양주의 3개 리가 어떻게 진천 김씨의 파로 되어 김정권의 가문에 전해졌는지 현재로선 사연을 알 수 없다.

사실상 배초구에 처음 나타난 조선인의 행처도 잘 알려지고 있는 건 아니다. 여러 지방문헌의 기록을 종합해 보면 청나라 동치(同治, 1862~1874) 연간 노盧씨 성의 조선인이 서쪽의 목단천牧丹川에 내왕하면서 개간을 했다고 한다. 목단천은 모란봉에서 흘러내리는 강 이름을 따서 지은 마을 이름이다. 노 씨는 귀화인으로 풍속 습관도 중국인을 따랐다고 한다. 말이 조선인이지 중국인이었다. 순수한 조선인으로서는 장張씨 성의 사람이 1897년 온성에서 배초구에 내왕하였다고 한다.

김정권이 학교를 다닐 때 배초구에는 벌써 조선족이 적지 않았다. 대대(大隊, 촌)마다 4, 5개의 조선족 소대(小隊, 촌민소조)가 있었고 배초구 전 지역에 20여 개의 대대가 있었으니 어림잡아 5만 명 정도는 되었다. 안전은 시골의 마을이었지만 조선족소학교까지 있었다.

"배초구에서 중학교에 다녔는데요. 조선족중학교가 하나 있었지요."

조선족중학교는 조선족 반급을 위주로 학년마다 한족 반급을 하나씩 두었다. 지금도 중학교는 존속하고 있지만 학생은 예전의 1/5도 되지 않는다고 한다. 안전촌의 조선족소학교는 김정권이 현성으로 전근하기 직전인 1979년 폐교했다. 그 무렵부터 조선족들은 저수지에서 물이 빠지듯 상당수 외지로 나가고 있었던 것이다.

한때 배초구의 큰길 양쪽에는 식당이 줄지어 있었다고 한다. 전성기에는 식당이 무려 10여 개, 거의 조선족이 운영하는 식당이었다.

"특미가 물고기탕이었지요. 일부러 차를 타고 백리 길을 왔다니까요." 동행한 연길의 안씨 친구가 하는 말이다.

가야하에서 잡아서 올린 물고기로 끓인 탕은 사람들의 입맛을 사로잡았다. 평소에도 자리를 미리 예약할 정도였다고 한다. 귀맛이 부쩍 당겨 일부러 배초구의 물고기국 식당을 찾았다. 어랍시구, 문고리를 잡고 들어서니 웬 중국말이 흘러나왔다. 남북 4백 미터의 큰길을 오르내리며 참

▲ 백의선녀의 웅녀상

빗질 했지만 전부 중국인식당이었다.

'꿩 대신 닭'이라고 그중 깨끗해 보이는 식당을 선택했다. 나중에 식탁에 오른 물고기탕은 더운 김을 모락모락 서려 올렸다. 안씨 친구는 예전에 맛보았던 탕과 별반 다름이 없다고 말했다. 제법 어물쩍하게 조선족 음식의 진수를 흉내 내고 있는 것이다.

훗날 기사에 쓸 자료들을 정리하다가 또 한 번 깜짝 놀랐다. 중국 최대의 검색엔진 바이두百度는 상고시대에 숙신肅愼이 살고 있었고 한진漢晉 시기에는 읍루, 북위北魏시기에는 물길의 땅이었다고 왕청의 연혁沿革을 설명하고 있었다. 숙신은 말갈, 읍루, 물길, 여진, 만주족으로 이어지는 고대민족으로 예맥과는 전혀 다른 계열이다.

옛날 배초구의 골짜기를 채웠다는 흰풀이 금세 머리에 하얗게 피어나는 것 같았다. 그러나 그 흰풀은 결코 백의선녀가 서 있던 '만천성'이 아니었다. 만천성은 배초구 일대에는 자라지 않는 남방 지역의 상록관목이기 때문이다.

그렇다면 배초구의 이름을 만든 흰풀의 정체는 도대체 무엇일까.

안도편

밝은 달이
떠오른 골짜기

⬆ 류하촌 어귀

두루미가 춤추던 버드나무의 마을

    현성을 벗어난 차는 산기슭을 따라 한참이나 달렸다. 골짜기에는 시냇물이 졸졸 흐르고 있었다. 강기슭의 마을 이름을 따서 남류하南柳河라고 불린다고 한다. 남류촌은 부르하통강 남안에 위치하고 버드나무가 무성하다고 지은 이름이다.

    정말이지 간민墾民들이 이 마을을 형성하던 190년대나 있었을 법한 이야기였다. 버드나무는 강기슭에 듬성듬성 서 있을 따름이기 때문이다. 그나마 골짜기로 불어오는 바람에 이리저리 비칠거리고 있었.

    북쪽의 첫 동네인 신남류촌新南柳村에서 차를 멈췄다. 신남류촌은 1948년 남류촌의 일부 농부들이 경작한 밭이 가까운 데로 이사하여 정착하면서 생긴 지명이다. 웬일인지 연거푸 두세 집이 모두 비어 있었다.

    "이게 사람이 사는 마을이 맞긴 하나?"

🏠 새 기와집과 폐가가 극명한 대조를 이룬다.

    부득불 두 번째 마을인 중흥툰으로 차머리를 돌렸다. 중흥툰은 신남류촌新南柳村과 무학촌의 가운데 위치하며 또 마을의 흥성을 바라는 의미에 지은 이름이다. 현지인들은 아예 '중간마을'이라고 부른다고 한다.

    해괴한 일은 '중간마을'에서도 이어지고 있었다. 첫 집은 나뭇가지를 달아서 만든 사립문에 자물쇠가 걸려 있었다. 두 번째 집은 금방 찌그러질 듯한 폐가였다. 세 번째 집에 들려서야 비로소 한 아낙네가 문을 열었다. '중간마을'이 순 조선족마을이라고 하더니 웬걸, 알짜배기 중국인이었다. 아낙네는 촌장을 찾는다고 하자 이사를 온 외지인이라서 잘 모른다고 했다.

아무래도 또 헛물을 켤 것 같았다. 차를 타고 그냥 지나치려고 하는데 마침 이웃집 마당에서 잔일을 하는 중년 사내가 눈에 띄었다. 구세주를 만난 것 같았다. 그러나 울바자 위로 날아오는 대답은 일행에게 단통 찬물을 끼얹고 있었다.

"잘못 오셨나 본데요. 촌장은 진(鎭, 한국의 읍)에 올라가서 살고 있습니다."

들어보니 촌장은 볼일이 있으면 그때그때 차로 내려온다고 한다. 촌장도 이제 진장鎭長 어른이라도 된 듯한 행색을 하고 있는 것 같았다. 궁벽한 시골이라고 뭐나 허술하게 볼 게 아니었다.

누가 마을의 내력을 잘 알고 있는가 하고 물었다. 중년 사내는 대뜸 위쪽의 벽돌집에 사는 노인이라고 알려준다.

"성씨가 선우鮮于인데요, 우리 마을에서 연세가 제일 많습니다."

손기척을 여러 번 해서야 문이 빠끔히 열렸다. 할아버지의 어깨 너머로 바느질감을 손에 든 할머니가 이쪽으로 머리를 기웃거리고 있었다. 어쩐지 늙은 양주는 낯선 불청객을 그다지 반기지 않는 기색이었다. 할아버지는 당금 축객 명령을 내릴 듯 문설주를 짚고 엉거주춤 서 있었다.

시골에서 이다지 인심이 각박해졌나 하는 생각이 들면서 괜히 마음이 슬퍼졌다.

할아버지는 일행이 찾아온 경유를 듣다 말고 손을 홰홰 내저었다. "이보게, 취재를 왔다는 게 맞긴 한가? 기자증명서를 보여줄 수 없겠나?"

뒷이야기이지만, 독거노인들을 노리고 이런저런 장사꾼들이 자주 들락거리고 있었다. 이웃집의 누군가는 아들, 며느리가 베개머리에 챙겨준 지

▲ 농가에는 선우희렬 옹 내외 둘만 살고 있다.

전을 그 무슨 '만병통치'의 약을 사느라고 한 방에 날려버렸다고 한다. 그는 병을 치료하기는커녕 오히려 '울화병'을 사서 지금도 고생한다는 것이었다.

"이틀 건너 마을을 찾아온다네. 성가시게스리(성가시게 말이네)." 선우 옹은 다소 겸연쩍어하면서 이렇게 해석했다.

그는 이름이 희렬로 항렬에서 넷째라고 했다. 평안북도에서 살던 아버지와 어머니는 큰형을 번갈아 업고 두만강을 건넜다고 한다.

선우는 한국 성씨이다. 옛날 기자箕子의 맏아들 송松이 조선 2대 왕으로 즉위하면서 아우 중仲을 우于 땅에 분봉하여 나라를 세우게 했으므로 그 자손들이 조선의 선鮮자와 우산국의 우于자를 따서 선우씨鮮于氏로 성씨를 삼았다고 한다.

아쉽게도 옛 고향이 선우 옹에게 전승된 기억은 얼마 되지 않았다.

"옛날에는 '곽지'('괭이'의 함경도 방언)로 땅을 일궜다고 하네. 생활이 너무 어려워서 고향을 떠났다고 들었네."

선우 옹은 거의 말마디마다 함경도 방언을 넣고 있었다. 그는 이민 2세로 1932년 부르하통하 남안의 대성툰大聖屯에서 태어났던 것이다. 대성툰은 조선인마을로 천주교 교회당이 있다고 해서 지은 이름이다. 선우 옹은 어린 시절을 대성툰 바로 위쪽의 경성툰鏡城屯에서 보냈다고 한다. 경성툰은 함경북도 경성군의 이민들이 살고 있다고 해서 그렇게 불렸다고 한다. 함경도 고유의 방언은 그때부터 벌써 선우 옹의 피 속에 남류하의 물처럼 소리 없이 잔잔하게 흘러들었던 것이다.

8·15 광복이 나기 전 선우 씨 가족은 다시 남쪽의 중흥툰中興屯으로 이사했다. 이 무렵 대성툰은 성스러울 성聖자를 버리고 성 성城으로 바꿨다고 한다. 우리말로 직역하면 같은 이름자이지만 하늘과 땅만큼 차이가 있는 의미이다.

그런데 진짜 하늘과 땅이 맞붙었는가. 두만강 저쪽에 멀리 떨어진 줄로 알고 있던 옛 고향 평안북도가 불현듯 선우 옹 가족의 지척에 다가왔다. 중흥툰과 이웃한 무학촌은 '평안북도 마을'이었던 것이다. 1910년경 평안북도 농부들이 이곳에 정착하면서 마을이 생겨났다고 한다. 선우 성씨의 집성촌은 바로 평안북도의 태천군과 창성군, 평안남도 대동군에 집중되어 있다.

실제 선우 옹의 선친도 평안북도의 집성촌에 본적을 두고 있었다고 한다.

"평안북도 용천군 학소리에 우리 선우 씨가 살고 있는 마을이 있었다고 하네. 이름이 선우촌이라고 들었네."

뒷이야기이지만, 학소리鶴巢里는 용천군이 아니라 염주군에 있는 동리였다. 선우 옹의 기억에서 어느 고리인가 잘못 이어지고 있는 것 같았다.

사실상 그렇게 헷갈릴 정도로 두루미 학鶴은 평안북도의 지명에 적지 않게 나타난다. 쌍학雙鶴, 학흥鶴興, 학산鶴山, 학암鶴巖, 학봉鶴峰, 학당鶴塘 등등. 평안북도의 산과 바위, 물에 모두 두루미가 노닐고 있었다. 솔직히 평안북도는 두루미와 그 무슨 특별한 인연을 맺고 있는 듯하다.

평안북도의 두루미가 이 고장까지 날아온 것 같았다. 무학촌舞鶴村은 바로 두루미가 춤을 춘다는 의미이다.

언제인가 선우 옹은 일부러 동구 밖의 언덕에 올라 무학촌을 살펴보았다고 한다. "마을이 마치 춤추는 두루미의 목덜미를 타고 앉은 것 같았네."

🔼 무학촌 뒤로 보이는 산발이 정말로 두루미가 춤추는 듯하다.

그의 말에 따르면 지형적으로 두루미가 춤추는 듯한 형국이 마을 이름을 만들었다는 것이다. 무학촌은 산기슭의 낮은 언덕을 가로타고 앉아 있다. 멀리 서남쪽으로 기복을 이룬 산발들은 마을 쪽으로 목을 길게 내밀고 날개를 젓는 두루미의 천연 조각상을 방불케 한다. 아닌 게 아니라 무학촌이라는 마을 이름이 이 때문에 생겨난 것 같기도 한다.

지명지의 기록은 이와 다르다. 예전에 간민들은 이곳에 왔을 때 두루미가 늘 춤추는 것을 보았으며 그래서 '무학동'이라고 마을 이름을 지었다고 한다. 무학촌의 전신인 무학동은 워낙 서쪽의 골짜기에 있었다.

선인先人들도 두루미가 춤추는 이 고장에 정이 들었던 모양이다. 천 년 전, 그들이 살고 있던 옛 성곽은 바로 두루미의 날개 아래에 있다. 이름하여 성문산城門山, 말 그대로 '성문'의 뒤에는 옛날 옛적으로 떠나는 통로가 있었다.

선우 옹은 천 년 전의 이 산성의 유무마저 전혀 모르고 있었다. 후문이지만 산성에 다녀온 촌민은 몇몇 되지 않았다. 훗날 만났던 무학촌의 조원호 씨가 바로 그중의 한 사람이었다. 그런데 산성을 두고 하는 그의 말이 과연 '걸작'이었다. 산성은 옛날 마적들이 공산당 유격대를 막느라고 쌓은 것이라고 하는 것이다. 조원호 씨는 무언가 크게 헷갈리고 있는 게 분명했다. 하긴 1930년대 마을에 토성이 옛 산성처럼 나타났으니 그렇게 생각할 법 한다. 괴뢰 만주국이 항일무장 세력의 침투를 막기 위해 집단마을을 만들었던 것이다.

"우리가 이사를 왔을 때도 토성이 남아 있었네. 토성 밖에는 또 '장재'가 있었지."

장재는 판자를 가로 대어 만든 울타리의 함경도 방언이다. 윗마을인 남류촌에 토성이 있었고 아랫마을인 무학촌에 토성이 있었다고 한다. 중간마을인 중흥툰에는 웬 영문인지 토성이 없었다고 한다.

선우 옹은 중흥툰은 바로 8·15 광복이 되기 직전에 생긴 마을이기 때문에 미처 토성을 쌓을 겨를이 없었다고 설명했다. 사실상 지명지의 기록에 따르면 중흥툰은 1935년에 형성된 마을이다. 일부 사람의 기억만으로는 마을의 전부를 담을 수 없다는 것을 보여주는 대목이었다.

어쨌거나 예전에는 세 마을 모두 순 조선족마을이었다는 게 확실하다. 전성기에는 거의 인가가 무려 100가구에 치닫고 있었다고 한다. 그런데 지금은 마을마다 열댓 가구 정도밖에 남지 않고 있었다.

선우 옹은 단 한마디로 마을의 현주소를 줄여서 말했다. "말이 사람 사는 마을이지 빈 집이 더 많다네."

솔직히 선우 옹의 집이라고 예외가 아니었다. 아들 부부는 한국에 돈 벌러 가고 손녀는 외지의 한국기업에서 근무하고 있다고 한다. 썰렁한 집에는 그들 양주가 고독하게 지킴이로 남아있는 것이다.

두루미가 날아간 빈 둥지에는 공허함만 물처럼 차오르고 있었다.

강기슭에 엉성하게 서 있던 버드나무가 새삼스레 눈앞에 떠올랐다. 종전에 골짜기에 푸르렀던 버드나무의 숲은 더는 없었다.

석문을 여는
마법의 주문

분명히 문짝이나 문설주가 없었지만 문이라고 부르고 있었다. 이름하여 석문石門이었다. 현성에서 동쪽으로 시내를 막 벗어나는 곳이다. 진짜 산등성이가 높고 긴 담처럼 길을 가로 막는다.

산비탈 길가에는 '석문산石門山'이라고 쓴 비석이 장승처럼 서 있었다.

"옛날 돌산을 깎아 길을 냈다고 해서 석문이라고 불렀다고 합니다."
석문 태생이라고 하는 박춘권 씨가 이렇게 설명했다.

그의 양친도 석문 태생이고 조부 역시 석문 태생이라고 한다. 조손 3대가 석문에 뿌리를 내리고 있는 것이다. 이때의 석문은 석문산을 경계로 현성 아래쪽에 있는 석문진(石門鎭, 한국의 읍)을 이르는 말이다.

워낙 산의 이름은 석문이 있다고 하는 석문산이 아니었다. 지명지의 기록에 따르면 예전에는 토문령土門嶺이라고 불렸으며 비석을 세웠던 자리는 속칭 '토문자土門子'라고 불렀다고 한다.

박춘권 씨가 어릴 때 마을에서 들은 이야기는 이와 조금 달랐다.

"원래는 '도문령圖們嶺'이라고 불렀다고 해요. 여기를 지나면 곧 도문圖們에 이르게 된다고 해서 지은 이름이라고 합니다."

도문은 두만강 기슭의 국경도시로 토문과 같은 발음이다. 토문령은 도문의 명성에 짓눌려 그예 도문령으로 와전되고 있는 것이다.

막상 토문령을 석문산이라고 개명하게 된 이유는 도문이라는 이 유사한 지명 때문이 아니었다. 똑같은 이름이 쌍둥이처럼 나타나고 있었던 것이다. 장춘에서 연변으로 나오는 길목에 동명의 산이 하나 있었다. 만주족말로 '낙타봉'이라는 의미인데 산의 모양이 흡사 낙타 등의 두 혹을 방불케 해서 지은 이름이라고 한다.

⬆ 석문 돌비석 산과 산 사이의 이곳은 돌문을 방불케 한다.

개명을 한 후 산은 석문촌이라는 동명의 마을 이름을 만들기에 이른다. 석문촌은 훗날 석문진의 소재지로 된 차조구茶條溝에 있었다. 그런데 석문촌의 원명은 바로 석문의 본명인 '토문자'였다고 전한다. 산기슭의 마을은 마치 그림자처럼 산의 이름을 졸졸 뒤따르고 있었던 것이다. 1934년, 돈화-도문 철도가 통차하면서 이곳에 기차역을 세우고 '차조구역'이라고 명명했다. 이때부터 마을은 기차역 이름을 따서 차조구로 불렸던 것이다.

"차조茶條요? 그게 무슨 뜻인지 모릅니다." 박춘권 씨는 잠깐 머리를 갸우뚱했다.

하긴 '차조'는 평소에 전혀 듣지 못하던 낱말이다. 사전에는 숫잔대(일명 산경채)를 이르는 말이라고 적혀있다. 일설에 차조구는 풀이 아니라 골짜기가 많다는 의미의 다조구라고 한다. 많을 '다多'가 어찌어찌하여 차 '다茶'로 잘못 기록되었다는 것이다.

🔺 북산촌 비석

351

아무튼 현지의 나이가 지숙한 사람들은 차조구를 그냥 석문(촌)이라고 부른다고 한다. 옛날의 기억은 그렇게 쉽사리 지울 수 없었던 것이다.

박춘권 씨는 차조구 서쪽의 북산촌北山村에서 살았다고 한다. 마을이 생겼던 1930년대는 부르하통하 북쪽의 산기슭에 위치한다고 해서 북산근툰北山根屯이라고 불렸으며 또 북산상툰北山上屯이라고 불렸다고 한다. 본래는 조선족이라곤 단 한 명이 살던 한족 동네였는데 부근 동네를 통합하면서 북산 산기슭에 띠처럼 길게 뻗은 큰 마을로 덩치를 불렸다.

박춘권 씨의 양친은 여전히 북산촌에 남아있었다. 북산촌 7대(對. 촌민소조)라고 했다.

"옛날에는 신안동新安洞이라고 했지요. 아직도 그렇게 부르는 노인들이 있어요."

신안동은 1935년 세워진 조선족 마을이다. 새로 안착하고 또 앞으로 흥성하라는 의미에서 지은 이름이라고 한다. 박춘권 씨의 모친이 바로 신안동 초창기의 이주민이었다.

외조모는 12세에 나던 해 두만강을 건넜다고 한다. 강추위가 맵짜게 몰아치는 한겨울이었다. 그때 이사 행렬은 눈길에서 여드레 팔십 리 길을 걸었다고 한다. 식솔이 많고 이삿짐이 올망졸망한데다가 무릎을 치는 눈 때문에 소발구가 게걸음을 했던 것이다.

"에잇, 아무 거라도 버리고 가야지." 소발구를 끌던 큰아버지가 참다 못해 버럭 소리를 내질렀다.

그는 소발구에 다가오더니 옹송그리고 있던 외조모를 독수리처럼 꽉 잡아챘다.

"가시나⁽계집아이의 방언⁾를 데려다가 엇따⁽어디에⁾ 쓰겠어."

급기야 외조모는 돌덩이처럼 허공을 날아 눈구덩이에 떨어졌다. 워낙 갑작스럽게 생긴 일이라서 너무 놀랍고 무서워 울음소리도 내지 못했다. 어릴 때 아버지를 여읜 외조모는 워낙 담약한 성미였던 것이다. 뒤미처 사촌언니가 울며불며 달려와서 그를 껴안고 소발구에 다시 올랐다. 큰아버지는 화가 조금 누그러들었는지 그때까지 겁이 나서 벌벌 떠는 외조모를 거들떠보지도 않더란다.

외가는 두만강 기슭의 화룡에 정착을 했다가 훗날 석문으로 이주했던 것이다.

외조모의 가슴에 못을 박았던 이 이야기는 설화처럼 후대에 전하고 있었다. 이와는 달리 박춘권 씨는 물론 그의 부친의 기억에도 이민 과정은 거의 공백으로 비어 있었다. 그들의 선조가 이민했던 시기가 너무 오랜 탓인지 몰랐다. 단지 함경북도 명천군 상운북면 중향동이라는 옛 고향 이름만 댕그라니 남아있었다.

"밀양 박씨인데요, 박혁거세가 시조라고 합니다."

박춘권 씨가 말하는 그의 가계의 뿌리였다. 사실은 밀양 박씨의 시조는 신라 때의 언침彦忱이다. 언침은 박혁거세의 29대손인 경명왕의 제1왕자로 밀성대군으로 봉해졌다. 후손들이 이를 연유로 그를 시조로 하고 본관을 밀양으로 삼았던 것이다.

밀양 박씨의 가계는 박춘권 씨의 세대에 이르러 웬 눈구덩이 속으로 빠져 들어가고 있는 것 같았다.

실제 박춘권 씨가 나서 자란 신안동도 단체기억에서 이름 모를 미궁으로 소실되고 있었다. 예전에 조선인들은 신안동이라는 이름이 아닌 신안 마을이라는 이름으로 불렀다고 한다.

신안촌 부근의 마을들은 더구나 안개 속에 잠긴 듯하다. 신안동 바로 아래쪽의 투구촌斗溝村은 이름만 들어서는 자칫 투구 노름을 하는 투구斗狗 마을로 착각하기 쉽다. 박춘권 씨는 어릴 때 이 마을을 투구 마을이라고 불렀다고 회억했다.

"동네 어귀에 백양나무 고목이 있어서 노인들의 모임장소가 되었지요"

그러나 투구는 물론 투계 따위의 노름은 없었고 또 그런 이야기를 단 한 번도 들어본 적 없다고 한다. 마을은 1959년 첫 골짜기라는 의미의 두구촌頭溝村으로 개명했다. 왜 '개싸움'이라는 이상한 이름을 달았는지는 끝내 하나의 물음으로 남았다.

부근의 란니촌爛泥村은 이름 그대로 미스터리의 진흙탕이었다. 일설에 일본군의 토벌로 난리가 일어났던 마을인데, 중국말로 음역되면서 란니爛泥라고 옮겨졌다고 한다. 그러나 지명지는 옛날 골짜기의 땅이 몹시 질어서 지은 이름이라고 기록하고 있었다. 훗날 땅이 푸른색을 띠고 있다고 해서 난초 난蘭을 넣어 란니촌蘭泥村이라고 개명했다는 것이다.

이러니저러니 마을마다 인적이 몹시 드물었다. 박춘권 씨는 대부분 '바보 집'만 남았다고 설명했다. '바보 집'은 늙은 양주만 외롭게 살고 있는 집을 이르는 낱말이라고 한다. 젊은이들은 외지로 돈벌이를 나갔고 또 돈을 조금 벌었다고 하면 도회지에 자리를 뜨고 있단다.

그리고 보면 마을 전체가 '경로당敬老堂'으로 되고 있는 것이다.

공직자인 박춘권 씨는 직업관계로 석문진의 사정에 아주 밝았다. 그의 말에 따르면 석문진 호적에 등록된 인구는 1만여 명이지만 실제 현지에서 살고 있는 인구는 3,500명 정도라고 한다.

석문진에는 워낙 16개 촌이 있었는데 2004년 9개 촌으로 합병되었다. 그마저 '빛 좋은 개살구'였다.

"정말 한심하죠. 어떤 동네는 겨우 스무 명 정도가 남아있습니다."

인구의 급감은 학교에서 금방 현실로 나타나고 있었다. 1970년대 전성기를 이룰 때 중학교만 해도 학생이 천명에 박근했다고 한다. 그러나 나중에 소학교와 중학교를 다 합쳐 고작 70명에 불과했단다. 마침내 중학교는 물론 소학교도 폐교하는 초유의 사태를 맞는다. 그게 3년 전에 벌어졌던 일이었다.

안도에서 유일한 조선족 향(진)이라는 석문진은 인제 전혀 다른 모습으로 바뀌고 있었다. 멀리 석문진의 동쪽을 병풍처럼 가로 막은 산이 이때 따라 바위처럼 가슴을 지지 누른다. 일명 오호산五虎山이었다.

오호산은 동림령同林嶺의 산봉우리로 다섯 봉우리가 호랑이를 방불케 한다고 해서 지은 이름이라고 한다. 동림령은 만주족말로 '좋다리'라는 의미인데 안도와 용정의 계선이다. 어찌 보면 사나운 호랑이가 귀여운 좋다리를 깔아뭉개고 있는 이상한 모양새이다. 사실 오호산의 원명은 다섯 봉우리라는 의미의 오봉산이었다고 한다.

오호산 서쪽기슭의 마을도 원명은 오호촌五戶村이었다. 청나라 말 다섯 가구가 살았다고 한다. 순 조선족 마을로 한때는 수십 가구의 인가를 자랑했다. 다섯 호랑이가 웅거한다는 의미의 오호촌五虎村은 항간에서 제멋대로 산의 이름을 따서 잘못 부르는 이름이었다. '바람 가는데 구름 간다.'는 속어는 이런 경우를 두고 하는 말이렷다.

　미상불 석문은 토문이라는 원명을 지울 때부터 그 무언가를 암시하고 있는 듯하다. 석문의 뒤에는 정체미상의 마을들이 나타나고 있기 때문이다. 아니, 인제 석문은 이름은 물론 얼굴마저 바뀔지 모른다. 혹여나 웬 마법이라도 걸린 게 아닐까. 아라비아 설화에 나오는 '알리바바와 40인의 도둑'의 주문이 문득 떠올랐다.

　'열려라 참깨야.'

　그러나 그건 '석문의 세계'를 여는 마법의 주문이 아니었다.

밝은 달이 떠오른 골짜기

　명월구明月溝는 밝은 달의 골짜기라는 의미이다. 실은 달보다 바위투성이의 돌산이 더 유명했다고 한다. 시내 중심에 돌산이 웅크리고 있는데 이 때문에 처음에는 '옹성라자甕聲砬子'라고 불렸던 것이다. 라자砬子는 만주족말로 '바위벼랑'이라는 의미이다.

　그건 그렇다 치고 바위벼랑이 왜 항아리와 같은 소리를 냈을까? 옹성라자의 기슭에 섰지만 의문은 쉽사리 풀리지 않는다.

　"이거 길쭉한 모양이 항아리를 닮은 건 아니구먼."

　일설에 옹성라자는 못을 이웃한 바위벼랑에 물 흐르는 소리가 부딪쳐 메아리를 만들었기 때문에 생긴 이름이라고 한다. 또 옛날 바위벼랑 위에는 늘 꿩이 무리를 지어 노닐었다고 한다. 이때 꿩이 우짖는 소리가 골짜기에 메아리로 울렸는데, 그게 마치 항아리에서 나오는 소리 같았기 때문이라는 것이다. 와중에 누군가 바위벼랑에 올라 소리를 쳤는데 그 메아리가 마치 항아리에서 나오는 소리 같아서 생긴 지명이라는 설도 있었다.

🔼 안도 명월구의 옛 모습

옹성라자는 거리를 달리는 차들의 소음으로 시끌벅적했다. 우레가 울어도 더는 메아리가 들릴 것 같지 않았다.

사실 옹성라자의 옛 흔적도 꿩의 메아리처럼 역사의 뒤안길로 사라진 지 이슥하다. 옹성라자는 발해국 시기 노주盧州에 속했던 곳이다. 천 년 전부터 인간은 이 고장에서 군락을 이뤄 살고 있었던 것이다. 청나라 때 봉금의 땅으로 되었다가 봉금령이 폐지되면서 인가가 늘어나기 시작했다. 그때 남강(南崗, 지금의 연길) 개간국 숭례사崇禮社에 속했다.

1894년, 간민들이 차츰 군락을 이뤘으며 1912년 연길현 제3구 옹성라자촌으로 되어 경찰서를 설립했다.

명월구는 1933년 돈화-도문 철도가 이곳을 지나면서 비로소 생긴 이름이다. 그때 '명월구 기차역'을 세웠고 이에 따라 명월구라는 이름이 옹성라자를 대체했던 것이다.

8·15 광복 전까지 명월구는 선후하여 명월촌明月村, 명월시明月市, 명월구明月區로 개명을 거듭한다. 1949년 7월, 안도현 정부가 이곳으로 이사하면서 비로소 안도현 제일의 명소로 밝은 달처럼 떠오르게 된다. 안도라고 하면 곧바로 명월구를 지칭하는 이름으로 되었던 것이다.

안도현은 선통宣統 원년(1909)에 설치되었다. 청나라 정부는 백두산 일대의 관할지역이 넓어서 미처 손길이 닿지 못하고 또 국경사단이 자주 일어나자 백두산 동쪽의 경내에 현을 설치하기에 이르렀던 것이다. 이때 안도는 변강을 안정하고 두만강 강계를 보호한다는 의미에서 '안도'라고 이름을 정했다고 한다.

안도에 현은 비록 늦게 설치되었지만 역사는 아주 오래다. 석기시대부터 청동시대, 철기시대에 이르는 유적은 곳곳에 널려있다. 인간은 수천년 전부터 안도에서 활동하고 있었던 것이다.

'안도인安圖人'은 지금까지 연변에서 발견된 최초의 인류이다. 1963년 명월진 동쪽의 동굴을 발굴하면서 상고시대의 인간의 족적이 세상에 드러나게 되었다. '안도인'은 호모 사피엔스 단계에 속하는 고인류였다.

다문 잇발 화석 하나만 발견된 '안도인'에게 미스터리는 너무도 많다.

🔺 안도인 동굴유적지 앞에 있는 비석

그러나 훗날 안도 지역에서 살고 있던 고대 종족은 분명히 숙신肅愼이 었다고 지방문헌은 일제히 기록하고 있다. 와중에 안도가 만주족의 발상지라고 하는 설법은 밤하늘의 달처럼 유난히 부각되고 있었다.

실제 만주족 시조설화에 따르면 그들의 기원은 백두산 기슭에서 시작된다.

옛날 선녀가 백두산 기슭의 호수 부르후리布爾湖里에서 까치가 떨어뜨린 주과를 먹고 잉태했으며, 나중에 태어난 아기가 성장한 후 부족의 추장으로 되어 두만강 기슭에 나라를 세우고 국호를 '만주滿州'라고 했다.

지금도 안도 지역에는 백두산 천지기슭의 제사대를 비롯하여 여진인의 유적지가 적지 않게 남아있다. 그런 연장선에서 안도는 만주족말 지명이며 '산의 양지쪽'이라는 의미라고 해석하는 주장이 있다. 안도가 만주족의 발상지이니 그렇게 만주족말로 해석할 법한다.

그럴지라도 지명마다 만주족말로 해석하는 건 자의든 타의든 억지가 아닐 수 없다.

"꼭 마치 남의 발자국은 전부 지우려는 소행 같네요." 일행 중 누군가 이렇게 혼잣말로 투덜거렸다.

하긴 방금 전 북쪽의 고속도로를 빠져 명월구로 진입하면서 만났던 바위벼랑의 산에도 만주족 이름만 달려 있었던 것이다. 산은 '대석라자大石砬子'라는 이름으로 전해질 뿐이며 정작 산 모양새를 본 딴 우리말 이름인 '칼 바위산'은 어디에도 찾아 볼 수 없었다.

이러니저러니 명월구라는 새 이름은 벌써 내력이 불명한 지명으로 되고 있었다.

"뭔지 모릅니다. 그런 걸 토박이 노인들이라면 알까요?" 현성 조선족학교에서 만났던 심씨 성의 교장은 이렇게 말하면서 도리머리를 저었다.

그가 교장이라고 애당초 뭔가 기대한 자체가 잘못 된 것 같았다. 거기에 비하면 명월구의 이름을 뜻풀이를 해서 밝은 달이 떠오르는 골짜기가 아닌가 하고 말하는 사람들은 정말 대단한 학자가 아닐까 한다. 일설에 이 고장은 보름달이 동쪽에서 두둥실 떠오를 때 골짜기가 마치 대낮처럼 밝다고 해서 '명월구'라는 이름을 지었다고 한다.

사실 명월구라는 동명의 지명은 왕청에도 하나 있다. 왕청 현성의 동쪽에 위치한 마을인데, 밤이면 땅위의 사금이 하늘 위의 달과 서로 어울려 빛을 뿌린다고 해서 지은 이름이라고 한다.

그러고 보면 명월구는 하늘에 두둥실 떠오르는 달과 그 무슨 연고가 있는 게 확실한 것 같다.

현성 동쪽의 토월산吐月山은 바로 달을 토한다는 의미이다. 시내에서 보면 달은 항상 산 뒤에서 불끈 솟아오르는데 마치 산이 달을 토하는 것처럼 보이기 때문이다. 남쪽의 산은 달을 맞이한다는 의미의 영월산迎月山이라고 불린다.

일행은 일부러 토월산에 허위허위 톺아 올랐다. 눈이 녹으면서 안개가 산허리를 둘둘 감싸고 있었다. 산 아래의 풍경은 마치 백색의 베일에 가린 듯 했다. 산꼭대기에서 만난 현지의 등산객도 아쉽다는 듯 혀를 찼다.

"사방에서 흘러오는 강들이 산 아래에서 한데 모이지요. 맑은 날 굽어 보면 정말 그림 같은데요."

북쪽으로는 장흥하長興河, 서쪽으로는 양병하亮兵河, 남쪽으로는 복흥하福興河가 흘러 와서 토월산 기슭에서 부르하통하와 한데 모인다고 한다. 장흥하는 장흥향을 흘러 지난다고 해서 생긴 이름이며, 양병하는 부르하통하의 원줄기로서 양병대를 흘러 지난다고 해서 지은 이름이다. 복흥하는 원래 도목구하倒木溝河라고 불리다가 도목구를 복흥이라고 개명하면서 불리는 이름이다. 장흥은 이름 그대로 오랜 흥성을 바란다는 의미이며 양병대亮兵臺는 청나라 말 양곡을 말리던 언덕 양미대晾米臺가 와전되면서 생긴 지명이라고 한다.

어쩌면 별이 달을 에워싸듯 강들도 토월산을 바라고 달려오는 듯하다. 달을 토하는 산은 하늘 아래에 산과 물이 모이는 기이한 정경을 연출하고 있었다.

⬆ 칼바위(대석라자) 기슭에 있는 비석

⬆ 시내에서 본 토월산 안개가 산 주위를 감돌고 있다

　그런데 명월구의 이름에는 하늘을 찌르는 산도 없고 산 위에 솟아오른 달도 없다고 한다. 지명지가 '명월明月'은 땅 위의 강굽이를 이르는 말이라고 기록하고 있었다. '명월' 역시 만주족말이라는 것이다.
　시야비야를 떠나서 명월구가 우리말에서 유래되었다는 설이 있었다. 맑은 바람과 밝은 달이라는 의미의 고사성어 '청풍명월'에서 따온 이름이라는 것이다. 그렇다면 예전에 청풍명월을 벗으로 삼아 글을 읽던 어느 문객이 마침 '옹성라자'에 운치 있는 이름을 달았을까.
　혹여 '청풍명월'마저 순우리말의 성어가 아니라며 기어이 이의를 달 사람이 나타날지 모르겠다. 백두산을 중국말 지명의 '장백산'으로, 두만강을 중국말 지명의 '도문강'으로 부르고 있는 지금의 풍토에서 십분 가능한 일이다. 더구나 1920년대 출간된 『요녕안도현지遼寧安圖縣志』에 따르면 그때 "전 현에 한족이 제일 많고 만족(만주족)이 버금에 가며 한인교민이 또 버금에 가고 회민回族이 제일 적었다." 지금도 안도현의 민족구성은 한족이 대부분이며 조선족은 열에 둘 정도 밖에 되지 않는다. 지방문헌에서 토착민족이라고 일컫는 만주족이 아니더라도 안도 전 지역을 수풀처럼 뒤덮은 한족이 지명을 만들었을 수 있다고 주장할 이유가 충분하였다.

마침 당나라의 유명한 시인 이백의 작품 "양양가襄陽歌"에 이와 비슷한 시구가 등장한다. "淸風朗月不用一錢買" 즉 "맑은 바람과 밝은 달은 한 푼도 돈을 팔 필요가 없다오."라는 의미이다.

"양양가襄陽歌"는 시인의 인생무상, 적시행락의 정서를 드러내고 있는 취객의 노래이다. 그렇다고 '명월'이 토월산에 솟아오르는 밝은 달이 아니라 이백의 시구에 등장하는 밝은 달 랑월朗月이라고 한다면 어불성설이다. 그렇게 주장하는 사람을 진짜 취객이 아닌가 하고 의심할 정도이다.

뭐니 뭐니 해도 청풍명월을 구경하는 누대는 아무래도 돈을 들여서 지어야 했던가 보다. 문객이 취흥이 도도하여 휘영청 밝은 달 아래 시를 읊던 명월대는 토월산의 그 어디에도 없었다.

일행은 하산한 후 명월구에 잠자리를 정했다. 늦은 저녁이어서 다른 곳으로 움직일 수 없었기 때문이다. 그날 밤 명월구에는 달이 떠오르지 않았다. 아니, 흐린 날씨 때문에 달을 볼 수 없었던 것이다.

남도 사람들의 외로운 섬

촌장은 일 보러 나가고 아내가 집을 지키고 있었다. 마을의 오랜 토박이를 찾는다고 했더니 마침 이웃에 살고 있는 그의 삼촌이 마을 초창기의 이민이라고 알려준다. 뒤미처 취재를 할 수 있을지 하면서 말끝을 흐리는 것이었다.

"저기, 우리 삼촌은 귀를 잡숴요."

무슨 뜻인지 몰라 어리둥절했다. 알고 보니 노인은 귀가 약간 멀었다고 한다. 나이가 여든 둘이라고 하니 그럴 법한 일이었다.

정작 놀라운 건 노인의 어제처럼 생생한 기억이었다. 그는 70년 전에 있었던 정경을 날짜까지 기억하고 있었다.

"제가 여덟 살 나던 해였어요. 기차에 앉아 밤낮으로 닷새를 달렸어요."

⬆ 오봉산 기슭에 자리 잡은 오봉촌 오봉촌을 지나 동쪽으로 더 들어가면 신툰이다.

　1938년 6월 19일 경상남도 합천군, 밀양군의 사람들은 대구에서 열차에 앉아 24일 명월구에 도착하였다고 한다. 무려 100가구에 달하는 집단 이민이었다. 정작 어린 이춘수 옹이 아는 사람이라곤 아빠와 엄마, 누나 그리고 동생 넷뿐이었다. 그들은 여행기간 이웃한 좌석의 사람들과 한두 마디 말을 건네면서 대강 풋면목을 익혔다고 한다.

　두만강 북쪽의 간도는 그들에게 희망의 땅으로 되고 있었다. 만척주식회사의 요원은 개척민을 모집할 때 간도에서 감자가 목침만큼 크게 자라고 조 이삭이 개꼬리만큼 크게 드리운다고 사람들을 유혹했던 것이다.

　기차에서 내린 후 사람들은 강기슭을 따라 약 20리 타박타박 걸어서 북쪽으로 들어갔다.

　그때 이 강은 아무런 이름도 없었다고 한다. 그로부터 반세기가 흐른

후 비로소 장흥하長興河라는 이름을 달았던 것이다. 장흥長興 경내를 지난 다고 해서 지은 이름이다. 장흥은 오랫동안 흥성하라는 의미이니, 상서로운 그 이미지를 강에 함께 나눠 담으려 했던 것이다.

그럴지라도 초창기의 이민들에게는 눈물의 강이었다. 그때 이름을 달았더라면 가슴에 맺힌 한이 흐르고 흘러 둑을 넘었을지 모른다. 만척주식회사에서 미리 약속했던 소는 두 가구당 한 마리밖에 차례지지 않았다. 더구나 논에서 잔뼈를 굳혔던 사람들이었지만 벼농사를 버리고 엉뚱하게 밭농사를 짓게 되었다. 마을은 강을 끼고 있었지만 농사를 지을만한 곳은 전부 산비탈이었던 것이다. 낫으로 싸리나무를 베어내고 괭이로 밭을 일궜다. 그야말로 울며 겨자 먹기였다.

아직 어린 이춘수 옹은 그보다 더 큰 고달픔이 있었다. "끼마다 좁쌀밥이 싫다고 떼를 썼어요. 모래알이 입안에서 뒹구는 것 같았어요."

고향에서는 늘 하얀 쌀밥을 먹었던 것이다. 잡곡밥이라고 해봤자 보리와 입쌀을 섞은 것이었다. 그런데 만척주식회사의 배급은 주식으로 좁쌀과 감자, 부식으로 미역과 무 오가리 뿐이었다. 그마저 나중에 농사를 지어 다 갚아야 할 빚이었다.

"지금이야 입쌀보다 더 비싸졌지만… 정말 철딱서니 없이 흥타령을 한 거지요."

그때 이민들이 자리 잡은 곳은 도안島安이라는 마을이었다. 벌써 오래전부터 사람들이 집을 짓고 살고 있었다. 일찍 1881년경부터 인가가 들어서기 시작했다고 전한다. 이 고장에서 제일 먼저 개발된 지역의 하나였다. 마을은 장흥하 두 지류 사이의 언덕에 위치, 흡사 작은 섬을 방불케 하고 있었다. 원주민들은 평안한 삶을 기원해서 섬 도島와 편안할 안安을 합쳐 도안이라고 이름을 지어 부르고 있었다. 도안은 새 이민이 정착하면서 단번에 큰 마을로 덩치를 불렸다

이러니저러니 경상도 이민들은 예전에 학수고대했던 꿈을 이루기는커녕 쌀밥도 배불리 먹을 수 없었다.

이 무렵 만주국 정부의 한 조선인 요원이 고찰차로 마을을 다녀갔다. 그는 이민들의 생활고를 보고 무언가 가슴에 켕겼던지 얼마 후 인편에 북과 장고를 보내 왔다. 이민들의 설음 많은 타향살이는 드디어 농악에 실려 만주의 허허벌판에 울려 퍼졌다.

"이래도 한세상 저래도 한세상
인간 인생 춘몽이라오.
타향살이 눈물 나오…"

도안촌의 농악은 만주국 '건국' 10주년 때 초청을 받아 신경(新京, 지금의 장춘長春)의 무대에 올라선다. 이때 단연 콩쿠르 1등상을 수상하여 자그마한 시골마을의 이름을 온 세상에 알렸다.

<망향가>의 애절한 곡은 더구나 경상도 사람들의 향수를 부르고 있었다.

1949년 3월 15일, 노인들로 이뤄진 좌상회의가 마침내 결단을 내린다. 이춘수 옹은 이들 모임이 지금 말하는 독보조와 유사하다고 해명했다. 이때 경상도 이민 60가구(지명지는 70가구라고 기록한다). 전부가 산골을 떠나 벌지대로 내려왔다고 한다. 노인 권위를 앞세운 경상도 주민들이기 때문에

가능한 일이었다.

"옛날의 마을 자리는 지금 도안촌의 옥수수 밭으로 되었어요."

사람들은 아래쪽의 평퍼짐한 강기슭에 자리를 잡았다. 나무를 베어 기둥으로 받치고 억새풀을 베어 이영으로 삼았다. 이윽고 수십 가구의 인가가 장흥하 기슭에 나타났다. 도안에서 이주한 사람들로 만든 마을이라고 해서 그냥 도안툰島安屯이라고 불렀다고 한다. 풀을 베고 흙을 깔아 오매에도 그리던 논을 한 떼기 두 떼기 만들었다.

그 무렵 이춘수 옹은 어느덧 19세의 열혈청년으로 성장하고 있었다. 그는 서쪽의 마을인 주가툰周家屯의 처녀와 백년가약을 맺었다. 주가툰은 오봉촌五峰村 서북쪽의 논자리에 있었던 마을로 주 씨 성의 사람이 살았다고 해서 지은 이름이다. 오봉촌은 오봉산 기슭에 위치한다고 해서 부르는 이름이다.

오봉산은 도안툰 사람들에게 그저 앞산이라고 불리고 있었다.

"거기에 도라지 밭이 있었어요. 새파란 꽃들이 무더기로 피었지요."

이춘수 옹이 이렇게 말했다.

누구라도 오봉산에 올라가면 아침나절에 금방 도라지 한 포대를 캤다고 한다. 사실은 오봉산에 소문을 놓은 건 천 년 전의 옛 산성이었다. 아직도 토성, 성문 등 흔적이 남아있지만 이춘수 옹의 기억에는 도라지처럼 그렇게 꽃을 피우지 못하고 있었다.

옛날 선인들은 오봉산 주위에 옛 산성뿐만 아니라 고분, 봉화대, 사찰 등 많은 유적을 남겼다.

🔼 신툰 마을 어귀에 있는 비석

불과 백년 역사를 갖고 있는 마을도 이런 유적처럼 어느덧 옛말로 남고 있었다. 오봉촌은 예전에 조선족이 열에 일여덟을 차지했지만 지금은 한족 마을로 되었다고 한다.

도안툰은 여전히 순 일색의 조선족 마을이었다. 그러나 이름은 오래전부터 달리 바뀌고 있었다. 1970년대 주택을 재건, 전부 새집으로 이사하면서 새마을이라는 의미의 신툰新屯으로 거듭났던 것이다.

새 주택은 땅콩집의 형태로 한 지붕에 두 가구 들어있었다. 집들은 겉모양만 아니라 실내구조도 똑 같았다. 각자 독립된 공간을 소유, 가구마다 대문과 앞마당, 텃밭이 있으며 울타리로 분리되고 있었다. 하나로 뭉친 집단의 결집력과 아름다움, 낭만이 묻어나고 있었다.

안도에서 이처럼 벽돌로 쌓고 기와를 얹은 집의 마을은 신툰이 맨 처음이라고 한다. 신툰의 사람들도 진짜 특이한 사람들로 뭇사람들의 시야에 떠오르고 있었다. 연변에서 남다른 사투리를 하고 있었기 때문이다.

연변의 조선족들은 대부분 강한 함경도 억양으로 이야기한다. 그래서 방언의 차이로 남도치(한국에서 이주한 사람), 북도치(북한에서 이주한 사람)으로 구분한다. 북도치에 에둘리고 있는 남도치의 마을은 외로운 섬처럼 아주 유표하다.

약 10년 전, 이춘수 옹은 신툰의 고향방문단 7명의 일원으로 합천군 땅을 밟았다. 그러나 어린 기억에 담고 있었던 옛 고향의 모습은 더는 어디에도 없었다. 사실상 이춘수 옹은 이미 명실공한 연변사람으로 거듭나고 있었던 것이다. 강 건너 옛 고향의 흔적은 인제 신툰의 '경상도 마을'이라는 별명에 어슴푸레 남아있을 뿐이었다.

에피소드가 하나 있다. 신툰은 여느 조선족마을처럼 한때 한족들이 빈 집에 세를 들어 입주했다고 한다. 마을 노인들은 신툰이 민속촌이라고 하면서 기어이 타민족 입주를 불허했다. 때도 시도 없이 찾아오는 노인들의 성화를 이기지 못해 한족들은 이삿짐을 쌌고 그 뒤로 누구도 마을에 머리를 기웃거리지 못하고 있단다.

그러나 고향 지킴이의 결사적인 노력에도 불구하고 동네를 떠나는 사람들은 그냥 줄을 이었다. 누군가는 돈벌이를 갔고 누군가는 큰 도시로 이사했으며 누군가는 한국행 비행기를 탔다. 잠을 자고 일어나면 누군가 또 하나 마을에서 가뭇없이 종적을 감췄다.

"10년전 만 해도 북소리가 떨어질(그칠) 새 없었는데요." 이춘수 옹의 탄식조로 하는 이야기였다.

신툰의 농악은 1990년대 일약 상승세를 그었다. 한때는 중앙방송의 전파를 타고 중국의 전역에 알려졌다. 이춘수 옹도 연변조선족자치주 창립 30주년 행사 문예공연에서 쪽지게를 메고 농악가락에 맞춰 얼씨구절씨구 춤을 추었다고 한다.

어쩌면 선인들이 오매불망 바라던 옛 꿈이 마침내 화려한 현실로 이뤄지고 있는 듯 했다.

"…쨍과리야 북장단아
저승에서 살아왔다
이승 좋아 못가겠네.
한오백년 살고지고."

옛말이었다. 지금은 농악공연팀을 묶기조차 힘들다고 한다. 한때 320명까지 이르렀던 촌민들이 현재로선 50명도 되나마나 하기 때문이다. 이민 1세대는 이춘수 옹을 비롯, 다만 몇 사람이 고독히 남아있을 따름이었다.

외로운 섬은 바야흐로 물에 잠기고 있었다.

백두산에 날리는
소나무의 마지막 꽃향기

한족 마을에 잘못 들어선 줄 알았다. 동네어귀의 촌민센터에서는 몇몇 한족이 난로를 옹기종기 둘러싸고 불을 쬐이고 있었다. 송화촌松花村을 순 조선족마을이라고 하더니 이게 웬 일이지?

촌장 김영철 씨를 만나자 그 사람들의 정체부터 물었다.

"우리가 특별히 초청한 사람들인데요." 김영철 씨는 대뜸 흥미가 진진해서 설명을 하는 것이었다.

"경험이 있는 '전문가'들이지요. 원래는 북쪽의 홍기촌紅旗村에서 일했습니다."

홍기촌은 민국(民國, 1912~1949) 초년 인가가 살기 시작했던 마을로 원래는 '2호 마을'이라고 불렸다. 1939년 개척단이 이곳에 주둔했으며 1958년 인민공사화 시절에 '홍기대대紅旗大隊'라고 개명했다. 홍기대대를 홍기촌이라고 고친 것은 1983년의 일이라고 한다.

홍기촌은 이름처럼 안도현에서 하나의 붉은 깃발로 되고 있었다. 백두산 관광길에 있는 조선족민속촌으로 이름을 날리고 있는 것이다.

송화촌 역시 민속촌으로 거듭나기 위해 홍기촌에서 운영요원을 물색했던 것이다.

정작 마을 현황이 화제에 오르자 김영철 씨는 어딘가 암울한 기색을 보였다. 몇 십 년 전부터 마을에서 사람들이 빠지기 시작, 현재로선 호적상으로 72가구만 남아있다고 한다. 4대(隊, 촌민소조) 마을은 아예 인가가 전부 자리를 떴고 그 자리에는 도축장이 들어섰다.

송화촌이 백두산 기슭에 촌락을 형성한 지 50년도 되나마나한 시점이었다.

🔼 **옛 송화촌** 돼지도축장으로 둔갑했다.

1962년, 송강진松江鎭 북쪽의 덕화德華와 영풍永豊, 동쪽의 문창文昌에 살던 조선족들이 분가하여 송화라는 마을을 이뤘다고 한다. 덕화德華는 '덕으로 백성을 감화한다.'는 의미이며 영풍永豊은 '영원히 풍작을 거둔다.'는 의미, 문창文昌은 '문화수준을 높여 정무 실적을 올린다.'는 의미라고 한다. 세 마을 모두 청나라가 멸망되기 직전인 1909년에 형성된 촌락이다.

송화촌은 송강진에서 동쪽으로 3.4km 떨어져 있으며, 속칭 팔리툰八里屯이라고 불렀다. 송화는 송강진처럼 이도二道 송화강松花江을 이웃한다고 해서 지은 이름이다. 송화강은 만주족말의 '송아리우라松阿里烏拉'에서 전음, 하늘의 강인 '천하天河'라는 의미라고 한다.

옛날 하늘에서 기러기가 늘 떼를 지어 이 고장을 날아 지났던 것 같다. 송강은 처음에 娘娘庫라고 불렀는데, 만주족말로 '기러기가 오르락내리락 하는 곳'이라는 뜻이다. 1909년 송강에 현성이 설치되었다. 1949년 현성이 명월구에 이전되면서 속칭 '옛 안도'로 불리기도 했다. 현성은 1969년 송강으로 돌아왔다가 1983년 다시 명월구로 복귀했다.

송강은 청나라 말과 민국, 만주국, 공화국 등 네 조대를 걸친 현성이다. 반세기 너머 안도현의 정치와 경제, 문화의 중심이었다. 만주국 시기에는 일본군과 경찰이 송강에 거점을 잡고 있었다. 당시 조선인들의 친일 무장력으로 악명을 떨친 신선대新選隊, 神仙隊도 송강에 주둔하고 있었다고 한다.

이 신선대의 가족들로 이뤄진 조선인마을이 바로 송강 북쪽에 있었다. 1942년 신선대의 가족 50여 가구가 이곳에 와서 마을을 이루면서 '협성툰協成屯'이라고 불렀다고 한다. 그러다가 1961년 다시 원래의 이름인 두도구頭道溝로 고쳤다. 두도구는 송강부터 동쪽으로 첫 번째 골짜기 어귀에 위치한 마을이라는 의미이다.

두 번째 골짜기 어귀에 위치한 두 마을 역시 조선인마을이었다. 골짜기 북쪽의 마을은 '북도北道' 마을로 1938년 한반도에서 집단이민 약 100세대가 와서 이룬 촌락이다. 골짜기 남쪽의 마을은 '남도南道' 마을로 1939년 한반도에서 집단이민 약 100세대가 와서 이룬 촌락이다.

협성툰은 몰라도 남도나 북도 마을이라고 하면 대뜸 반도 남쪽이나 북쪽의 조선인 이민 마을로 생각하기 십상이다. 그러나 남도와 북도 마을의 조선인 이민은 전부 전라도 한곳에 원적을 두고 있다. 이민 1세는 거의 저쪽 세상의 사람이 되었지만 마을에는 아직도 전라도 습관이 많이 남아있다고 한다.

사실상 남도는 '남이도구툰南二道溝屯'의 준말이요, 북도는 '북이도구툰北二道溝屯'의 준말이다.

"지금은 전라도 사투리가 없지요. 그 사람들도 우리처럼 연변 말을 합니다." 김영철 씨의 집에 소일을 왔던 동네 나그네가 우리의 대화에 이렇게 한마디 끼어들었다.

마을에 깃들었던 옛 고향의 색깔은 어느덧 눈처럼 하얗게 바래고 있었다.

8·15 광복 후 조선인마을의 원주민들은 대거 귀국길에 올랐다. 1980년대 말부터 한국바람이 불면서 조선족마을에는 또 한 번 인구파동이 일어났다. 그때마다 한족들이 기다렸다는 듯 들어와서 빈자리를 속속 채웠다.

🔼 옛 초가를 철거하기 전 기념사진을 남긴 박씨 성의 촌민

"우리 마을에도 노인과 병다리(병자를 이르는 연변 방언)만 남았지요." 역시 나그네들이 이렇게 중언부언했다.

김영철 씨도 한때 이곳저곳 전전하다가 얼마 전에 비로소 귀향했다고 한다. 그는 송화촌을 민속촌으로 기획한 설계사였다. 연변의 시골마을에는 무능력자와 총명한 사람만 남고 있다고 하던 어느 전문가의 말을 새삼스레 상기하게 하는 대목이었다.

송화촌은 조선족민속촌으로 거듭나기 위해 타민족은 일절 받지 않는단다. 한족이래야 단 한 명, 그의 아내가 조선족이라서 마지못해 수용했다고 한다.

"안도에서 조선족마을이라고 하는 게 여럿 됩니다. 그래도 백두산 아래 진실한 조선족마을은 우리 하나 밖에 없어요."

아닌 게 아니라 백두산 기슭에는 예전부터 조선인마을이 적지 않았다. 남쪽 양강진兩江鎭의 익산마을은 1937년 전라북도 익산군의 이민들이 자리를 잡은 곳이었다. 그러나 그들은 이내 자리를 떴다. 1941년 한족 이주민들이 다시 마을을 채우면서 이도백하二道白河 남쪽에 위치한 마을이라는 의미로 강남江南이라고 개명했다. 사람을 따라 마을도 이름을 바꾼 것이다. 이도백하는 두 번째 강줄기로 흰 물결이 사품을 치는 강이라는 의미이다. 양강진은 이도백하와 고동하古洞河 두 강의 합수목에 위치한다고 해서 생긴 이름이다. 고동하는 만주족말로 물살이 센 강이라는 의미이다.

북쪽 만보진萬寶鎭의 강원촌江原村은 1936년 강원도 이민이 자리를 잡은 곳이라고 해서 불리는 이름이다. 강원촌은 1966년 산동에서 변강지원 농가들이 집단이민을 하면서 한족마을로 둔갑했지만 이름만은 여전히 강원촌이라고 불리고 있었다. 그러나 이때의 강원촌은 근원 원原을 삼수변을 붙인 원源으로 바꿨다. 강원도 마을은 만보진 부근을 흐르는 강에 근원을 둔 것처럼 되어버렸다. 만보진은 예전에 삼을 캐고 금을 파며 아편을 심는 등 온갖 보배가 있는 고장이라고 해서 지은 이름이다.

소사하小沙河 부근의 무주茂朱村촌은 그런대로 예전의 이름을 그대로 보존하고 있었다. '문화대혁명' 시기 세간의 인식을 따라 붉은 빛이라는 의미의 '홍광紅光'이라고 개명했지만 1981년 지명조사를 할 때 원명을 회복했던 것이다. 또 얼마 전까지 전라북도 무주군 이민의 후대가 몇 가구 남아있었다고 한다. 어느덧 마을은 소사하라는 이름처럼 작은 강으로 줄어들었던 것이다. 소사하는 '작은 모래강'이라는 의미로 이웃한 대사하大沙河에 상대하여 지은 이름이다.

이러니저러니 백두산 기슭에는 청나라 때부터 민국 시기까지 조선인 마을이 수두룩이 나타났던 것이다. 1960년대에야 비로소 고고성을 터뜨린 송화촌은 조선족마을의 항렬에서 제일 늦둥이나 다름없었다.

그런데 늦둥이가 오히려 조선족마을의 혈맥을 이으려고 누구보다 안간힘을 쓰고 있는 것이다.

2010년부터 송화촌은 차근차근 민속촌으로 거듭나는 순서를 밟기 시작했다. 국가의 보조금을 지급받아 초가를 전부 허물고 벽돌로 새집을 지었다. 새 마을은 가가호호 지붕마다 태양에너지 온수기를 얹었고 가로세로 골목길에는 태양에너지 가로등을 장치했다. 수도꼭지를 틀면 더운 물이 콸콸 쏟아졌고 깜깜한 밤에도 호롱불을 켠 듯 길이 밝았다.

홍기 민속촌에서 초청한 한족 '전문가'들은 송화촌 홍보에 열을 올리고 있었다. 아직은 추형을 잡고 있는 형국이지만 벌써 외지에서 일부 관광객이 찾아오고 있단다.

"우리 조선족의 생활방식을 전시하고 인삼과 같은 토산물을 팔려고 합니다." 김영철 씨는 이렇게 앞으로의 타산을 밝혔다.

아직 1대 마을의 12가구가 새 마을에 이사를 오지 않았고 또 다른 마을에 산재한 조선족 들이 이사를 할 의욕을 보이고 있단다. 송화촌은 민속촌이라는 이름 아래에 조선족 촌민들을 결집시키고 있었다.

사실 송화촌은 곳곳에서 나타나고 있는 민속촌의 하나일 따름이다. 여러 현과 시에서 조선족 공동체를 지키고 조선족마을을 부흥하는 대안으로 저마다 민속촌을 만들고 있는 현주소이다.

솔직히 연변에서 인위적인 민속촌의 대량 등장은 일종의 비애가 아닐 수 없다. 중국 조선족의 고향인 연변 자체가 하나의 민속촌이기 때문이다. 더구나 나름의 역사나 문화가 없는 민속촌은 껍데기 밖에 없는 개개의 '복제품'일 따름이다. 민속촌마다 똑 닮은 민속놀이, 민속음식이 있지만 함경도가 없고 전라도가 없으며 이민사가 없고 개발사가 없다.

송화촌이 이름처럼 소나무의 꽃향기를 날릴 수는 없을까? 창밖에서 이따금 날리는 눈꽃은 창백한 하늘에 이름 모를 애수를 뿌리고 있었다.

⬆ 집집마다 태양전지 온수기를 놓았고 길가에는 태양전지 가로등을 부설했다.

⬆ 백두산 천지에서 흘러내리는 폭포

화룡편

화룡,
골짜기에서 날아오른 이무기

🔼 화룡 도심에 있는 용 조각물

화룡, 골짜기에서 날아오른 이무기

한방 먹은 듯이 그만 말문이 막혔다. 물음에 돌아온 것은 대답 아닌 또 하나의 물음이었기 때문이다.

"정말 몰라서 그래요? 화룡和龍은 용이라는 말이 아닙니까?"

보아하니 우리 일행을 뭔가 몰라도 바보처럼 모르는 사람으로 치부하는 것 같았다. 첫 물음은 우문愚問이 되고 그 다음의 물음은 현답賢答이 되는 순간이었다.

아닐세라, 화룡은 시내 한복판에서 신물神物인 용의 조각상으로 현신하고 있었다. 꿈틀꿈틀하는 형상의 용은 당금이라도 바람과 구름을 타고 하늘에 날아오를 것 같았다.

사실 용의 가계도에는 애당초 이 화목할 화和 자를 쓰는 화룡和龍의 이름이 들어있지 않다. 오방五方의 청룡靑龍, 백룡白龍, 황룡黃龍, 적룡赤龍, 흑룡

黑龍의 계보系譜는 물론이요, 만물의 수장인 지룡地龍, 수룡水龍, 화룡火龍, 뇌룡雷龍, 풍룡風龍, 빙룡氷龍의 족보에도 그의 머리나 꼬리는커녕 몸의 비늘 한 조각 찾을 수 없는 것이다.

진짜 화룡이 용이라면 용의 가족에 외면당할 그 무슨 사정이 있지 않나 싶다.

화룡 지명의 뿌리를 찾기 위한 탐방은 그렇게 '화룡' 조각상의 아래에서 시작되었다. 일행이 탑승한 차는 동쪽 용정으로 장장 1백여 리를 달려갔다. 차는 미구에 오랑캐령을 지척에 두고 남쪽의 지신향智新鄕으로 방향을 틀었다.

🔼 용정 지신촌 부근의 풀숲에 서 있는 달라자의 비석

길가의 풀숲에 호젓하게 서 있는 비석에 화룡의 옛 기억이 묻혀 있다고 한다.

비석은 마치 구름 속에 숨어있던 용처럼 풀숲을 헤치고 문득 나타나고 있었다. 그러나 '화룡'은 아무데도 보이지 않았다. 비석에 새겨진 글씨는 분명 성과 이름이 전혀 다른 '달라자大砬子'였다.

알고 보면 달라자는 땅위에 표출된 '화룡'의 계시록啓示錄이었다. 이번에는 일행을 백리길이 아닌 백 년 전의 세상으로 안내하고 있었다.

청나라 초, 연변지역은 봉금정책을 시행하면서 한때 관리기구도 거의 공백으로 두었다. 강희康熙 53년(1714)에야 비로소 훈춘 협령協領을 설치하였으며 녕고탑寧古塔 부도통副都統의 관할을 받았다.

광서光緖 6년(1880), 고립령高立嶺을 경계로 서쪽은 돈화현이 관할하며 동쪽은 훈춘이 관할하게 된다. 광서 7년(1881), 금산위장禁山圍場을 폐지하고 국자가에 초간국招墾局을 설치했다. 이 무렵부터 훈춘에도 녕고탑처럼 부도통을 설치하게 된 것이다.

광서 10년(1884), 화룡욕和龍峪, 광제욕光霽峪 등 지역에 조선과의 통상업무를 처리하기 위한 통상국通商局이 설치되었다. '화룡'이라는 글자가 들어간 지명 화룡욕은 이때 처음으로 관방문헌 『길림조선통상장정吉林朝鮮通商章程』에 등장한다.

청나라는 광서 11년(1885) 월간국越墾局을 설치하고 두만강 북쪽의 길이 약 700리, 너비 약 40~50리의 지역에 조선인 이민을 받아들였다. 광서 20년(1894), 무간국撫墾局을 개설하며 통일적으로 4대 보堡, 39사社를 세우고 조선인 이민 4,309가구를 관리했다. 무간국은 주요하게 두만강 북쪽의 월강개간 지역을 관할했다. 처음에는 훈춘 협령이 겸하여 관할했으며 훗날 훈춘과 이웃한 연길강延吉崗에 청廳을 설치하고 화룡욕에 분방경력分防經歷 요원을 두어 민정사무를 보았다.

이때 화룡욕은 연길청과 지역을 나누어 관리를 했지만 연길청의 관할에 있었으며 그 구역도 연길청 구역에 속했다.

선통宣統 원년(1909), 연길청은 부府로 승격되며 잇따라 화룡욕 분방경력은 현으로 개명된다. 이때 현성을 화룡욕에 설치하면서 그냥 '화룡和龍'이라는 이름을 답습하게 되었던 것이다.

현지 지명지에 따르면 화룡욕은 일찍 광서(光緒, 1875~1908) 초년에 생긴 마을이다. 화룡욕의 동남쪽에는 오봉산五峰山이 병풍처럼 막아서 있고 동쪽에는 산줄기가 줄레줄레 기복을 이루고 있다. 서쪽은 구릉이며 가운데는 육도하가 흐르는 하곡분지이다. 북쪽으로 골짜기를 벗어나면 30리 밖의 용정 시내에 직접 갈 수 있다

산 좋고 물 좋은 고장이라는 말은 바로 이런 고장을 두고 하는 말이 아닐까 한다.

그렇다면 옛날에 정말로 화룡이라는 용이 칩거하고 있었을까? 현지의 언어학자들은 화룡은 만주족말이며 용이 아니라고 주장하고 있다.

"만주족말 'h o l o'의 음을 옮긴 것입니다. '두 산이 골짜기 하나를 사이에 끼워두고 있다.'는 의미입니다."

"이 고장에는 청나라 때는 물론이고 금나라 때도 만주족이 살고 있었지요."

"마을의 지형을 보아도 만주족의 말이라는 게 틀림없습니다."

🔼 1942년 무렵 화룡 일대에서 살던 한 조선인 가족의 결혼기념사진
　제일 아래 오줌자국에 앉아있는 여자애가 사진을 제공한 유경숙 씨이다.

🔼 간민들이 화룡욕에 일군 논과 밭

화룡이라는 이름에 꼬리처럼 달린 욕峪 역시 중국말로 '산골짜기'라는 뜻이다. 화룡욕은 만주족말과 중국말을 한데 합쳐서 만든 지명이라는 것이다.

광서 연간 두만강 북쪽에 형성된 마을들은 처음에 서너 가구가 한 동네를 이루는 경우가 많았고 또 군데군데 떨어져 있어서 마을 사이에 계선을 나누기 힘들었다. 마을은 지형에 따라 이름을 짓기도 했으며 성씨를 따서 이름을 달기도 했다. 예전의 만주족말의 지명을 그대로 답습한 마을도 적지 않았다.

화룡욕 마을의 다른 한 이름인 달라자 역시 만주족말이라고 한다. 그런데 어원을 따지면 화룡욕과는 달리 '바위벼랑'이라는 의미라고 한다. 어쩌면 '화룡'을 용 아닌 '골짜기'라고 하니 뒤미처 화룡욕도 골짜기 아닌 바위가 되는 듯싶다.

사실 달라자 마을은 큰 골짜기는 있어도 큰 바위는 없다. '달라자'라는 바위는 사실은 마을 북쪽으로 10여 리 되는 곳에 있다.

오랑캐령을 내리면 멀리 용정 쪽에 있는 숫을 바위산이 금세 한눈에 달려온다. 달라자는 좌표를 바로잡는 천연적인 표시물로 되고 있는 것이다. 그럴지라도 달라자는 단지 바위 때문에 소문을 놓은 게 아니다.

옛날 달라자의 기슭에는 서당이 하나 있었다고 한다. 독립운동가 김약연이 세운 규암재圭巖齋였다. 규암은 그의 호이다. 규암재는 1908년 명동학교 설립의 밑거름이 되었다. 달라자 부근에는 또 소암재素巖齋, 오룡재五龍齋 등 서당이 있었다. 그때 달라자를 중심으로 천마을이 있었다고 하니 서당이 여럿 생겨날 법 하다. 천마을은 천 가구의 마을이라는 의미이다.

달라자에 올라서면 육도하六道河와 강 양안의 마을이 한눈에 안겨온다. 강북에는 성교촌, 명동촌과 중영촌, 장재촌이 있고 강남에는 소룡동, 대룡동, 풍락동, 화전동 등 마을이 있다. 달라자 남쪽의 칠도구七道溝에도 여러 마을이 있었는데 골이 하도 깊어서 예전에 일본군도 막바지의 동네까지 들어가지 못했다고 전한다.

길가에는 또 오가는 길손들을 위해 여인숙이 생겨났다. 이 여인숙은 달라자 서남쪽의 산기슭에 위치하고 있었다고 한다.

십리 안팎의 이런 마을의 상징물은 단연 하늘을 기둥처럼 떠받든 달라자였다. 이에 따라 화룡욕 대신 달라자를 현성의 이름으로 사용했다는 설이 제일 유력하다.

달라자라는 이름이 생긴 데는 또 이런 이야기가 있다. 옛날 청나라 거지들이 늘 바위기슭의 조선인 동네에 찾아와서 동냥을 했다. 그런데 하나에게 주면 둘이 오고 둘에게 주면 셋이 오는데 "밥을 달라"는 구걸소리가 도무지 그칠 줄 몰랐다. 이 "달라~ 달라"가 나중에 '달라자'라는 지명으로 굳어버렸다고 한다. 산 같은 바위가 엉뚱하게 밥을 비는 각설이타령으로 둔갑한 것이다.

어쩌면 달라자의 바위에는 화룡이 용으로 되는 미스터리가 숨어 있는 듯하다. 화룡욕과 쌍둥이처럼 나란히 등장하는 달라자가 아니던가.

적어도 달라자의 골짜기에 있을 때 '화룡'은 아직 용으로 승천하지 못한 이무기였다. 예로부터 용은 바다에서 살고 범은 산에서 살기 때문이다. 그럴지라도 용트림 같은 흔적을 현지에 적지 않게 떨어뜨리고 있었다.

지신이라는 이 이름은 화룡현의 사명社名에 기원을 두고 있단다. 이 지역은 광서(光緖, 1875~1908) 연간에는 화룡현 용지사勇智社에서 속했으며 선통宣統 원년(1909)에는 따로 나와 지신사智新社로 이름을 바꾸었던 것이다.

성남城南 역시 지명 화룡에서 파생된 이름이다. 처음에는 남쪽 골이라는 의미의 남구南溝라고 불렸지만 훗날 화룡 현성의 남쪽에 있다고 해서 개명했던 것이다. 성동城東도 화룡 현성의 동쪽에 위치한다고 얻은 이름이다.

미구에 이무기는 용의 모습을 얼추 갖추게 된다. 1907년 연길현(지금의 용정), 화룡현에 조선인은 1만 4천여 가구의 7만 2500여 명에 달했다고 한다. 화룡현 공서公署는 1940년 7월 서쪽의 삼도구三道溝로 이사하며 행정구역을 조정, 지금의 화룡시 추형을 이루게 되었다. 그런데 삼도구가 세 번째 골짜기라는 의미이니 화룡은 결국 골짜기를 벗어나지 못할 운명이 아니었을지 한다.

필경 삼도구는 화룡욕이 아니었다. 화룡욕은 풀숲에 이슬처럼 사라졌지만 삼도구는 미구에 큰 도시로 부상하게 된다. 1980년대 말 조선족은 무려 20만 명까지 이르렀다고 한다. 그러나 그게 정점이었다. 1992년부터 2010년까지 해마다 줄어들었다. 현재 약 10만 명으로 급감, 옛날 골짜기에 칩거하던 '이무기'로 돌아가고 있는 것이다.

성산 백두산 기슭에 자리 잡은 동네, 옛날 발해국이 도읍을 세웠던 땅, 조선족이 반수를 넘던 민족지역.

"화룡은 용이 아닌가?" 라고 되묻던 길손의 대답이 오래도록 귓가에 맴돌았다.

삼수갑산의 '어랑타령'

'삼수'와 '갑산'을 산이나 강으로 알고 있는 사람이 많다. 사실 삼수三水와 갑산甲山은 함경남도(현재는 양강도)에 있는 오지의 지역 이름이다. 날씨가 춥고 산세가 험하여 조선 시대의 대표적인 귀양지로 유명한 고장이다.

뭐니 뭐니 해도 와룡臥龍에서 나서 자란 이한민 씨에게는 더는 '귀양지'가 아니었다. 이웃한 동네의 이름이었다.

"우리 마을 서남쪽에 있는 데요, 조선의 갑산군 사람들이 이민을 와서 살던 동네라고 합니다."

진짜 '갑산'이 두만강 북쪽으로 '귀양'을 온 게 아닐까 한다. '삼수'도 있었기 때문이다. 그러나 이 '삼수'는 동네가 아니라 이름처럼 강을 뜻하고 있었다. 고동하古洞河가 흘러내려 봉밀하峰密河와 합류했고 천수동구杲水洞溝에서 물이 흘러나와 봉밀하와 합류했다. 고동하는 만주족말로 '급류'

라는 의미이며 봉밀하는 '산봉우리가 밀집한 강'이라는 의미이다. 천수동구는 이름 그대로 '샘물이 있는 골짜기'라는 의미이다.

⬆ 갑산촌 백두산으로 가는 도로변에 있다.

어찌 보면 삼수三水가 아니라 일수一水였다. 그런데 삼수가 한데 모인 봉밀하가 걸핏하면 성깔을 부렸다. 큰비가 내리면 봉밀하 하류의 와룡臥龍벌은 기슭 위로 기어 나온 물 때문에 금세 바다가 되었다. 누군가는 마을 이름자에 용이 들어갔기 때문이라고 탓했다. 사실상 와룡은 만주족말로 '대마'라는 의미라고 지명지가 기록하고 있다. 옛날 와룡은 물이 아니라 대마로 소문난 고장이라는 것이다.

어쨌거나 중국말 이름처럼 정말 용이 누워있는 것 같았다. 양쪽의 산줄기가 마치 용처럼 마을을 감싸고 있어서 물이 빠질 데가 없었다.

"물난리 때 헬기가 날아와서 쌀 포대를 투하했다고 합니다."

🔹 멀리 골짜기 사이에 위치한 와룡마을

　1980년대 있었던 일이었다. 골짜기 밖으로 통하는 유일한 길이 물에 밀려가서 헬기로 구호물자를 날랐던 것이다.
　이때 이한민 씨는 벌써 고향 와룡을 떠나 수도 북경에 있었다. 현지에 있던 친지들에게 이 이야기를 전해 들었다. 사람들은 짐이고 뭐고 챙길 새 없이 허겁지겁 부근의 산비탈에 기어올랐다고 한다.
　영화의 한 장면 같은 이야기였지만 별로 낯설지 않았다. 이한민 씨가 열두세 살 되던 1963년경에도 물난리가 터졌던 것이다. 그때 어른들은 속이 타서 재가 앉을 지경이었지만 개구쟁이들은 소구유를 배처럼 타고 물놀이를 했다고 한다.
　"와룡 2대(隊, 촌민소조)인가 '우사간'이 물에 잠겨서 소구유가 떠다녔지

395

요."

 잠깐, 이 우사간은 고려시대의 정6품 낭사직을 이르던 우사간右司諫이 아니다. 소를 매어두는 외양간을 이르는 연변의 방언이다.

 아무튼 애들이 물장난을 즐기게 놓아두고 있을 경황이 아니었다. 와룡대대(大隊, 촌) 사람들은 급기야 서남쪽의 어랑 마을로 피난을 갔다. 어랑魚浪 마을은 와룡과 불과 5리 정도 떨어졌지만 상류 쪽이라 물 피해가 적었던 것이다. 어랑 마을은 함경북도 동해안에 있던 어랑군漁郎郡 사람들이 정착한 곳이다. 중국말로 기록되면서 동음이의어인 어랑漁浪으로 잘못 적히고 있는 것이다.

 어랑 마을의 사람들마저 한때 물 피해가 심해서 위쪽의 계남雞南 마을로 피난을 갔다고 한다. 계남은 북쪽에 계관라자雞冠砬子가 있다고 해서 만든 이름이다. 계관라자는 산봉우리의 바위가 마치 닭볏처럼 생겼다고 해서 지은 이름이라고 한다. 유명한 갑산은 바로 계관 마을 서남쪽에 위치한다.

 와룡으로 '귀양'을 온 마을은 이 갑산뿐만 아니었다. 어랑 마을 부근에는 평안북도 이민들이 자리를 잡고 새로 세운 마을이라고 하는 평신平新 마을이 있었다. 만리구萬里溝를 흐르는 개천 기슭에는 또 함경북도 무산군 이민들이 정착했다고 하는 무산茂山 동네가 있었다. 만리구는 골짜기가 깊다고 해서 생긴 이름이라고 한다. 만리구를 따라 들어가면 천리봉千里峰이 있다.

 "거기에 오르면 천리가 보인다고 하던데요, 별로 높지 않은 산입니다."
언제인가 산 이름에 홀려 천리봉에 올랐다고 하는 이한민 씨의 말이다.

⬆ 어랑촌13용사 기념비

⬅ **파산된 철강공장** 계급투쟁을 절대 잊지 말자고 하는 예전의 표어가 굴뚝에 쓰여 있다.

만리구도 이름보다 깊지 않은 탓인지 모른다. 현지의 조선족들은 '비석골'이라고 불렀다고 한다. 진짜 골짜기 어귀에 비석이 있었다. 일본군과 격전을 벌이다가 숨진 항일유격대원의 기념비였다.

1932년 2월 12일, 일본군은 유격대가 집결하고 있던 어랑촌을 불시에 습격했다. 유격대원들은 일본군과 6시간여의 혈전을 벌렸다. 어랑촌의 항일 군민 1천여 명은 그 틈을 타서 안전하게 철수하지만 13명의 대원이 전사했다. 1957년, 화룡현 정부는 어랑촌 입구에 '13용사 기념비'를 세웠다. 이 기념비는 그 후 북산 언덕에 개축되었다.

이 비석골은 또 석탄이 매장되어 있다고 해서 '탄광골'이라고 불리기도 했다. 계관라자 일대에서는 또 금을 캤으며 이에 따라 금이 매장된 동네라는 의미의 지명 '금장동金藏洞'이 생기기도 했다. 철광석이 매장되어 있어서 철강(제철)공장이 일어서기도 했다. 1980년대 불쑥 나타난 '와룡철강공장'은 연변 나아가 중국에 와룡이라는 이름을 알리는 계기가 되었다.

이한민 씨의 조상의 고향은 만천하에 소문난 고장이었다. 바로 '천하제일강산'이라고 하는 금강산의 남쪽 기슭에 있었다. 부친은 기와공장 기술자였다. 1943년, 동불사의 대지주 리유랑이 금강산 구경을 왔다가 근처의 기와공장에 매료, 유능한 기술자들을 동불사에 데려왔다. 부친 일행은 이때 동불사에서 처음으로 기와를 만들었다고 한다. 광복이 나자 리유랑은 공장을 폐쇄하고 한국으로 돌아갔고 이한민 씨의 부친은 친척이 살고 있던 와룡으로 이주했던 것이다.

그 무렵 이한민 씨는 와룡에서 탯줄을 끊는다. 6·25 전쟁이 종식된 이듬해 부친은 북한 복구건설 지원자로 되어 가족을 이끌고 함흥으로 나갔다. 조상의 옛 고향으로 돌아가려는 타산이었다.

"지원자라고 가슴에 꽃을 달았대요. 마을에서 나팔을 불고 꽹과리를 치면서 환송을 했다고 합니다."

그러나 꿈은 금방 날아갔다. 3·8선 철조망이 남으로 가는 길을 막고 있었다. 부득불 1955년 다시 두만강을 건넜다. 이때는 처음의 이민이 아니었고 또 복구건설 지원자가 아니었으며 엄연한 '탈북자'였다. 함흥에서 몰래 도망을 했던 것이다. 북만주의 이곳저곳을 전전하다가 8년 후에야 비로소 와룡으로 돌아오게 되었다.

아닌 게 아니라 이씨 가족은 이민사에서 두 번이나 강을 건너 정착하는 특이한 사례를 만들고 있었다. 더구나 6·25 전쟁 후 두만강을 건넌 월강인(越江人)은 가물에 씨앗 나들 듯했던 것이다.

이때 중국 각 지역에는 군인들로 구성원을 이룬 특수한 마을이 생겨났다. 6·25 참전 영예군인(榮譽軍人, 상이군인)과 제대군인들을 안치하던 농장이었다.

와룡의 동쪽에도 소형 농장이 하나 일어섰다. 나중에 와룡에 편입되어 8대(隊, 촌민소조)로 불리게 된 마을이다. 이 8대 마을은 원래 왕지평(王集坪, 왕집평)이라고 불렸다고 한다. 왕 씨 성의 중국인이 먼저 자리 잡은 곳으로 훗날 장터가 생겼다고 해서 지은 이름이다.

필경 총을 내려놓아도 군인은 군인이었다. 장터를 복원한 게 아니라 이번에는 포수대를 묶었던 것이다. 군인 출신의 이 포수대 덕분에 8대 마을에는 늘 고기 잔치가 벌어졌다.

"마을 부근의 산에는 해방(8·15 광복) 전까지 호랑이와 늑대가 있었다고 합니다." 이한민 씨가 마을 어른들에게서 들은 이야기였다.

웬일인지 호랑이와 늑대는 6·25 전쟁 무렵부터 종적을 감췄다고 한다. 그러나 멧돼지와 곰, 노루, 너구리, 오소리 따위가 그냥 무시로 골짜기를 넘나들었다. 고동하와 봉밀하에는 산천어며 이면수臨淵水魚가 헤엄을 치고 다녔다.

그때는 나무가 수림을 이뤄 골짜기를 뒤덮었다. 말 그대로 들짐승의 고향이었다.

고동하의 하류에는 송림동松林洞이라는 이름이 생겨나기에 이르렀다. 송림동은 이름 그대로 소나무 수림의 동네라는 의미로 송림동 골짜기 어귀에 위치한다고 해서 지은 이름이다. 소나무처럼 특정된 나무로 이름을 지은 마을은 또 하나 있다. 들미동이다. 들미는 들메나무의 방언으로 물푸레나무과에 속하는 낙엽교목이다. 고동하 기슭의 음습한 비탈에는 들메나무가 많이 자랐던 모양이다.

재미있는 이야기가 있다. 우리말 '들미'는 중국말로 기록되면서 '맛을 얻는다.'는 의미의 '득미得味'로 음역되었으며 훗날 이 이름의 연장선에서 '향곡香穀'이라는 지명을 만들었던 것이다. 향곡은 '오곡의 향기가 온 산 골짜기를 메운다.'는 의미이다.

들미동을 지나 와룡의 북쪽 끝머리에 있는 마을도 이름을 고친다. 원래는 차역이 이곳에 있다고 해서 차 마당이라는 의미의 차장자車場子라고 불렸다가 만주국 시기 일본인의 이름을 따서 목란툰木蘭屯이라고 개명했다. 8·15 광복 후 화룡현과 안도현 인접지대에 있다고 해서 두 현의 이름을 각기 한 자씩 갖다가 화안촌和安村이라고 이름을 지었던 것이다.

결국 그토록 유명한 '갑산' 마을도 이름을 고치게 된다. '귀양지'라는 이미지가 나쁘다는 것이다. '갑산'은 글자풀이를 하면 '제일의 산'이라는 뜻이며 이에 따라 '종령민수鐘靈敏秀' 즉 '좋은 환경에서 우수한 인물이 나온다.'는 의미를 넣어서 '영산靈山'이라고 개명했다. 삼수三水를 일수一水로 한데 모은 봉밀하도 언제부터인가 벌꿀의 향기를 풍기는 봉밀하蜂蜜河로 불리고 있다.

이런저런 이름은 마치 덩굴처럼 어우러져 '삼수갑산'의 다른 풍속도를 그리고 있었다. 부지중 <어랑타령>의 한 토막이 그림처럼 눈앞에 떠올랐다.

"산수 갑산 머루 다래
언클러 선클러졌는데
나는 언제 임을 만나
언클러 선클러 지느냐.
어랑어랑 어허여…"

'임'을 그리는 조선시대 여인들의 외로운 마음이 노랫가락에 실려 있었다. 똑 마치 와룡 지명의 뭔가를 암시하고 있는 것 같아 공연히 나그네의 마음을 서글프게 했다.

벌꿀의 강기슭에 피어난 진달래

마치 모든 것이 요술과 같았다. 마을 하나가 문득 강기슭에 나타났다. 수백 명의 인구가 갑자기 이사하여 이곳에서 살았다. 언덕에 일부러 심은 진달래는 해마다 연분홍의 꽃을 피워 남 먼저 봄의 향기를 흩날렸다. 마을에는 꼬끼오 하는 닭의 울음소리가 울렸고 밥 짓는 연기가 굼실굼실 피어올랐다.

이름 그대로 진달래처럼 강기슭에 피어난 진달래촌은 그들에게 더는 낯선 고장이 아닌 고향으로 되고 있었다.

"우린 예전에 울바자를 사이에 두고 함께 살았지요."

일행을 안내하던 김태욱(1938년 출생) 옹은 길 어귀에서 누군가와 인사를 나누더니 이렇게 해석했다.

🔹 1936년 장항촌에서 맏손자 결혼식 기념촬영 마당에 있는 이창민(왼쪽 두 번째 사람으로 갓을 쓰고 있다.)

그들은 봉밀하蜂蜜河의 중류에 있던 장항촌獐項村 태생이었다. 봉밀하蜂蜜河는 글자 풀이를 한다면 벌꿀의 강이라는 뜻이다. 이 이름을 두고 항간에는 향긋한 꿀맛이 풍기는 이런저런 전설이 구전되고 있었다.

그럴지라도 봉밀하는 꿀맛의 달콤한 기억만 남긴 게 아니었다. 몇 년 전 이 봉밀하蜂蜜河에는 보기 드문 큰물이 졌다. 이때 가장기물 따위가 강물에 나뭇잎처럼 둥둥 떠내려가는 희한한 풍경이 연출되었다. 난데없는 물난리에 아수라장이 되었던 장항촌은 이웃마을과 함께 새마을 진달래촌으로 집단이주를 하기에 이르렀던 것이다.

⬆ 진달래촌 마을 중심에 있는 비석 연변을 형상화한 시구가 새겨져있다.

사실 장항촌은 옛날 간민墾民들이 봉밀하의 물난리를 피해 찾았던 길지였다고 전한다.

19세기 말경, 함경남도 이원군利原郡에서 살고 있던 이씨 가족은 새로운 희망을 품고 두만강을 건넜다. 그런데 바닷가의 고향을 등졌다고 동해의 용왕님이 심술을 부렸는지 최종 정착을 하기까지 물 고생을 겪었다고 한다. 화룡을 거쳐 토산土山에 왔는데 두 곳 다 석탄이 묻힌 지역이라서 수질水質이 나빴다. 토산은 진달래촌 서남부에 위치, 주변에 초목이 자라지 않는 밋밋한 흙산뿐이라고 해서 지은 이름이다. 그래서 이번에는 아예 강이 있는 쪽으로 자리를 떴다. 그곳은 봉밀하의 상류였다. 그런데 비가 내린 후면 와와 괴성을 지르며 계곡을 흘러내리는 골물에 기겁 했다.

"이거 물이 터지면 나면 잠을 자다가 떠내려갈지도 모르겠구먼." 그들은 미처 이삿짐을 다 풀기 전에 또 자리를 떴다.

막상 그렇다고 해도 강을 멀리 떠나기는 싫었다. 그냥 물 걱정을 달고 다녔던 탓일지 모른다. 그들은 강기슭을 따라 내려오다가 버드나무가 늘어선 작은 벌판에 이르러 마침내 걸음을 멈췄다. 이곳은 주변의 산세가 좋았고 땅이 기름졌다. 허리를 치는 쑥을 엎어 버리자 싱긋한 땅 냄새가 금세 향기처럼 피어올랐다.

그들은 나무를 베어서 귀틀집을 지었고 땅을 갈아서 기장을 심었다. 뒷산에 울리는 매미의 울음소리는 호젓한 이 시골집에 시 같은 운치를 만들고 있었다.

그해 가을 기장은 저마다 개꼬리만한 이삭을 땅에 드리웠다.

이씨 가족의 인솔자 이창민은 간도 땅을 밟은 후 처음으로 얼굴에 함박 같은 웃음꽃을 피웠다. 그는 급기야 고향의 친지에게 희소식을 알리는 편지를 띄웠다.

정말 살기 좋은 고장을 발견했네. 어서어서 이곳으로 오게나.

이윽고 이원군의 이주민들이 하나둘 연이어 이 고장에 나타났다. 그때부터 애기의 태어난 기쁨이 있었고 또 지붕에 비가 새는 시끄러움이 생겨났다. 나중에 마을의 사람들은 옛 고향의 이름을 갖다가 이원촌利原村이라고 불렀다.

이역의 심산에는 바닷가의 이원군이 그렇게 하늘의 조화처럼 문득 나타났다.

훗날 이주민들이 늘어나면서 원래의 이원군 향민鄕民의 이미지는 차츰 퇴색한다. 그래서 1933년 마을 이름을 달리 짓기에 이르렀다. 장항촌獐項村은 이때 마을 서쪽의 산 모양이 흡사 노루목과 같게 생겼다고 해서 지은 이름이다.

잠깐, 여기서 이야기는 또 다른 가닥을 잡게 된다. 장항촌 즉 이원촌의 첫 개척민인 이창민은 다름 아닌 김태욱 옹의 외조부이기 때문이다.

정말이지 너무 극적이어서 허구의 소설로 여길 정도이다. 김태욱 옹의 증조부는 바로 이원군의 이웃 동네인 단천군 태생이라고 한다. 증조부의 이민사는 더구나 한 부의 '소설'을 엮고 있었다.

증조부 김시화는 초시 합격자로 서울에 가서 과거를 보려다가 붓을 팽개치고 의병에 참가했다고 한다. 그때가 바로 매국적인 을사조약이 체결되었던 1905년 무렵이었다. 그는 훗날 홍범도가 인솔한 의병에 가입, 중대장으로 있었다고 한다.

홍범도(洪範圖, 1868~1943)는 1895년 을미사변과 단발령으로 을미의병이 전국적으로 일어나자 의병부대를 조직하며 을미의병 해산이후 산포수山砲手 생활을 하면서 항쟁을 계속했다. 1907년 군대해산을 계기로 전국적으로 의병이 일어나자 포수들을 모아 기병했다.

의병들의 항쟁은 일제가 한반도를 완전히 장악한 1910년 이후에는 국내에서 불가능하게 되었다. 그들의 무력항쟁 무대는 서·북 간도를 비롯한 만주 지역으로 옮겨지며 명칭도 독립군으로 바뀐다. 이때 이 일대에는 백만으로 헤아리는 백의겨레가 거주, 독립군의 활약에 터전을 마련해 주고 있었다.

홍범도 역시 이때 의병들을 이끌고 만주로 건너갔다. 그는 나중에 독립군 총사령관이 되었으며 독립군을 이끌고 국내에 들어가 갑산과 혜산 등 지역에서 일본군을 습격하여 전과를 거둔다. 훗날 독립군이 올린 전과 중 최대의 승전을 기록한 봉오동 전투와 청산리 전투의 지휘중심에는 모두 그가 서 있었다.

김시화는 홍범도를 따라 국내를 떠나기 전에 작별인사를 하려고 단천군의 고향집에 잠깐 들렸다. 그런데 누군가 민회民會에 밀고를 할 줄이야. 이때 고향사람들은 "김시화를 풀어 놓으라!" 하고 외치면서 농성을 했다고 한다. 모두 김시화를 의병운동에 더는 참가하지 않게 한다고 보증을 섰다. 그들의 도움으로 간신히 풀려난 김시화는 그날로 식솔을 데리고 철야 도주하여 압록강을 건넜으며 장백현 12도구에 자리를 잡았다.

김시화는 정착하기 바삐 독립지사들과 연줄을 달고 반일활동에 뛰어들었다. 그러다가 일제의 '요시찰인물'로 되었으며 경신년(1920) 대토벌이 시작되자 또 식솔을 데리고 급급히 도망한다. 그때 다시 강을 건너 함경북도 무산에 갔다가 화룡을 경유하여 봉밀하 기슭으로 찾아왔던 것이다.

아닌 게 아니라 봉밀하가 흘러 지나는 70리의 계곡은 하늘의 용과 땅의 범이 형적을 감출 수 있는 땅이었다. 실제 봉밀하는 양안의 산봉우리가 빽빽하다는 의미의 봉밀하峰密河이며 벌꿀의 강이라는 봉밀하蜂蜜河는 이 지명이 와전된 것이라고 하는 해석이 있다.

이 무렵 김시화는 땡전 한 푼 없는 빈털터리로 되고 있었다. 단천에서 탈주할 때 가산을 몽땅 버렸고 장백현에서 도망할 때 또 맨 주먹만 부르쥐고 나왔다. 그야말로 용이라면 염주가 없고 호랑이라면 발톱이 없는 셈이었다.

결국 식솔 10여 명은 입에 풀칠을 하기 위해 산지사방으로 뿔뿔이 헤어지게 되었다.

이때 김시화의 맏손자는 이원촌의 부자 이창민의 머슴으로 들어간다. 맏손자는 장장 8년 동안 머슴으로 살았다. 진솔하고 부지런했던 그는 나중에 이창민의 눈에 들었다. 그에게 시집을 보내면 딸은 평생토록 굶을 걱정을 끌어매도 될 것 같았다.

"그래서 땅을 떼 주고 또 집을 사줬다고 해요. 머슴을 데릴사위로 삼은거지요."

머슴과 주인집 딸이 혼인하는 또 하나의 '소설'이 엮어진 것이다.

이쯤하면 다들 속짐작을 했겠지만 그 머슴이 다름 아닌 김태욱 옹의 부친이다. 김태욱 옹은 머슴의 둘째 아들로 장항촌에서 나서 자랐다.

장항촌은 마침 김태욱 옹이 인생의 중턱에 올라 서 있던 1980년대 전성기를 맞으며 130여 가구의 5백여 명 인구를 자랑했다. 그러나 새마을로 이주하면서 현재로선 일여덟 가구가 궁상스럽게 남아있을 따름이다.

김태욱 옹은 집단이주에 훨씬 앞서 장항촌을 떠났다고 한다. 1984년 과수 기술원으로 초빙되면서 동쪽의 서성진西城鎭으로 이사했던 것이다.

서성은 경내에 발해국의 옛 도읍인 중경현덕부中京顯德府의 성터 서쪽에 위치한다고 해서 지은 이름이다. 진 소재지는 이도구二道溝에 위치하는데 이도구는 하곡분지의 동쪽으로 두 번째 골짜기라는 의미이다.

예전에 발해의 도읍이 서성의 명함이었다면 지금은 새마을 진달래촌이 브랜드로 떠오르고 있었다. 진달래화원, 진달래문화축제, 진달래광장,

민속농가 등 명실공한 조선족민속 제1촌으로 발돋움을 하고 있었다. 그런데 이 진달래의 향기 속에 노루목의 장항촌이 사라지고 있는 것이다. 아니, 이원촌은 더구나 까마득히 잊힌 옛날 옛적의 마을로 되고 있었다.

사실상 장항의 첫 주민은 이원군의 사람들이 아니었다. 예전에 마을 서쪽에는 발해시기의 석성이 있었다고 한다. 뒷산에서는 고분이 여러 기 발굴되었고 또 쇠로 만든 활촉이 자주 발견되었다.

어린 김태욱은 늘 활촉을 주워서 집으로 갖고 왔다고 한다. "소꿉친구들과 함께 활촉에 꼬챙이를 박아서 과녁 맞히기 장난을 했지요."

옛 석성은 논을 풀면서 평지로 되었고 꽃잎처럼 차츰 집단기억에서 스러졌던 것이다.

진달래는 봄마다 또 피지만 예전의 그 꽃이 아니다. 옛날 이 고장에 살았던 선인先人들은 다시 돌아오지 않는다. 아, 그들의 이야기를 해와 달처럼 진달래의 향기에 오래도록 남길 수는 없을까.

옥천동에 흐르던 샘물의 이야기

골짜기의 그윽한 곳에는 옥 같이 맑은 샘물이 흘렀다. 샘물에는 작은 새우가 서식하고 있었다. 샘물을 떠서 밥을 지을 때면 이따금 빨갛게 익은 새우가 밥에 묻혀서 고운 꽃무늬를 돋쳤다.

"다들 샘물에 홀딱 반했다고 합니다. 고향의 이름이 바로 옥천동玉泉洞이었거든요."

20세기 초, 조부는 아들 넷을 데리고 이 골짜기에 첫 괭이를 박았다. 산비탈의 콩과 옥수수는 벌판의 무연하던 논의 옛 기억을 더구나 애잔하게 불렀다.

충청북도 옥천군 옥천동이라는 이 지명은 그렇게 산을 넘고 강을 건너 이역의 심심산골에 '이사'를 했다.

훗날 김해금 노인은 조부의 족적을 따라 옥천동으로 찾아간다. 그들의 탑승한 차는 나중에 옥천동 부근의 산길에서 끝내 멈춰서고 말았다. 비가 내린 흙길이 하도 질척질척해서 차가 좀처럼 움직이기 힘들었던 것이다.

이때만은 옥천동이 하늘 아래에서 첫 번째로 꼽히는 두메산골의 마을이 아닐까 했다.

"쓰렁바위의 고개 마루를 지나면 옥천동에 들어서는 데요, 참." 김해금 노인은 조부의 옛집 문턱에서 발길을 돌려야 하는 아쉬움을 떨어버릴 수 없었다.

쓰렁바위는 사인암四人岩인지 아니면 사릉암四稜岩인지 그리 분명치 않다. 확실한 건 예전에 남양촌南陽村을 이르던 이름이라는 것이다. 남양은 'e y e n'의 전음으로 옛날 만주족이 작은 여울을 이르던 말이다. 남양촌은 이 여울이 있는 냇가에 길게 늘어서 있다.

🔼 **두개동 어귀에 있는 옛 초가** 두개동은 훗날 용평촌 9대로 되었다가 합병하면서 2대로 되었고 또 과수마을로도 불린다.

남양촌은 복동진福洞鎭의 북쪽 지대에 위치한다. 복동은 광서(光緖, 1875~1908) 말년 간민墾民들이 이 고장에 석탄이 나고 또 금이 난다고 해서 복덩이가 있는 복지福地인 줄 알고 지은 마을 이름이다.

진짜 복지였다. 탄광이 서면서 다른 곳보다 먼저 도로가 부설되었고 또 철길이 놓였다. 이에 따라 탄광은 덩치를 크게 불렸으며 뒤미처 '변강지원'이라는 명목으로 산동山東의 사람들이 대거 이주했다. 복동의 개척자인 조선족은 난데없는 불청객들에게 밀려서 명실공한 소수민족으로 전락했다.

여하튼 옥천동의 사람들은 '옥천동'을 복덩이가 있는 복지로 여긴 것 같지는 않다. 조부는 다른 길을 찾고자 타향으로 떠나며 그길로 소식이 두절되었다. 미구에 부친 김성산도 용연촌龍淵村에 땅을 사고 옥천동을 떠났다. 용연촌은 일명 용연평龍淵坪으로 불리는데 옥천동의 북쪽으로 몇 십 리 떨어진 해란강 기슭에 위치한다. 용연은 마을의 남쪽에 큰 늪이 있다고 해서 지은 이름이었다.

"아버지는 동네에서 다 알아주는 부자였다고 합니다." 김해금 노인은 어릴 때 겪었던 일이 내내 잊혀지지 않는다고 말한다.

그날 엄마의 꼬리치마를 잡고 쓰렁바위에 막 들어서는데 누군가 "저것 봐, 지주네 딸이 왔어."라고 그에게 손가락질을 하더란다. 어린 김해금은 금세 간이 콩알만 했다. 토지개혁 무렵인지라 지주는 열이면 열 모두 청산의 대상이었기 때문이다.

어쩌면 살길을 찾아 두만강을 건넌 간민들에게 부자는 일종 사치가 아니었을지 모른다. 김성산이 용연에 엉덩이를 붙이기 바빠 대도회大刀會

인가 뭔가 하는 조직에서 땅 많은 부자를 붙잡으려 한다는 흉흉한 소문이 떠돌았다. 겁이 더럭 난 김성산은 다시 올망졸망한 이삿짐을 수레에 실었다.

그때가 바로 일본이 집단마을을 만들던 1937년 무렵이었다.

1930년대부터 일본은 중국의 동북지역에서 강제적으로 집단마을을 세웠다. 산재한 민가들을 한데 집중하고 주변에 토성을 두른다. 이런 마을은 현재의 많은 마을을 형성, 대부분 각자의 마을 이름을 그대로 남기고 있다.

그때 김성산이 이사했던 두도구는 이름자에 골짜기라는 글자를 넣고 있었지만 동네방네에 이름 있는 작은 시가지였다. 두도구는 원래 복동하福洞河와 장인하長仁河, 해란강海蘭江의 합수목에 위치한다고 해서 삼하진三河鎭이라고 불렸다. 1910년 경, 하곡河谷 분지에서 아래로부터 위로 첫 번째 골짜기에 위치한다고 해서 첫 골짜기라는 의미의 두도구로 개명했던 것이다.

김해금 노인은 일가족이 두도구에 이사한 얼마 후인 1938년 세상에 태어났다. 그는 두도구가 용정 시가지에 부럽지 않았다고 거듭 곱씹었다. 예전에 두도구에는 외국인이 지은 성당과 교회당이 있었고 또 그들이 운영하는 협화병원이 있었다고 한다.

그의 어린 기억에 성당의 신부는 다른 세상의 사람처럼 무서운 존재로 비치고 있었다.

"그분은 언제나 검은 옷을 입고 있었습니다. 그리고 눈이 우리처럼 까만 게 아니라 보얗게 보였지요."

김해금 노인이 말하는 신부는 독일인이었다. 독일인 신부는 일찍 1897년 연변에 '보얀 눈'을 드러냈다. 그때 신부 베루스白婁思가 원산교회元山教會의 파견으로 훈춘琿春에 와서 설교를 했던 것이다.

이민이 늘어나고 마을이 생기면서 교세도 상승 가도를 달렸으며 조선인사회에 막강한 영향력을 행사하고 있었다. 김해금 노인의 모친도 나중에 교회에 예배를 다니며 또 집사로 있게 된다.

"그때는 우리 조선인 학생들도 교회에 다녔습니다." 전홍길(1932년 출생) 옹이 이렇게 옛 두도구 교회의 한 장면을 눈앞에 떠올렸다.

그는 두도구의 바로 서쪽 골짜기에 있는 두개동에서 나서 자란 사람이다.

두개동은 두가동杜家洞의 전음으로서 두杜씨 성의 중국인이 세운 마을이라는 의미이다. 사실 두씨는 골짜기 어귀에 살고 있었고 골짜기의 개척민은 전홍길 옹의 증조부를 위시한 몇 가구의 조선인 이민들이었다고 한다.

전홍길 옹은 인터뷰에서 가족의 계보系譜를 소상하게 밝혔다. 이에 따르면 그는 정선 전씨旌善全氏의 52대손이라고 한다.

전씨는 전섭全聶을 도시조都始祖로 하고 정선旌善을 대종大宗으로 삼는다. 전섭은 고구려 동명왕의 셋째 아들로 백제 건국 10대 공신이다. 정선 전씨의 집성촌은 강원도와 평안북도, 함경남도에 있는 걸로 알려진다.

전홍길 옹의 가족은 증조부 시절 함경북도 명천군 상운북면 상아동에서 살았다고 한다. 어찌 보면 가문의 공동체에서 따로 떨어진 '외기러기'나 다름없었다. 그런데 명천군에서 살던 다른 무리의 '기러기'들이 19세기 말쯤부터 강남으로 날아가듯 떼를 지어 부산하게 본고장을 뜨기 시작하였다.

나중에 전씨 가족도 명천을 떠나는 이 '기러기' 떼에 합류한다.

"정말 생활이 어려웠다고 합니다. 다들 간도가 살만하다고 말해서 떠난 거지요."

두만강을 건넌 후 전씨 가족도 김성산의 가족과 비슷한 과정을 겪는다. 최초에 자리를 잡았던 곳을 떠나 또 다른 고장에 정착하는 것이다. 아니, 뭔가 다른 데가 있었다. 그들의 첫 정착지인 쟈피거우夾皮溝는 두도구 서남쪽으로 10여 리 떨어진 곳인데, 만주족말로 '협소한 골짜기'라는 의미이다. 그러고 보면 전씨 가족은 골짜기에서 살다가 또 벌이나 도회지가 아닌 다른 골짜기에 이사했던 것이다.

그때 그들은 나무를 찍어 집을 짓고 풀뿌리를 뽑아 밭을 만들었다고 한다. 땅을 사서 부치지 못하고 집을 사서 들지 못할 정도로 생활이 몹시 쪼들렸던 것이다.

그럴지라도 전씨 가족 역시 다른 간민들처럼 척박한 땅에서 자라나는 들풀마냥 억센 생명력을 자랑했다. 뒷이야기이지만, 전홍길 옹의 증조부가 북간도 땅을 밟을 때 일가족은 증조부 그리고 조부의 형제 식솔 등으로 일여덟 정도에 불과했다. 그로부터 3대가 지난 후 전씨 가족은 무려 120명으로 헤아리는 큰 가문으로 등장하고 있었다. 와중에 대학교 문을 나선 사람만 16명이 된다고 한다. 조선시대 전씨 가문에 문과와 무과 급제자가 200명을 넘었다더니 그 실력을 이역 땅에서도 뽐내고 있는 듯 했다. 자식을 공부시키려는 전씨 가족의 욕구는 골짜기에 살더라도 결코

남에게 한발자국도 뒤지지 않았던 것이다.

　예전에 전홍길 옹이 다니던 학교는 민성학교였다. 그때 두도구에는 일본인이 꾸리던 이 학교를 제외하고 또 독일인이 꾸리는 해성학교가 있었다. 예배를 보는 학생들은 민성학교가 아닌 해성학교 출신이 많았다고 한다.

⬆ 화룡광흥중학교(훗날의 두도 제2중학) 졸업생들이 1949년 남긴 사진

　8·15 광복 후 교세가 약해지면서 성당과 교회당은 모두 문을 닫았다. 훗날 감리교 교회당에 울리던 찬송가는 두도 영화관의 음악으로 변했고, 천주교 성당의 종소리는 광흥중학교(훗날 두도2중으로 개명)에서 상과나 방과를 알리는 종소리로 바뀌어졌다.

　인제 두개동도 현지 토박이들만 알고 있는 특이한 지명으로 되고 있다. 정말이지 그 무슨 인디언이 숨어서 살았던 정글의 옛 마을이 아니었던가 싶다. 그런데 이 '인디언'들도 모두 종적을 감췄다. 골짜기의 농가는 모두 철거되고 난데없는 화훼기지가 등장하고 있다.

정작 전홍길 옹이 까무러치도록 놀랠 일은 그 뒤에 있었다.

"글쎄 우리 증조부님의 산소가 감쪽같이 없어진 겁니다."

참으로 억장이 무너질 일이었다.

1960년대 민병들이 미신을 타파한다고 하면서 산소의 비석을 과녁으로 삼아 총을 마구 쏘았다. 훗날 훼손된 이 비석을 복구했지만 이번에는 밭을 만들면서 아예 봉분까지 밀어버렸던 것이다.

두개동에 첫 괭이를 박았던 간민의 흔적은 그렇게 형체 없이 사라졌다.

추석날 조상에게 제를 올리러 갔던 전씨 가족은 샘물처럼 솟아나는 쓸쓸함을 가슴에 봉분처럼 둥그렇게 쌓아 올려야 했다.

고종의 어의가 잠적했던 '너페'

20세기 초, 서울 궁전에 있던 어의御醫가 두만강 북쪽의 시골마을에 잠적했다. 조선 왕실의 비사秘事처럼 일장 수수께끼 같은 사건이었다.

박광훈은 조선 제26대 왕 고종(高宗, 1863년~1907년 재위)의 어의였다고 한다. 그가 언제부터 태의원太醫院을 떠났는지는 현재로선 소상하게 알 수 없다. 다만 북간도로 들어오기 전에 오랫동안 의병들과 함께 있었다고 박씨 가문에 전하고 있다.

외손녀인 김숙자 노인 역시 어릴 때 그렇게 들었다고 한다.

"어머님이 말씀하시던데요, 외할아버지는 강원도 임계라는 곳에서 의병들을 위해 상처를 치료하고 병을 보셨다고 합니다."

구한말 의병은 1905년 매국조약인 을사조약의 체결을 전후하여 일어났다. 1907년 8월, 군대해산 이후 많은 군인이 의병에 가담하면서 의병

전쟁의 양상을 띠어가게 되었다. 일제가 한반도를 완전히 장악한 1910년 이후 의병들은 지하활동을 하거나 간도와 만주, 연해주 일대로 이동, 독립군이나 광복군으로 연결되어 해외에서 독립투쟁을 전개했다.

그간의 박광훈의 행적을 조각조각 맞춰보면 그는 1907년 경 왕궁에서 나왔던 것 같다. 이 무렵 고종이 헤이그 만국 평화회의에 밀사를 파견하여 일본의 조선침략 부당성을 세계에 호소하고자 했으나 이 사건으로 폐위되었던 것이다. 왕의 폐위와 더불어 일부 어의가 자진 혹은 피치 못할 사유로 부득불 궁실을 떠날 수 있었다는 지적이다.

박광훈은 의병활동이 지하에 숨어든 후에도 계속 한반도에 남아있었다. 어쩌면 국권회복에 계속 실올 같은 희망을 붙잡고 있었는지 모른다. 드디어 서울에서 그토록 고대하던 왕의 소식이 날아왔지만 천만 뜻밖에도 마른하늘의 날벼락 같은 부고였다.

1919년 1월 21일 고종은 서울 경운궁에서 붕어하였다. 이를 놓고 뇌일혈이나 심장마비가 사인이라는 자연사 설과 한약이나 식혜 등을 마신 뒤 음료에 들어있던 독 때문에 사망했다는 주장이 있다.

누가 뭐라고 하든지 박광훈은 시종 왕이 누군가에 의해 독살되었다고 믿고 있었다. 훗날 그는 자식들에게 왕궁의 비사秘史를 일부 털어놓았는데, 와중에는 고종이 내시內侍에게 남겼다는 유언 한마디가 들어있었다.

"짐은 이렇게 죽더라도 백성은 다치지 말게 하라."

이에 따르면 고종은 자기가 독약을 먹고 죽게 된다는 것을 미리 알았다는 것이다. 이 유언이 대략 누구의 입을 통해 궁실에서 흘러나왔는지는 풀지 못할 미제謎題이다. 그렇다고 박광훈이 함부로 만들어낸 허구의

'소설'이라고 하기에는 많은 의혹이 있다.

어쨌거나 고종의 갑작스런 죽음으로 그가 독살 당했다는 독살설이 항간에 유포되면서 3·1 운동의 도화선이 되었다.

3·1 운동은 1919년 3월 1일 서울 탑골공원에서 시작, 일본의 식민지 지배에 항거하여 거족적으로 일으킨 민족해방운동이다. 그러나 시민들의 자발적인 참여로 일어난 이 비폭력운동은 총검을 앞세운 일제의 군정체제에 의해 결국 무참하게 실패한다.

박광훈은 급기야 가족을 데리고 피난을 가듯 고향을 멀리 떠난다. 나중에 그들 가족이 행장을 풀어놓은 곳은 두만강 기슭의 산간마을이었다.

그로부터 30여년 후 중학교를 다니던 김숙자가 어머니를 따라 오지의 이 외갓집을 찾아온다. 영화에서나 볼 수 있던 정경이 그의 눈앞에 실물로 재현되고 있었다. 그때 여느 시골에서는 이미 자취를 감춘 물레방아가 아직도 마을 귀퉁이에서 철썩철썩 하고 물을 토해내고 있었다.

이 물레방아처럼 마을의 이름도 그 무슨 고물딱지를 방불케 했다. 난생 처음 듣는 이상한 지명이었던 것이다.

"다들 그곳을 '너페'라고 부르던데요."

그러나 '너페'가 도대체 무엇을 뜻하는 말인지는 몰랐다. 넓은 평지라는 의미의 '넓평'이 와전되어 생긴 이름이라는 설이 있었지만 앞뒤로 산에 꽉 막힌 이 고장에 '넓평'이라는 이름 자체가 일장 사치였다.

아무튼 너페는 나중에 용화향勇化鄉의 소재지 고령촌高嶺村, 아니 고령촌 1, 2대(隊, 촌민소조)라는 다른 이름으로 세간에 등장한다.

⬆ 용화향 소재지 고령촌

⬆ 용화소학교(고령촌에 위치)

용화 지역은 일찍 석기시대부터 인간이 살고 있던 고장이다. 고령 부근의 지층에서는 인골, 돌도끼, 돌바늘 등 다량의 유물이 발견되었다. 남쪽의 두만강 기슭에는 고구려 고분이 발견되었으며 또 부근의 산에는 옛 성곽과 봉화대가 잔존한다. 광서光緖 7년(1881)을 전후하여 조선인 이민들이 정착하면서 마을이 생겨났다. 훗날 두만강 연안에 무간국撫墾局을 설립하면서 이 일대에 용신사勇新社와 상화사上化社가 나타난다. 용화는 바로 이 두 지명에서 각기 한 글자씩 따와서 만든 이름이다.

고령촌은 진짜 이름처럼 산이 높았고 골짜기가 깊었다. 또 나무가 크고 풀이 우거졌다. 그때 어린 김숙자는 아낙네들을 따라 부근의 산에 버섯 따러 갔는데, 앞쪽의 고작 몇 발자국 떨어져 있는 사람마저 수풀에 가려 그림자도 보이지 않더란다.

"정말 무서웠지요, 그런데 누구도 서로 이름을 부르지 않는 겁니다."

알고 보니 산에서 사람의 이름을 부르면 불길하다는 것이었다. 뭐 짐승이 사람의 이름을 알아듣기라도 할까. 참으로 마을 이름처럼 별난 풍속이었다.

뒷이야기이지만, '너페'도 이처럼 심마니들의 은어隱語로 곰을 이르는 말이었던 것이다. 그렇다고 심심산골의 이 고장에 '곰'의 이름자가 달려 있는 게 별로 이상하지 않다. 1950년대까지만 해도 이 고장에는 호랑이 따위의 큰짐승이 자주 출몰했기 때문이다. 큰짐승들은 울바자를 타고 넘듯 제멋대로 두만강을 넘나들었다고 한다.

박광훈 가족이 두만강을 건넌 후 산속에 있던 독립군이 마치 그를 기다렸다는 듯 너페에 모습을 드러냈다. 그때 박광훈은 동네에서 홀로 떨어져 산기슭에 거처를 잡고 있었다고 한다. 그는 부근의 산비탈에 땅굴을 파고 어귀를 나무 등속으로 은폐했다. 독립군의 부상자가 오면 땅굴에 남몰래 숨겨놓고 치료를 했다고 한다. 땅굴은 말 그대로 산속 밀영의 '야전병원'이었다.

그러고 보면 박광훈은 간도로 이주할 때 옛날의 의병이었던 독립군과 모종의 연락을 가지고 있었던 것 같다.

그는 한반도에 또 난리가 터졌던 1951년 너페에서 세상을 떴다. 어린 김숙자가 너페에 갔을 때 박광훈은 벌써 전설 속의 인물로 되고 있었다.

'상투사건'은 그중의 하나였다.

8·15 광복 후 박광훈은 의사증명서를 받으려고 화룡 시내로 갔다고 한다. 이때 박광훈은 옛날처럼 여전히 머리에 상투를 얹고 있었다.

🔼 영국인 존 맥켄지에 의해 촬영된 강원도의병 사진

🔼 강덕 5년 간도성 방역강습회 기념사진 연변지역의 한의사들이 연길에 모였다.

"아니, 아직까지 상투를 틀고 있다니요?" 관원은 대뜸 얼굴을 찌푸리더란다. 해방된 새 사회에 대한 무언의 불복으로 여겨졌던 모양이다.

"상투를 그냥 매려면 증명서를 받을 생각을 하지 마십시오."

그러나 박광훈은 끝내 상투를 남겼고 또 의사증명서를 받았다고 한다. 그의 고명한 의술 앞에서 뭐라고 트집을 잡을 수 없었던 것이다.

언제인가는 수백리 밖의 타향에서 웬 농부가 앉은뱅이의 딸을 소 수레에 싣고 찾아왔다. 딸은 그때까지 열아홉 살의 나이를 먹도록 제 발로 땅을 밟고 걷지 못하고 있었다.

"이봐, 인제 걷게 해주면 내 양딸로 되겠느냐?"

박광훈은 다리와 허리에 침을 놓으며 우스개를 했다. 그런데 우스갯소리가 땅에 떨어져 먼지가 묻기도 전에 처녀가 자리에서 저절로 일어섰다고 한다.

훗날 처녀는 우연히 박광훈의 외손녀 남편을 만나자 기어이 집에 초대하고 제잡담 닭의 목을 비틀더란다. 그 시절 닭을 잡아 식탁에 올리는 것은 잔치 때나 있을 법한 융숭한 대접이었다.

초야에 이름 없는 쑥대처럼 묻혀 살아도 의사의 천직은 버릴 수 없었던 모양이다. 박광훈은 언제나 몸에 붓과 벼루를 소지하고 다니다가 환자를 만나면 돈을 받지 않고 선선히 처방을 뗐다고 한다.

그토록 꾸밈없이 소탈한 사람이었지만 좀처럼 내놓지 않는 '보배상자'가 있었다.

나중에 박씨 가문의 외독자인 외삼촌이 이 상자를 대물림으로 물려받았다. 외삼촌 역시 언제인가 고향으로 돌아갈 때 꼭 갖고 가야 한다고 하면서 이 상자를 '보배'처럼 애지중지했다고 한다.

"궁전의 패물과 옛 의서, 사진 등속을 넣은 것 같습니다." 사실은 외손녀인 김숙자 노인도 이 '보배상자'를 눈요기조차 못했다고 한다.

아무튼 상자의 물건은 박씨 가문의 둘도 없는 '보배'로 전해지고 있었다.

그런데 비운의 어의에게 드리웠던 암울한 그림자는 종내 사라질 줄 몰랐다. 1960년대 극좌운동인 '문화대혁명'이 일어나자 박광훈의 손자가 장작나무를 태우듯 '보배상자'를 통째로 소각해버렸던 것이다. 공산당에 가입한 손자에게 '보배상자'는 '보배' 아닌 봉건사회의 낡은 잔재에 불과했던 것이다.

상자 속에 숨겨있던 미스터리의 '보배'는 쫄지에 한줌의 재로 날려갔다.

이 무렵 김숙자 노인이 모친에게 물려받았던 박광훈의 사진도 재앙을 당한다. 김숙자 노인이 군부대 기밀부문에 배속되면서 미타한 생각이 들어 옛 사진들을 용정의 시댁에 남겼고, 미구에 시아버지가 난데없는 '간첩사건'에 연루되자 시댁에서 서둘러 옛 사진들을 전부 처분했던 것이다.

어의의 신기한 이야기는 그렇게 '너페'라는 희귀한 지명처럼 오지의 웬 산골짜기에 꽁꽁 묻혀버렸다.

'평양전투'가 벌어졌던 시골마을

"가만, 우리 마을이 선 게 언제라고 하던가?" 그는 구들에 '올방자'를 틀고 앉아 잠깐 생각을 더듬었다.

지명지의 기록에 따르면 이 마을은 원래 '평양평平壤坪'이라고 불렸다고 전한다. 사실 마을은 앞뒤가 산에 꽉 막혀 있으며 평야라고 할 만한 큰 벌은 아니다. 광서(光緖, 1875~1908) 연간 평양에서 살던 사람들이 이주하면서 생긴 마을이라고 해서 지은 이름이라고 한다.

기왕 말이 났으니 말이지 '올방자'는 '책상다리'를 이르는 북한 말이다.

촌장 최경렬 씨는 평양마을의 태생이 아니었으나 역시 북한의 어투가 다분한 연변 말씨를 구사하고 있었다. 그는 1964년 가족을 따라 서쪽의 백리평百里坪에서 이 고장으로 이사를 왔다고 한다.

⬆ 언덕 위에 세운 청산리대첩기념비

백리평은 화룡 현성까지 백리길이 된다고 해서 지은 이름이다. 진짜 시내와 백리나 떨어진 심산벽지의 마을이었다. 예전에는 시골에서 모두 바퀴가 아닌 두발로 시내 행차를 했다고 한다. 와중에 동지섣달의 추위를 무릅쓰고 현성에 다녀오던 촌장이 귀가 길에서 동사하는 사고가 터졌다. 1955년경 백리평 남쪽의 석인촌石人村에서 벌어진 이 일은 지금도 현지에서 노인들의 화제에 자주 오르고 있었다.

그때 동사 사건의 주인공은 이곳에 들려서 저녁식사를 하고 밤길을 떠났다고 한다. 그러나 마을의 수장으로 있는 최경렬 씨는 이런 비화秘話는 물론 처음의 마을 이름인 '평양평'도 처음 듣는다고 말하는 것이었다.

그의 기억에는 언제인가 들었던 이야기가 몇 조각 남아있을 뿐이었다.

"옛날 주변의 산에 모두 소나무가 꽉 들어섰다고 해서 '청산리青山里'라고 불렀다고 하던데요."

아닌 게 아니라 청산리는 이름처럼 청청한 산에 병풍처럼 둘려 있다. 산 사이의 골짜기에는 또 쪽빛 같은 하늘을 비껴 담은 푸른 강이 흘러지나고 있었다. 산에 무성한 소나무의 향기가 코끝을 스치고 소나무 사이로 부는 바람에 하늘의 달이 당금이라도 강물에 떨어질듯 흔들흔들 춤을 춘다.

그야말로 천상에서 '송풍나월松風羅月'의 그림이 문득 땅 위에 떨어져 내린 듯하다.

예전에 도성都城에서 살던 평양사람들이 넓은 벌을 버리고 오지의 이 산속에 이삿짐을 풀게 된 연유를 조금이라도 알 것 같다.

실제 맨 아래쪽의 송월촌松月村도 이와 비슷한 이유로 지은 이름이었다.

원래 부근의 산에 소나무가 많다고 해서 '송림평松林坪'으로 불렸다. 8·15 광복 후 나월평과 송림평을 합병하면서 '송월촌'으로 불리게 되었던 것이다. 나월평羅月坪은 청산리 바로 동쪽에 위치하는데 역시 이 때문에 지은 이름이라고 한다.

솔직히 누구라도 이 마을들을 하나하나 호명하노라면 부지중 고려가요 <청산별곡>의 정취를 피부로 느끼게 된다.

"살어리랏다 살어리랏다 청산애 살어리랏다.
머루랑 다래랑 먹고 청산애 살어리랏다…"

그러고 보면 타향에서 서러움이 많았던 간민墾民들은 삶에 대한 애착과 꿈을 지명에 실어 내고 있는 것 같다.

어찌어찌하여 뒷북을 치는 바람에 청송이요, 명월이요 하는 운치 있는 글자를 모조리 빼앗긴 마을 하나는 푸른 강물을 이름자에 넣어 '녹수평綠水坪'이라고 작명했고 또 이 때문에 푸른 강물마저 잃어버린 마을 하나는 아예 나월평에서 불과 십리도 되지 않는 곳에 있다는 의미의 '십리평十里坪'이라고 이름을 달았다.

미구에 여기저기 산재한 마을들은 강박적으로 한 곳에 집결된다. 일본은 1932년 3월 괴뢰국가인 만주국을 세운 후 만주의 항일세력을 소멸하기 위해 치안숙정治安肅正의 조치를 내오는데 그 첫 번째가 바로 집단마을과 자위단이었다. 그 무렵 화룡에는 청산리를 비롯하여 10여 개의 집단마을이 생겨났으며 또 집단마을마다 무장자위단이 조직되었다고 한다.

청산리 집단마을의 무장자위단 단장은 김일노(金日怒, 1896~?)였는데 그는 또 청산리 경찰경찰警察分駐所 소장이기도 했다.

훗날 김일노는 화룡현 신선대(新選隊. 神仙隊)에 가입하여 부대장으로 있었다. 신선대는 연변 백두산 일대의 항일무장을 소멸하기 위해 세워진 친일 무장부대였다. 1940년, 김일노는 신선대를 거느리고 경찰토벌대의 선견대로 앞장을 섰다가 홍기하紅旗河에서 항일부대의 매복습격을 받는다. 홍기하는 청산리 북쪽의 증봉산甑峰山에서 발원하여 남쪽으로 두만강에 흘러드는 강이다. 증봉산은 그 모양새가 베개 같다고 해서 일명 베개봉산이라고 불린다. 김일노는 전투에서 돌격을 부르짖다가 총알이 벌린 입을 통해 목을 관통, 하마터면 저승으로 갈 뻔 한다. 이번 전투에서 화룡현 신선대는 전멸되다시피 했지만 요행 살아남은 김일노는 '영예의 상처' 때문에 친일 주구走狗로 세상에 더구나 널리 알려지게 되었다.

정작 청산리라는 이름이 세상에 소문을 놓게 된 건 서쪽의 백운평白雲坪에서 벌어졌던 전투 때문이다. 백운평은 청산촌에서 골짜기를 따라 베개봉으로 7, 8km 올라가는 좁은 개활지에 있던 마을이다. 1920년 10월, 김좌진金佐鎭이 인솔하는 북로군정서北路軍政署 독립군은 충신장忠信場 아래에서 일본군과 싸우려 하다가 그 일대의 민간인들에게 피해를 입힐 것을 우려하여 해란강을 따라 베개봉 쪽으로 방향을 틀게 된다. 충신장은 지금의 화룡 현성을 이르던 옛 지명이다. 그때 백운평의 일부 조선인들은 이른 새벽 짚신 등을 갖춰갖고 직소直沼 부근에 주둔한 독립군을 찾아갔다고 한다. 직소는 베개봉에서 발원한 해란강이 계곡사이로 흐르다가 이곳 바위벼랑에 이르러 떨어지듯 흐르면서 큰 소를 이뤘다는 해서 얻은 이름이다. 조선인들은 귀가하다가 독립군을 추격하는 일본군을 만나게 되었으며 일본군이 독립군 행적을 물어보자 짐짓 모르쇠를 댔다고 한다. 이에 일본군은 시름을 놓고 골짜기를 들어가다가 독립군의 매복에 들어 많은 사상자를 내게 된다.

이로부터 수십 년 후에 태어난 뜬 최경렬 씨는 이 전투가 아니라 현장의 남다른 경물을 기억에 담고 있었다.

"거기 백운평의 산등성이에는 일본군이 만들던 비행장이 있는데요"

아직도 이 산등성이에는 큰 나무가 자라지 않는다고 한다. 일본군이 비행기로 나무들을 뿌리 채 뽑아서 옮겨갔다는 것이다. 그때 벌써 헬기가 있었으면 모를까, 황당한 이야기였다. 뒷이야기이지만 그가 말하는 '비행장'은 독립군의 조련장으로 추정되는 곳이었다.

그때 일본군은 참패를 당한 분풀이를 부근의 백운평 사람들에게 했다고 한다. 그들은 여자들을 밖으로 나오게 한 후 남자들을 노소 불문하고 집안에 가둬놓고 불을 질렀다. 집에서 누군가 뛰쳐나오면 총을 쏘아 눕혔다.

20여 가구가 살고 있던 백운평은 드디어 이름자에 박힌 흰 구름처럼 종적을 감춘다. 뒤이어 부근에 있던 북골北溝과 쟈피거우夾皮溝 등 마을도 사라졌다. 그 후 골짜기 어귀에는 집단마을과 더불어 느닷없이 청산리라는 새로운 지명이 생겨나는 것이다. 이에 따라 백운평에서 벌어진 전투는 '청산리전투'라는 이름으로 집단기억에 자리하게 된다.

도성 '평양'도 무명의 나무처럼 이 '청산'에 형적 없이 잠겨버렸다.

청산리전투에서 패배한 일본군이 부상자와 시체를 운반하고 있다.

🔼 휑뎅그레한 청산촌
산 사이를 가로지른 다리 위로 최근에 부설된 화룡-이도백하 철도가 지난다.

최경렬 씨는 이 고장에 마을이 적지 않았다고 하면서 손가락을 하나 하나 꼽았다. "우리 마을의 남쪽에는 수개골이 있었고 서쪽에는 또 왕개골이 있었지요."

수개골隋家溝은 수隋씨가 살던 동네라는 의미이고 왕개골王家溝은 왕王씨가 살던 동네라는 의미라고 한다. 예전에 청산골靑山溝에는 이런 자연마을이 10여 개나 되었다고 한다. 청산골은 송월평부터 청산리까지 내처 수십 리를 이어지는 큰 골짜기를 이르는 말이다.

언제부터인가 산에는 나무가 듬성듬성해졌고, 뒤미쳐 마을도 눈자리 나게 줄어들었다.

예전에 청산리에는 중학교까지 있었다고 한다. 마을 한복판에 있었던 소학교에는 업간 체조시간이 되면 운동장에 아이들이 빼곡하게 들어섰다. 그러나 중학교는 1960년대 폐교되었고 소학교는 10여 년 전에 문을 닫았다고 한다.

청산리는 전성기에 아홉 개 소대(小隊, 촌민소조)가 있었으며 인가가 3백 가구를 넘었다. 1982년 농촌에서 도급제를 실시할 때만 해도 200여 가구에 달했다는 것이다.

"지금은 서른 두 가구밖에 없지요." 최경렬 씨가 기가 막힌다는 듯 쓴 웃음을 한번 짓는다.

그나마 마을에 남아있는 사람들은 대부분 노인과 병약한 사람들이라고 한다. 정말이지 타임머신을 타고 다시 대여섯 가구 밖에 살지 않았던 처음의 마을로 돌아가고 있지 않나 싶었다.

잠깐 어색한 침묵이 흘렀다.

윗방에서 마작 패쪽을 움직이는 절그럭 소리가 더구나 요란하게 들렸다. 한겨울이라 별로 일감이 없는 네댓 명이 한데 모여 마작 놀이를 즐기고 있었다. 마을에서 아직까지 마작 놀이판을 벌일 수 있는 짝패를 모을 수 있다는 게 신기할 정도였다.

시뿌연 하늘에는 흰 구름장만 덧없이 흘러가고 있었다. 온 마을은 눈에 하얗게 덮여있었다. 차가 대기한 동네어귀까지 나오도록 인기척은커녕 개 짓는 소리마저 들리지 않았다. 진짜 유령의 마을을 연상시켰.

흰 구름 아래 소나무가 푸르던 그 골짜기에는 분명 사람들이 살았었다. 생로병사의 희노애락이 하늘의 구름처럼 일어나 산골짜기의 물처럼 흘렀던 것이다.

어쨌거나 지명 '평양'처럼 천리 밖의 먼 고장에 있는 옛 이야기였다.

전설의 동네에 있었던
기인의 발자국

정말이지 호랑이가 담배를 피웠다는 옛말을 듣는 것 같았다. 그는 마당의 빗자루에서 뽑아낸 대나무 가지에 낚싯줄을 감았다고 한다. 허줄한 그 낚싯대를 두만강에 드리웠는데 다섯 근이나 되는 이면수臨淵水魚를 낚았다는 것이다.

그게 염광호 씨가 열두 살 나던 해의 일이라고 하니 '문화대혁명'이 일어났던 1966년경이었다.

"강에 얼음구멍을 파면 건져 올린 물고기가 금방 마대麻袋에 넘어났지요."

동네 서쪽에서 두만강에 흘러드는 올기강은 더구나 물고기 때문에 소문을 놓았다. 통발자리가 좋다하면 아예 누렁소와 맞바꿈을 했다고 한다. 어슬녘에 놓은 통발은 해가 뜨는 아침이면 물고기가 넘쳐나 쳇바퀴처럼 둘둘 굴려서 강기슭까지 끌어냈다.

올기강은 원래 '소토문강小圖們江'이라고 불렸다. 강희康熙 51년(1712), 정계定界를 한 후 '아지거토문阿集格圖們'이라고 기록했는데 아지거阿集格는 만주족말로 '작다'는 의미이다. 1907년 일본이 간도문제에 개입할 무렵부터 오구강烏鳩江, 올구강兀口江으로 불렸다. 올기강은 이 이름의 와전이라는 해석이 자못 설득력을 얻고 있다.

1940년 3월, 김일성부대가 올기강 기슭에서 마에다前田 경찰토벌대를 매복, 습격하여 대승을 거두었다. 이 매복전은 동북 항일무장투쟁이 저조기에 처한 때 거둔 승리로 이 시기 가장 영향력 있는 전투로 평가된다.

⬆ 옛 성곽 터에서 내려다 본 고성리(숭선) 왼쪽에 보이는 산이 군함산이다

⬆ 만주 항일무장투쟁시기의 김일성과 김정숙

항간에서는 그때부터 올기강을 홍기하紅旗河라고 불렀다고 전한다. 사실은 홍기하라는 이름은 벌써 1885년과 1887년 감계(勘界, 국경확정) 기록에 나타나는 지명이다. 홍기하는 또 '홍계하紅溪河'라고 불렀다고 한다.

어쨌거나 홍기하는 정말 김일성과 남다른 인연을 맺고 있는 것 같다. '문화대혁명'때 북한으로 도망하던 '반동분자'가 홍기하를 두만강으로 오인, 강을 건넌 후 나 보란 듯 "김일성만세"를 고래고래 외쳤다가 곧바로 뒤를 쫓아온 민병들에게 포박된 사건이 생겼다고 한다.

실제 전장 부근의 석인촌石人村에서 나서 자란 염광호 씨는 노인들에게 김일성부대의 전투이야기를 자주 들었다고 한다.

"그때 일본군은 그들의 시체가 너무 많아서 머리만 베어갔다고 합니다."

⬆ 홍기하전투를 기념하여 발행한 북한우표

석인촌은 북산에 사람 모양의 바위가 있다고 해서 지은 이름이다. 김일성부대의 이야기는 석인촌 뿐만 아니라 올기강 양안에 전설처럼 파다히 전하고 있었다. 석인촌을 지나 상류 쪽의 일명 '연애바위'라고 하는 지명도 그렇게 생겨났다. 예전에 김일성과 김정숙이 바위기슭의 동굴에서 '연애'를 했다는 것이다. 진짜 바위기슭에는 열 명 정도 자리를 펴고 누울만한 동굴이 하나 있었다. 항일군의 '야전병원' 혹은 '복장공장'이었다고 전하는 이 동굴은 훗날 도로를 닦으면서 자취를 감춘다.

항일무장부대는 이에 앞서 1920년대 벌써 이곳에서 활약했다고 한다. 그들은 많은 혁명적인 시가詩歌를 민간에 남겼다. 그리하여 항일무장부대의 세력권에 있었던 한 마을은 시가로 넘친다는 의미의 '시만촌詩滿村'이라고 이름을 짓기에 이른다.

염광호 씨는 여덟 살 때 가족과 함께 남쪽의 숭선향崇善鄕으로 이주했다.

숭선은 광서(光緖, 1875~1908) 초년 두만강 저쪽의 간민墾民들이 건너와서 이룬 마을이다. 1894년 청나라는 무간국撫墾局을 설치할 때 두만강 상류의 고성리古城里 일대에 숭화사崇化社를 세웠고 노과蘆果 일대에 선화사善化社를 세웠다. 숭선은 1933년 이 숭화사와 선화사를 통합하면서 생긴 이름이다. 고성리는 숭선향의 소재지로 바로 올기강이 두만강에 흘러드는 합수목 동쪽에 자리를 잡고 있다. 이름 그대로 부근에 옛 성곽이 있다고 해서 생긴 지명이다. 노과는 고성리의 동쪽에 위치, 소택지라는 의미의 '늪골'을 중국말로 음역하면서 생긴 이름이라고 한다.

우연한 일치인가? 염광호 씨의 부친 역시 조부를 따라 타향으로 이주할 때 마침 여덟 살의 나이였다고 한다. 이주 전 조부는 막벌이꾼으로 서울에서 물을 길어 팔고 농사를 짓기도 했다. 생활이 하도 어려워 큰딸은 민며느리로 남의 집에 주고 아내와 함께 세 아들을 데리고 두만강을 건넜다는 것이다.

두만강은 말이 국계의 강이지 신발만 벗어들면 언제든지 첨벙첨벙 들어설 수 있었다. 그러나 '문화대혁명'은 알게 모르게 두만강 양안에 '철조망'을 두르고 있었다.

그날도 어린 염광호는 또래들과 함께 두만강에서 자맥질을 즐겼다. 그러다가 북한사람들의 뗏목에 기어 올라갔다. 아이들은 학교에서 하던 본새대로 뗏목을 타는 나그네들에게 '모택동어록毛澤東語錄'을 읽어줬다. 급기야 나그네들은 귀찮다면서 그들을 쫓았고 그래도 말을 듣지 않자 나뭇가지로 엉덩이를 때렸다. 아이들은 곧장 변방소邊防站를 찾아 고자질했고 변방소는 엉덩이에 난 상처를 사진으로 찍어 증거물로 보관했다. 이에 기고만장한 아이들은 강가에 나가서 더구나 목을 놓아 '어록'을 낭송했다. 뗏목 위의 나그네들이 들은 척 하지 않자 돌멩이를 몰방으로 던졌다. 뒤미처 북한의 아이들도 강가에 나와 이쪽에 돌멩이를 뿌렸다. '어록' 낭송은 드디어 양안의 '돌멩이 뿌리기'로 치달았고 아이들의 싸움은 어른들의 '전쟁'으로 비화되었다. 강에서 뗏목이 흐르지 못했고 길에서 버스가 통하지 못했다. 사건의 주모자인 염광호는 나중에 '모택동사상 학습모범'으로 되어 현성에 가서 보고를 하는 '영광'을 지닌다.

"그때 '모택동사상'을 선전한다고 마을에 고음 확성기를 마흔 개나 달고 저쪽을 향해 방송했지요."

서북쪽의 군함산軍艦山 자락에는 '위대한 수령 모주석 만세!'라는 큰 표어를 만들었다. 글자마다 빙 돌아가면서 돌을 쌓고 하얗게 회칠을 했다. 글자가 하도 커서 십리 밖에 서 있는 소경도 눈을 번쩍 뜨고 볼 수 있을 정도였다.

그걸 어처구니가 없는 과장이라고 한다면 진짜 산을 '군함'으로 착각한 것은 뭐라고 말해야 할까.

군함산은 모양새가 마치 군함을 닮았다고 해서 지은 이름이다. 그런데 6·25 전쟁 때 미군 폭격기의 조종사가 진짜 군함인 줄 알고 폭탄을 투하했다는 것이다. 폭탄은 부근의 숭선 소학교에도 떨어졌다. 훗날 학교 뒤뜰에는 폭탄 불발탄을 전시했으며 어느 교실에는 또 기관총 탄환에 뚫린 흔적이 있었다고 한다.

사실상 미군은 고성리 맞은쪽의 삼장리와 이어진 국경 교통로를 폭격하려 했던 것으로 추정되고 있다. 1927년 설립된 고성리통상구는 백두산 기슭의 첫 통상구로 불린다. 옛날 고성리와 삼장리에는 나루터가 있었고 훗날 나무다리를 놓았다가 1994년 시멘트 다리를 부설했다. 이 다리는 '중조제1교 中朝第一橋'라고 불린다.

북한과 그렇듯 '혈맹의 관계'를 자랑하면서도 숭선에서는 한때 무엇을 방비하려고 그랬는지 두더지처럼 도처에 방공용 굴을 팠다. 그러다가 굴을 파느라고 굴이 훼손되는 일이 생겼다.

"거구의 장수가 있었다고 해서 '장수동 將帥洞'이라고 부르는 동굴이었지요."

⬆ 일명 연애바위 도로를 닦으면서 바위기슭의 동굴은 사라졌다.

고성리 서쪽의 협곡에는 높이 2~3미터, 지름 10미터 정도의 장수굴將帥洞이 있었다. 어떤 거인이 동굴을 나오면서 짚은 듯한 큰 손자국이 천정에 찍혔고 큰 발자국이 땅에 남았으며 또 잠깐 앉았다가 간 듯 큰 엉덩이 자국이 동굴어귀에 있었다고 한다. 고고학계에 일대 파장을 일으킬 이 유적은 방공용 동굴을 뚫으면서 파괴되었던 것이다.

염광호 씨는 이 동굴처럼 소실된 마을도 적지 않다고 말했다. "'매골鷹溝' 같은 마을은 해방(8·15 광복)이 될 무렵에 벌써 없어졌다고 합니다."

매골은 워낙 백여 가구의 큰 마을이었으며 학교까지 있었다고 한다.

또 옥돌골이 옥석촌으로 불리듯 집단기억에서 사라지는 순우리말의 지명도 있었다. 올기강을 계선으로 서쪽의 벌은 윗천벌, 동쪽의 벌은 아래천벌이라고 불렸다고 한다. 천벌은 하늘 아래의 첫 벌이라는 의미이다. 그런데 이 지명은 중국말로 기록하면서 상천평上天坪, 하천평下天坪이라는 낯선 이름으로 둔갑하고 있었다.

염광호 씨는 현지에서 교원으로 있을 때 위탁을 받고 촌사村史를 조사한 적 있었다고 한다. 그는 1977년 대학에 입학하면서 숭선을 떠났다. 그 무렵까지 숭선을 속속들이 알고 있던 유수의 인물이었다.

그로부터 30여 년 후 답사팀이 숭선에 갔을 때는 원주민을 눈 씻고 찾기 어려웠다. 고성리에는 조선족이라곤 식당을 차린 한 가구뿐이었다. 언제인가 그 무슨 외계인의 '집단 납치사건'이라도 벌어진 듯 했다. 알고 보니 원주민들은 열이면 열 모두 고향을 떠난 '실향민'으로 되고 있었다. 솔직히 천리 밖 청도靑島에서 대학 강단에 서 있는 염광호 씨를 만났다는 게 하늘이 내린 '행운'이 아닐까 하는 생각이 들었다.

그러나 웃음은 미처 땅바닥에 떨어지기 바쁘게 머리를 쑥 움츠렸다. 아침나절에 미리 주문을 해서 식탁에 올린 매운탕에는 이면수가 아닌 손가락 크기의 버들치가 가랑잎처럼 둥둥 떠오르고 있었기 때문이다. 이면수는 없느냐 하는 누군가의 힐문에 식당주인은 대뜸 의아하다는 듯한 표정을 짓는 것이었다.

　　"에그, 무슨 꿈같은 소리를 합꾸마(합니다). 이면수라는 게 언제 있었던 물고기라고 그럼둥(그럽니까)?"

　　두만강의 일미로 불리던 이면수는 전설로 되고 있었다. 예전에 마을의 동굴에 있었다는 거인이 이때 따라 눈앞에 새록새록 떠올랐다.

아내가 남편을 찾던 마을
남평

    용수향龍水鄕의 신민촌新民村은 1949년 자연마을을 통합하면서 지은 이름이다. 해방을 맞아 새 중국의 주인으로 되었다는 의미였다. 실제 고경수 씨도 이 고향마을의 이름처럼 새 중국의 신민新民이었다. 가계에 그의 이름을 올린 이듬해 공화국이 창립되었던 것이다.

    "저는 이민 3세입니다. 조부 4남매가 함께 두만강을 건넜다고 해요."

    바로 한국이 일본에 병합된 경술년(1910)이었다. 나중에 조부 일행은 신민촌 남쪽에 있었던 수평동水坪洞에 행장을 내려놓았다. 수평동은 구민舊民들의 고향인 경기도의 동명의 마을 이름이라고 했다. 그럴 법도 했다. 하긴 부근에는 또 함경북도의 동명의 마을인 회령촌이 있었던 것이다. 회령촌은 훗날 영원히 평안하게 보내라는 의미로 영안촌永安村이라고 개명되었다.

오래된 마을인 수평동에는 사립학교까지 있었다. 소래笑來 김중건(金中建, 1899~1933)이 개설한 학교라고 전한다. 김중건은 원종교元宗敎의 교주로 조선의 근대 철학자이며 사상가이다. 그는 1912년 민족종교인 원종교를 창립하며 북간도 여러 지역에 학교를 세우고 반일민족운동과 원종사상의 선전에 힘썼다. 수평동의 학교는 훗날 집단마을을 만들면서 해체되었다고 한다.

고경수 씨의 부친이 바로 이 수평동 태생이었다. 1958년, 부친이 화룡현 제5구第五區 구위서기로 전근되면서 고씨 일가는 두만강 기슭의 덕화德化로 이사하게 된다. 이 지역에는 일찍 광서(光緖, 1875~1908) 초년에 벌써 강을 건넌 조선인들로 마을이 생겼다고 한다. 광서 20년(1894), 청나라는 무간국撫墾局을 설치하고 두만강 북쪽 개간지역의 간민墾民들을 관리하는데 그때 이 일대에 덕화사德化社를 세웠다. 이 이름이 그냥 답습되었던 것이다.

고씨 가족이 거처를 잡은 남평南坪은 덕화향의 소재지였다. 남평은 간민들이 화전을 일구던 때는 '잔 언덕'이라고 불렸다고 한다. 그런데 중국말로 지명을 등록하면서 뭐가 뭔지 모를 '장무데기章木德基'라는 이름으로 변형된다. 그 후 이 이름이 듣기 거북했던지 '남평'이라는 이름으로 개명하는 것이다. 지명지의 기록에 따르면 남평은 마을이 앉은 지대가 산의 남쪽이고 또 평탄하다고 해서 지은 이름이라고 한다.

그러나 고경수 씨가 어릴 때 들은 지명 유래는 이와 전혀 달랐다. "강 건너에서 아내가 이쪽에 있는 남편을 찾았다고 해서 그렇게 부른다던데요."

🔼 남평촌 마을

진짜 전설 같은 이야기가 두만강 기슭에 구전되고 있었다.

    조선왕조 말기, 학정에 견디다 못해 일어났던 백성봉기가 탄압을 받게 되자 이 봉기군의 한 두령이 아내를 데리고 도망했다. 그들이 두만강 기슭에 이르렀을 때 포교들이 풍우같이 쫓아왔다. 두령은 중국 땅으로 가까스로 몸을 피했으나 아내는 포교들에게 발목을 잡혔다.
    이 부부는 이때부터 두만강 양쪽에 갈라졌다. 손을 내밀면 닿을 거리였지만 남편은 고향으로 돌아갈 수 없었고, 아내는 강을 건널 수 없었다. 날이 가고 달이 가면서 그들은 서서히 늙어갔지만 예나 제나 없이 날마다 강을 사이 두고 상대방에게 문안을 했다. 남편이 "여보, 로덕이 무사하오?" 하고 갈린 소리로 외치면 아내도 "예, 남편님도 무사하세요?"라고 하면서 눈시울을 적셨다. 로덕은 함경도 사투리로 노친이라는 말이다.
양안 사람들은 그들의 신세를 못내 가긍하게 여겼다. 그래서 남편이 도망하여 살던 강북 마을은 남평이라고 이름을 지었고, 아내가 주저앉아 남편을 기다리던 강남 마을은 로덕이라고 불렀다고 한다.

사실 '아내'는 배만 타면 곧바로 '남편'을 만날 수 있었다. 예전에는 남평에 통상 나루터가 있었던 것이다. 1929년 남평에 세관이 서는데 1947년 남평 세관소로 되고 1951년 도문세관 남평지관支關으로 되며 1985년 남평 통상구로 승격한다. 이에 따라 1994년 콘크리트 다리가 서면서 '아내'와 '남편'의 백년의 한이 풀리게 된다.

남평은 연변에서 제일 먼저 봄을 맞이하는 것으로 알려지고 있다. 서쪽의 독수리바위는 해마다 남 먼저 살구꽃을 피워 두만강에 봄 향기를 날린다고 한다. 독수리바위는 산꼭대기의 바위가 독수리 같다고 해서 생긴 이름이라고 한다. 일각에서는 또 두만강 맞은쪽에 있는 마을 독소리篤所里가 와전된 이름이라고 주장한다.

아무튼 봄이 일찍 찾아와도 남평에는 논이 없었다. 벼농사를 할 줄 몰랐던 것이다. 부친이 선도하여 강물을 산등성이에 끌어 올렸으며 처음으로 논을 풀었다.

"한번은 애들이 우리 집 마당을 꽉 채웠지요." 고경수 씨는 그때 그 일이 지금도 눈앞에 선하다고 한다.

부친이 볏짚으로 새끼줄을 꼬자 부근에서 장난을 하던 애들이 오구작작 모여들었다. 집집마다 노끈이나 밧줄은 흔했지만 새끼줄은 난생처음 보는 신기한 물건이었던 것이다.

⬆ 남평 맞은쪽의 북한마을 가파른 산비탈에 일군 밭이 눈에 들어온다.

남평 지역은 논농사를 할 수 있는 좋은 땅이었지만 그동안 버림을 받고 있었다.

실제 동쪽에는 길한 땅이라는 의미의 마을 길지吉地가 있었다. 이름 덕분인가, 화룡의 으뜸가는 부자는 바로 이 길지에서 나왔다고 한다. 이영춘(李永春, 1897~1945)이라고 하는 조선인이었다.

이영춘은 워낙 중국인의 집에서 돼지몰이꾼으로 있었다. 귀화입적歸化入籍한 후 다른 사람들을 입적시키면서 중개요금 명목으로 돈을 뜯었다. 훗날 여동생을 화룡현보안단保安團 중대장에게 첩으로 진상하며 권세를 등에 업고 땅을 차지하기 시작했다. 이영춘은 나중에 1600여 정보의 땅을 보유했다고 한다.

🔼 연변 홍위병들이 모택동주석의 사열을 받기 위해 북경에 왔을 때 천안문광장에서 남긴 사진
모택동주석의 사진을 가리지 않기 위해 일부러 만든 빈자리가 이색적이다.
위에서 두 번째 줄 오른쪽 네 번째 사람이 고경수 씨이다.

민간에는 이와는 별개로 엉뚱한 설이 구전된다. 고경수도 이 이야기를 들은 적이 있다고 말하는 것이었다.

"그가 좁쌀죽을 먹으면서 아껴서 부자가 됐다는 거예요."

길지라는 지명 역시 이름의 내용과 달랐다. 개발 초기 이곳은 장터로 되어 5일장을 보았다. 그런데 땅이 진흙이어서 비가 오면 몹시 질었다고 한다. 사람들은 '질땅(진땅)'이라고 불렀으며 그게 지명으로 고착되었다. 지명을 등록할 때 질은 음에 따라 길할 길吉로 되고 땅은 그 뜻에 따라 땅 지地로 되었다. 그래서 본의와는 다른 길지라는 이름을 갖게 되었던 것이다.

이영춘은 1945년 8월 일제가 패망한 직후 화룡현치안유지회를 조직, 회장으로 되었다. 그해 10월, 남평 일대에서 조선인들이 조직한 군중대회가 열렸다. 이영춘은 무장대를 파견하여 대회를 탄압, 여러 명의 인명피해를 빚어냈다. '죄는 지은 데로 간다.'고 나중에 이영춘은 인민재판에서 사형을 언도받고 총살되었다.

운명의 작간인지 사형장은 마침 그의 저택 마당이었다. 이 저택은 훗날 신동新東소학교로 되는데 이에 앞서 대약진大躍進 운동 때는 한시기 양계장으로 사용되기도 했다. '대약진'은 1958년부터 1960년까지 중국공산당이 전국적으로 생산에서 고속도를 추구하고 높은 생산지표의 완성을 목표로 삼아 전개했던 극좌운동이다.

이 무렵 부친은 진장(鎭長, 읍장 격)으로 승진하여 시가지에 올라와 있었다. 그런데 잇따라 뜻하지 않게 '낙후분자落後分子'로 되어 낙마하게 된다. 그때 심경深耕을 하는데 언감 생감 반대표를 넣었던 것이다. 심경은 구소련에서 발명한 황당한 농사법으로 땅을 1~2미터 깊이로 갈아서 엎으면 비옥도를 높일 수 있다는 것이다.

"오히려 생땅을 만들다니? 공산당의 말이라고 무턱대고 따르면 안 된다니까."

그런데 이 말이 화를 자초하는 씨가 될 줄이야. 부친은 좌천되어 일가를 데리고 하방下放한다. 하방은 당시 간부를 하층기구의 공장이나 광산, 농촌에 단련을 보낼 때 쓰던 용어이다. 하방한 곳은 시내 남쪽의 천수 대대大隊, 촌였다. 천수 마을은 샘물골에 있다고 해서 지은 이름이다.

그때 어린 고경수의 기억에 유난히 남는 일이 있었다. 시내에 가서 영화를 보고 귀가할 때는 늘 칠흑 같은 밤중이었다. 앞에 선 애가 장난삼아 훌쩍 뛰면 웅덩이가 있나 보다 하고 덩달아 펄쩍 뛰었다. 그러다가 논두렁에서 미끄러져 물에 첨벙 빠지기도 했다.

한번 잘못 내디딘 걸음은 이처럼 그냥 파국으로 이어지고 있었다. 부친은 훗날 화룡의 가구공장이요 식품공장이요 전전하며 번마다 공장장으로 부임했지만 그게 전부였다. 더는 정계에 발을 들여놓지 못했다.

사실은 고경수의 가슴에 맺혀 있는 응어리는 그게 아니었다. 환갑이 지나도록 가문의 족보에 이름 세 글자를 올리지 못했다고 한다.

"허 참, 우리 고씨의 본관이 뭔지 아직도 모른다니까요."

고씨의 연원은 삼성혈三姓穴 설화 즉 탐라개국 설화로 유명하다. 거의 제주濟州 고씨이다. 고려시기 46대손인 말로末路 이후 세거지世居地와 작위명爵位名에 따라 여러 본관과 파가 나뉘었다. 본관만 해도 문헌상으로 120여 개 된다고 한다.

조부 남매는 이삿짐을 싸면서 이것저것 버렸지만 족보만은 보물처럼 챙겼다고 한다. 그런데 큰할아버지의 손녀가 나중에 한 장 한 장 찢어서 창호지로 발랐던 것이다.

"'문화대혁명'이 일어나니 가문에 누를 미칠까 두려워서 그랬대요"

언제인가 고경수는 창호지를 모아 족보를 복원하려다가 끝내 기권을 했단다. 몇 장의 해진 종잇장으로는 도무지 뭐가 뭔지 윤곽조차 그릴 수 없었던 것이다.

"우리 고씨는 함경남도의 이원군에서 3백년이나 살았던 오랜 가문이라고 하던데요." 고경수의 말에는 서운함이 마치 동해의 바다냄새처럼 눅눅하게 묻어났다.

그들의 시조는 분명 어딘가 있었지만 웬 창창한 '바다'에 가로막혀 있었던 것이다.

| 후 기 |

끝나지 않은 지명 이야기

1. 19세기 중반부터 간민墾民들이 연변의 방방곡곡에 나타난다. 연변에서 현재 사용하고 있는 지명의 대부분은 이때부터 세상에 등장한다.

사람이 살면서 지명이 생겼고, 지명에는 또 그들의 삶의 흔적이 담겼다. 각양각색의 사람들과 다사다난한 사건들은 지명에 소설 같은 이야기를 엮고 있었다.

따져보면 4, 5세대에 걸친 백 년 역사이다. 천 년이라면 또 모를까, 지명답사가 그토록 어려울 것 같지는 않았다. 더구나 연변에서 천 년 전의 고대유적 답사를 진행했던 경력이 있었던 것이다.

어이구, 한참이나 빗나간 생각이었다.

2. 답사 도중 경찰에게 단속된 적 있다.

그날 새벽, 이슬을 차면서 국경지대인 두만강기슭을 다녀왔다. 행색이 어딘지 의심스러웠던 모양이다. 용정 교외의 검문소에서 마약수사요원의 특별 검문대상으로 되었다. 북경 주민등록증, 중앙언론사 출입증, 기자증명서 등 증빙서류를 제시했다. 그랬더니 요원을 밀착시켜 시내에 있는 마약수사대 본부로 연행하는 것이었다. 희색이 만면해서 수군수군하는 걸 보니 마약을 밀수하는 '큰손'을 잡았다는 낌새였다.

난생 처음으로 마약수사대에 출입을 했고 마약 시약이라는 걸 몸에 실험했다. 아예 소설이라면 듣기나 좋지……

3. 경찰의 의심을 받을 만 했나 보다. 두만강 기슭의 한 시골마을에서 촌장은 기어이 인터뷰를 거부했다. 공식절차대로라면 선전부 등 정부 부문의 인원이 수행해야 하는데, 혼자서 마을을 찾아온 필자의 신분이 아무래도 의심스럽단다.

맞은쪽 북한 마을의 이름 등을 물어보는 품이 영락없는 한국기자의 모양새라는 것이다.

그 무렵 두만강 기슭의 마을은 강 건너 뒤숭숭한 사건으로 외지인의 출입을 경계하고 있었다. 그렇지 않아도 월경자(탈북자)에 대비해서 집집마다 경보기를 장착하는 등 분위기가 삼엄했다.

자업자득이었다. 하긴 누구를 탓하랴!

4. 모 부국장은 현지를 안내할 사람을 소개해 주겠다고 했다. 막상 연길에 도착한 후 연락을 했더니 언제 그런 말을 했느냐 하고 오리발을 쑥 내미는 것이었다.

어느 마을의 촌장은 인터뷰를 요청한다고 말하니 그예 전화를 꺼버렸다.

알고 보니 기자를 사또처럼 귀하게 모셔야 할 줄로 알고 지레 손을 들었던 것이다. 예전에 산동의 어딘가 취재를 갔을 때 그런 경우를 맞닥뜨린 적 있다. 그때 지방관원 대여섯이 종일 취재차를 따라 다녔다. 비서처럼 아침저녁으로 기자의 식사를 꼬박꼬박 챙기며 취재 일정까지 일일이 신경을 썼다.

잘못된 관습을 전통으로 알고 있었다. 그러니 기자가 싫을 수밖에 없었다.

5. 사람이 사는 마을인데 좀처럼 사람을 만나기 힘들었다. 여러 가지 원인으로 인구가 급감했기 때문이다.

화룡시를 일례로 숭선의 조선족은 원래의 2천여 명에서 439명이 남았으며, 남평의 경우 6천여 명에서 699명밖에 남지 않았다고 한다. 2001년부터 2008년까지 화룡에서 7천명의 여성이 한국에 시집을 갔다고 하는 통계가 있다.

한 장의 유리라고 하면 산산이 부서지고 흩어져 있었다. 과연 그 조각을 제대로 맞출 수 있을까……

    6. 마을에서 조선족이라고 해서 찾았더니 딸과 아버지 단 둘이 살고 있었다. 표현이 죄송하지만 둘 다 약간은 모자라는 그런 유형이었다.
    시골에 남은 사람은 이처럼 병약자와 노인 등 무능력자가 대부분이라고 해도 과언이 아니다. 가족사마저 모르는 경우가 파다했으며 마을의 내력은 더구나 감감부지였다. 내용이 너무 빈약해서 부득불 여러 곳의 지명은 목록에서 제외해야 했다.
    그리고 돈화는 한족(중국인) 지역으로 조선족이 별반 없었으며 예전에는 또 간도에 속하지 않았다.
    결국 처음에 계획했던 편수를 대폭 줄이고 고작 51편에 만족을 해야 했다.

    7. 연변뿐만 아니라 흑룡강성, 북경, 청도, 하문 등 지역에서 관원과 학자, 동창, 친구, 지인들이 도움의 손길을 내밀었다. 그리하여 연변의 수천 리 답사여정을 발 빠르게 다니고 무려 100여 명의 사람들을 만나 인터뷰를 할 수 있었다.
    외중에 글누림출판사는 계획할 때부터 '지명답사'를 지지, 나중에 책으로 펴낼 의향을 밝혔다. 1년여에 걸친 기간 오로지 답사에만 전념할 수 있는 버팀목이 되었다.
    이 지면을 빌어 많은 분들에게 정말 고맙다는 인사를 거듭 드린다.

    지명의 생성과 소실, 변화는 현재 진행형이다. 또 지명과 더불어 세상을 사는 사람들의 이야기는 계속되고 있다. 연변의 지명 이야기는 이로써 끝난 게 아니다.

2013년 봄 북경에서